du marché à la table

Préface Jennifer Maiser

Recettes Tasha De Serio & Jodi Liano

Photographies Maren Caruso

Traduction française Nathalie Vallière

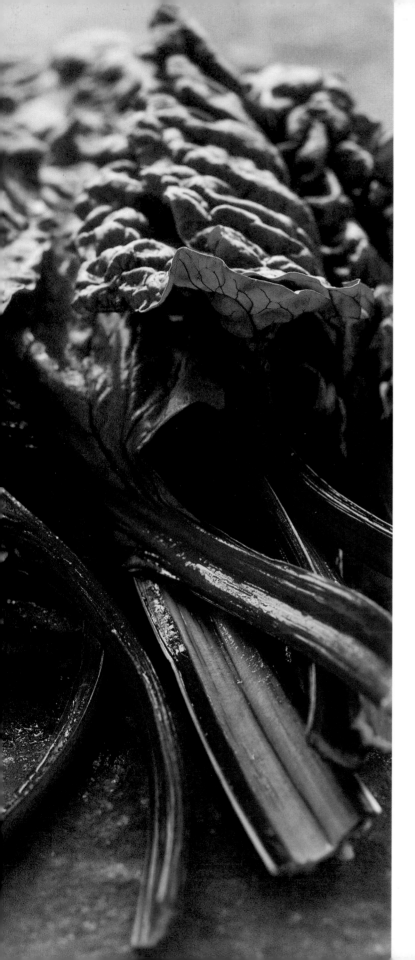

TABLE DES MATIÈRES

Découvrez le plaisir de savourer des produits de saison, biologiques et cultivés localement ▪ 7

Les fruits et légumes du marché ▪ 8

Les saisons des légumes ▪ 12

Les saisons des fruits ▪ 14

LES LÉGUMES

Les haricots et les pois ▪ 19

Les choux et autres crucifères ▪ 39

Les légumes feuilles ▪ 57

Les racines et les tubercules ▪ 77

Les courges ▪ 107

Les branches, les bulbes et les tiges ▪ 121

Les oignons et leurs cousins ▪ 133

Les fruits utilisés comme légumes ▪ 145

D'autres légumes ▪ 165

LES FRUITS

Les baies ▪ 181

Les agrumes ▪ 195

Les melons ▪ 213

Les fruits à noyau ▪ 221

Les fruits de vergers ▪ 235

D'autres fruits ▪ 255

Recettes de base ▪ 262

Techniques ▪ 264

Index ▪ 266

DÉCOUVREZ LE PLAISIR DE SAVOURER DES PRODUITS DE SAISON, BIOLOGIQUES ET CULTIVÉS LOCALEMENT

Les avantages de fréquenter les marchés publics sont nombreux : goûter aux premières fraises ou aux premiers maïs de la saison ; acheter un fromage de chèvre crémeux fabriqué par un producteur d'ici ; rencontrer des producteurs qui offrent d'appétissants steaks biologiques ou tenir dans vos mains un pain encore chaud, fraîchement sorti du four du boulanger. Toutes ces expériences vous inciteront à consommer les meilleurs aliments à votre disposition. Un avantage supplémentaire consiste à choisir des produits biologiques de saison. Ainsi, non seulement vous soutiendrez les producteurs locaux, mais vous mangerez aussi des aliments bons pour la santé, tout en ayant la certitude qu'ils sont on ne peut plus frais.

Le présent ouvrage vous propose des manières savoureuses de mettre à profit les produits du marché dans la composition de vos repas. Les recettes sont classées par fruits ou légumes et chacune d'elles a été conçue en gardant à l'esprit les vies occupées que nous menons. Elles sont donc toutes assez simples pour être préparées n'importe quel jour de la semaine. Chaque recette alléchante met en valeur l'ingrédient principal. Que ce soit une salade de pommes de terre nouvelles arrosée d'une vinaigrette à la moutarde piquante, un accompagnement de gourganes à l'huile d'olive et au citron ou une tarte maison aux fraises et à la rhubarbe, les ingrédients simples ne manqueront pas de susciter un intérêt renouvelé, inspiré du moment où ils ont été récoltés, juste avant que vous les achetiez au marché. Ce livre est un guide grâce auquel vous constaterez que les ingrédients frais, qui ont atteint leur pleine maturité, n'exigent pas beaucoup d'effort pour être transformés en des plats savoureux et nourrissants. Vous apprécierez tellement plus vos repas lorsque vous passerez à table !

Jennifer Maisen

LES FRUITS ET LÉGUMES DU MARCHÉ

Le marché public a pour ainsi dire remplacé la place centrale des villages d'autrefois. On y trouve des aliments d'une fraîcheur irréprochable, bien entendu, mais on y salue aussi des gens qu'on reconnaît pendant qu'on passe d'un étal à l'autre, on initie les enfants au plaisir des produits frais et on en profite pour demander au pomiculteur la meilleure façon d'apprêter sa pomme primée. En somme, les visites régulières au marché deviennent des moments privilégiés qui rendent la vie plus agréable.

Qu'apportent les saisons ?

Vous souvenez-vous du plaisir que vous avez eu, enfant, à déguster des cerises ? J'avais hâte aux mois d'été qui m'apportaient des cerises sucrées et juteuses. J'en engloutissais jusqu'à ne plus pouvoir en avaler une de plus. Les cerises étaient une gâterie parce qu'on en avait sur le marché une seule fois par année ; je savais aussi qu'il me faudrait attendre longtemps avant de pouvoir en manger de nouveau.

Cuisiner avec les produits en fonction des saisons est une idée séculaire. Avant le transport de masse, les gens consommaient ce qui poussait dans les potagers, les fermes de la région et les vergers. Aujourd'hui, les denrées proviennent des quatre coins du monde. Ces aliments ont sans doute fière allure, mais le goût d'un produit hors saison est incomparable à celui d'un fruit ou d'un légume récolté à maturité.

A priori, acheter des produits en saison vous donnera peut-être le sentiment de vous priver. Cependant, lorsque vous aurez intégré ce concept à la planification de vos repas, vous constaterez que vous avez un vaste choix. La saison des bleuets cède sa place à la saison des abricots à laquelle succède la saison des maïs, et ainsi de suite. Mes menus changent sans arrêt parce qu'ils sont en phase avec la période de l'année. C'est là une façon passionnante de s'alimenter.

Parmi les nombreuses raisons de manger des produits en saison, je citerai la principale : les aliments ont simplement un goût incomparable. En vous adaptant à ce concept, vous redécouvrirez les saveurs de votre enfance. Vous remarquerez que les tomates en saison sont pratiquement un fruit différent des tomates achetées en janvier et acheminées depuis une région lointaine. Lorsque vous mordrez dans une poire si juteuse que vous devez vous tenir au-dessus de l'évier de cuisine, vous comprendrez qu'acheter en saison est un véritable cadeau que vous offrez à vous-même et à votre famille.

Souvent, les fruits et légumes en saison sont moins chers que les produits importés. Lorsque les fermiers ont une récolte abondante d'un produit, ils proposent généralement un bon prix. Voilà un autre avantage qui vous aide, en plus, à gérer votre budget.

Pourquoi biologiques ?

Au Canada et au Québec, la vente de produits biologiques est contrôlée et réglementée. La certification mentionnée sur les étiquettes est un atout pour le consommateur. Si vous voyez une étiquette de certification sur un produit, vous pouvez être certain que le fermier a respecté des directives très strictes. Il n'aura pas eu recours à des pesticides chimiques, par exemple, et il aura cultivé ses produits dans un sol exempt de produits chimiques. Cela signifie que tout ce qui excite vos papilles, lorsque vous croquez dans une carotte fraîchement récoltée, c'est le vrai goût intense de la carotte. En achetant des fruits et légumes biologiques, vous vous assurez que vous et votre famille êtes protégés des produits chimiques nuisibles.

Certains produits certifiés sont parfois chers, alors si vous faites attention à vos dépenses, vous pouvez hiérarchiser

Quelques conseils

ESSAYEZ DES PRODUITS

Le marché vous fait découvrir de nouvelles
variétés de fruits et légumes. À chaque visite,
n'hésitez pas à acheter un ou deux produits
que vous n'avez jamais essayés auparavant.
Le présent ouvrage vous suggérera au moins
trois façons exquises de les apprêter.

SOYEZ FLEXIBLE

Même si vous vous rendez au marché avec
une idée de menu en tête et une liste, soyez
ouvert à la possibilité de changer vos plans si le
produit dont vous avez besoin n'est pas encore
en saison. Par exemple, s'il y a des épinards dans
votre recette et qu'il n'y en a pas au marché
ce jour-là, mais que vous voyez de beaux gros
bouquets de bettes à carde ou de chou frisé,
prenez-les. Vous pouvez demander au fermier
des suggestions sur la façon de les préparer.
Vous constaterez qu'il connaît très bien les
produits qu'il cultive.

GOÛTEZ AVANT D'ACHETER

Plusieurs fermiers mettent à votre disposition
des échantillons de leurs produits pour vous
inciter à y goûter. Les pêches, par exemple,
sont tantôt très acides, tantôt très sucrées.
Vous ne saurez pas ce que vous préférez avant
d'avoir essayé ce qui s'offre à vous. Goûter
aux échantillons vous permet également d'en
apprendre plus sur les différentes variétés de
produits au sein d'une même famille ou au sujet
de produits hybrides ou patrimoniaux qui sont
particulièrement bien adaptés au climat de
votre région.

APPORTEZ VOS SACS RÉUTILISABLES

Vous pouvez réduire votre impact sur
l'environnement en apportant vos sacs
réutilisables au marché. Avec quelques sacs
de jute ou de plastique recyclé avec des
poignées, ainsi que quelques sacs de plastique
et des contenants pour les produits délicats, vous
rapporterez à la maison vos trésors du marché en
parfait état. Si vous ne rentrez pas directement,
veillez à mettre vos denrées périssables dans
une petite glacière par temps chaud.

les aliments en fonction des meilleurs à acheter. Vous aurez intérêt à vous procurer des légumes et les fruits biologiques parmi les produits qui ont une peau comestible – comme les poivrons, les fraises, les pommes de terre et les pommes – et dont la surface est grande – comme le céleri, les laitues et les fines herbes. Si vous optez plutôt pour des fruits et légumes cultivés de façon traditionnelle, dans certains cas, achetez ceux dont la peau s'enlève. Ainsi, quand je dispose d'un budget serré, je m'approvisionne auprès d'un marchand de confiance en avocats, agrumes et bananes qui ne sont pas biologiques.

Les produits locaux

«Je suis désolé pour le brocoli» m'a dit un fermier, un matin, au marché. Mon regard s'est posé sur ses brocolis qui étaient parsemés de cristaux de glace. «On vient de les récolter et il y avait du frimas ce matin.» Il était dix heures. Les brocolis n'étaient plus dans les champs depuis à peine quatre heures et avaient parcouru quelque 80 kilomètres pour arriver jusqu'à moi. J'ai souri et j'ai songé à quel point ces brocolis fraîchement récoltés seraient délicieux, ce soir-là, sautés à la poêle.

Les produits locaux sont bons parce qu'ils ont généralement plus de goût que ceux qu'on transporte sur de très longues distances. Plus vite un brocoli passe du champ à votre assiette, plus son goût est frais et plus vous et votre famille aurez envie d'en manger. L'achat de produits locaux simplifie aussi la préparation. Lorsqu'un aliment est frais, il n'a besoin que d'un peu d'assaisonnement pour le rehausser. Si vous considérez que la fraîcheur est l'ingrédient le plus important dans ce que vous cuisinez, alors vos plats ne feront que s'améliorer à partir de maintenant.

Consommer des produits locaux vous donne l'occasion de vous les procurer directement du fermier. De cette façon, vous établissez une relation avec les gens qui font pousser votre nourriture, vous soutenez leur entreprise, vous avez la certitude que vous achetez des produits de qualité et vous savez aussi d'où vient ce que vous mangez.

Aussi au marché

Les fermiers du marché n'offrent pas que leurs propres produits. Voici d'autres aliments qui pourraient provenir de votre région.

VIANDE DE BOUCHERIE ET VOLAILLES

Les producteurs de bétail et de volailles sont également présents au marché. Procurez-vous de la viande d'animaux qui ont reçu un régime équilibré et ont vécu à l'air libre ; elle sera bien meilleure au goût.

POISSON ET FRUITS DE MER

Si vous vivez près de l'eau, des poissonniers locaux voudront vendre au marché du poisson et des fruits de mer frais. Bien qu'aucune norme biologique n'ait encore été établie pour les produits de la mer, il y a de fortes chances que ceux que vous trouverez au marché aient été pêchés ou récoltés peu avant de se retrouver sur les étals.

PRODUITS LAITIERS

Le fromage est un produit phare des marchés publics. Tout fabricant est fier de ses produits, qu'il s'agisse de fromage fait de lait de vache, de chèvre ou de brebis élevées dans la région. Souvent, on peut remplacer le fromage traditionnel et importé suggéré dans une recette par un produit local. Ainsi, un fromage de brebis à pâte dure et vieilli ou un cheddar vieilli d'ici pourra aisément prendre la place du parmesan ou du romano.

AUTRES PRODUITS

Gardez un œil attentif sur d'autres aliments confectionnés par des artisans qui utilisent des produits locaux. Parmi leurs trésors, on trouve souvent du pain, des noix, du jambon, des confitures, des conserves, du miel et plus encore.

LES SAISONS DES LÉGUMES

Il existe une saison au cours de laquelle un légume est meilleur au goût. La plupart des légumes atteignent leur maturité à un moment particulier de l'année, tandis que d'autres ont des récoltes qui s'échelonnent sur quelques saisons. C'est le cas du chou-fleur, des carottes, du fenouil, des avocats. Le tableau ci-contre constitue un guide qui vous aidera à déterminer la saison des légumes et le moment où vous devriez les retrouver aux marchés publics. Les recettes de ce livre vous donneront des idées pour apprêter ces légumes et profiter au mieux de leur saveur.

LES LÉGUMES	printemps	été	automne	hiver
LES HARICOTS ET LES POIS				
haricots à écosser		■	■	
gourganes	■			
haricots verts		■		
haricots asperges		■	■	
haricots jaunes		■		
petits pois	■			
pois mange-tout	■	■		
pois sucrés	■	■		
pousses de petits pois	■	■		
LES CHOUX ET AUTRES CRUCIFÈRES				
brocoli	■		■	■
chou-fleur		■	■	■
choux de Bruxelles			■	■
rapinis			■	■
chou vert			■	■
chou rouge				■
LES LÉGUMES FEUILLES				
laitues	■		■	
légumes à feuilles fermes				■
roquette	■	■	■	
épinards	■		■	
endives	■			■
bettes à carde			■	■
chou frisé			■	■

LES LÉGUMES	printemps	été	automne	hiver
LES RACINES ET LES TUBERCULES				
pommes de terre à chair farineuse		▪		
pommes de terre à chair ferme	▪	▪		
pommes de terre nouvelles	▪	▪		
patates			▪	▪
betteraves		▪	▪	
carottes	▪			▪
panais	▪			▪
céleri-rave	▪			▪
navets			▪	▪
rutabagas			▪	▪
radis	▪	▪	▪	
LES COURGES				
courgettes		▪		
fleurs de courgette	▪			
courges jaunes		▪		
pâtissons		▪		
courge poivrée				▪
courge musquée				▪
citrouille			▪	▪
courge Kabocha			▪	
LES BRANCHES, LES BULBES ET LES TIGES				
céleri				▪
fenouil			▪	▪
asperges	▪			

LES LÉGUMES	printemps	été	automne	hiver
LES OIGNONS ET LEURS COUSINS				
oignons		▪		
oignons doux	▪	▪		
ail		▪		
fleur d'ail	▪			
poireaux	▪		▪	
oignons verts	▪	▪	▪	▪
LES FRUITS UTILISÉS COMME LÉGUMES				
tomates		▪	▪	
tomates patrimoniales		▪		
concombres		▪		
cornichons		▪		
poivrons		▪		
poivrons de Padrón		▪		
piments		▪	▪	
piments séchés			▪	
avocats	▪	▪	▪	
aubergines		▪		
D'AUTRES LÉGUMES				
champignons	▪		▪	
maïs sucré		▪		
artichauts	▪		▪	▪

LES SAISONS DES FRUITS

À l'instar des légumes, les fruits atteignent leur maturité et sont meilleurs au goût à une saison précise. Certains sont offerts durant une seule saison, tandis que d'autres se récoltent quelques fois par année. C'est le cas des oranges, des prunes et de la rhubarbe. Le tableau ci-contre constitue un guide qui vous aidera à déterminer la saison des fruits et le moment où vous devriez les retrouver dans les marchés publics. Les recettes de ce livre vous donneront des idées pour préparer ces fruits et profiter au mieux de leur saveur.

LES FRUITS	printemps	été	automne	hiver
LES BAIES				
fraises	▪	▪		
fraises des bois	▪			
mûres	▪	▪	▪	
framboises	▪	▪	▪	
bleuets		▪		
airelles		▪		
canneberges			▪	▪
LES AGRUMES				
citrons	▪			▪
citrons Meyer	▪			▪
limes		▪	▪	
limettes		▪		
oranges	▪			▪
oranges sanguines	▪		▪	▪
tangerines	▪			▪
mandarines	▪			▪
pamplemousses				▪
pomelo				▪
LES MELONS				
cantaloups		▪		
melons miel		▪		
melons Galia		▪		
melons d'eau		▪		

LES FRUITS	printemps	été	automne	hiver
LES FRUITS À NOYAU				
abricots		■		
plumots		■		
cerises	■	■		
griottes		■		
nectarines		■		
pêches		■		
prunes		■		
aprium		■		
LES FRUITS DE VERGERS				
pommes			■	■
poires			■	■
poires asiatiques		■	■	
grenades			■	■
coings			■	■
figues		■	■	
kakis			■	■
kakis Hachiya			■	
D'AUTRES FRUITS				
rhubarbe	■	■		
raisin	■	■	■	

Les haricots et les pois

HARICOTS
À ÉCOSSER

EDAMAME

GOURGANES

HARICOTS VERTS

HARICOTS
ASPERGES

HARICOTS JAUNES

HARICOTS
ROMAINS

PETITS POIS

POIS
MANGE-TOUT

POIS SUCRÉS

POUSSES DE
PETITS POIS

La grande variété des haricots et des pois fait partie des légumineuses, un vaste groupe botanique. À quelques exceptions près, les haricots ont habituellement un goût peu prononcé et leur texture varie de crémeuse à croquante. En ce qui a trait aux pois, leur goût dépend de la variété, mais il oscille généralement entre sucré et fin. La texture des pois est douce. Les légumineuses comptent parmi les aliments les plus anciens du monde et on les cultive depuis des millénaires dans différentes régions des Amériques, de l'Asie et de l'Europe.

Les haricots frais se classent en deux catégories : ceux qu'on mange entiers et les haricots à écosser. Ainsi, dans le cas des premiers, comme les haricots verts et les haricots asperges, on en consomme aussi la cosse. Quant aux seconds, par exemple les gourganes, on n'en savoure que l'intérieur.

Pour leur part, les pois mange-tout et les pois sucrés (aussi connus sous le nom de pois Sugar Snap) se dégustent entiers. En revanche, les petits pois doivent être retirés des cosses.

Légume printanier par excellence, les pois, tels que les petits pois − une sorte de haricots à écosser −, doivent être cueillis lorsqu'ils sont encore jeunes et tendres. D'autres types de haricots et de pois mûrissent au printemps et en été. Dans la plupart des cas, plus ils sont jeunes, plus ils plairont à votre palais.

L'ACHAT DES HARICOTS À ÉCOSSER

Recherchez des haricots qui sont encore légèrement humides. S'ils sont toujours en cosse, vous devriez sentir les fèves rondes à l'intérieur et la cosse devrait être souple et non cassante. Les cosses se conserveront trois jours dans un sac de plastique rangé dans le réfrigérateur. Si les haricots sont écossés et que vous ne les utilisez pas le jour de l'achat, faites-les blanchir (page 264), mettez-les au réfrigérateur dans un contenant hermétique et consommez-les dans les cinq jours.

Les haricots à écosser

Les haricots comptent parmi les premiers aliments cultivés. Les archéologues ont trouvé des preuves de leur utilisation courante dans le bassin méditerranéen et dans les Amériques il y a aussi longtemps que l'an 9 000 avant notre ère. Il existe 500 variétés de haricots qu'on retire de leur cosse indigeste. Parmi les plus populaires, citons les gourganes, les haricots Borlotti, les haricots de Lima, les pois chiches, les haricots noirs et les haricots d'Espagne. Les haricots à écosser frais, offerts au marché à la fin de l'été et au début de l'automne, ont un goût sucré et une texture crémeuse que les haricots secs ne peuvent égaler.

On devrait consommer les haricots à écosser frais dans les jours suivant l'achat, avant qu'ils sèchent. Ces haricots doivent être retirés des cosses, mais on peut les préparer comme leurs équivalents secs. Ils cuiront cependant plus vite. Nature, ils accompagnent à merveille la volaille et le poisson. Ils sont également délicieux en soupe ou en purée à tartiner.

LA PRÉPARATION DES HARICOTS À ÉCOSSER

Si vous achetez des haricots en cosse, écossez-les juste avant de les préparer. Les haricots fraîchement écossés ont tendance à cuire beaucoup plus rapidement que les haricots qui ont séchés, alors portez une attention particulière au temps de cuisson. Retirez les haricots du feu dès qu'ils sont tendres.

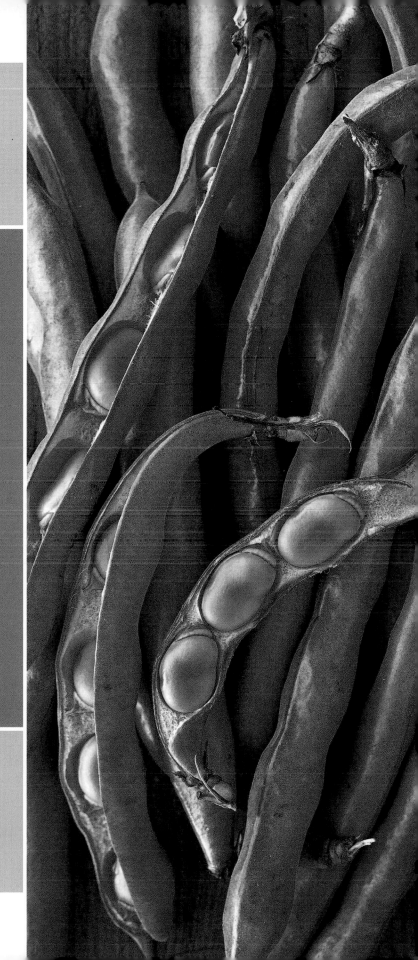

Privilégiez les cosses lisses et vert pâle, remplies de fèves vert pâle qui ressemblent à des haricots de Lima. Les cosses qui mesurent de 13 à 18 cm (5 à 7 po) de long sont doublées d'une membrane blanchâtre et spongieuse qui protège les fèves. N'achetez pas de haricots dont les fèves sortent de la cosse, car ces dernières seront dures et farineuses. Rangés dans un sac de plastique, les haricots se conserveront trois jours au réfrigérateur.

Les gourganes

Les gourganes, aussi appelées fèves des marais, sont plates et vert pâle. Elles poussent en cosses dans des plants d'une hauteur de 60 cm à 1 m (2 à 3 pi). Les cosses ressemblent à celles de très gros pois épais. Au marché, on trouve les gourganes brièvement pendant les mois du printemps et on les cueille idéalement lorsqu'elles sont jeunes et tendres.

En raison de leur agréable goût un tantinet amer, les gourganes, très populaires, agrémentent les plats des cuisines du bassin méditerranéen et du Moyen-Orient depuis des siècles. Bien que ces fèves soient longues à préparer, car il faut d'abord les blanchir afin d'ôter la membrane qui les recouvre, elles en valent la peine. On peut les ajouter à toute une variété de plats, tels que les salades, les soupes et les pâtes pour les rendre encore plus délicieux. Une fois blanchies, on peut servir les gourganes arrosées d'huile d'olive et de sel de mer, parsemées de fromage à pâte dure, ou bien en faire une purée lisse et crémeuse à tartiner sur du pain plat.

LA PRÉPARATION DES GOURGANES

Retirez d'abord les fèves des cosses. Vous remarquerez qu'une membrane coriace couvre les gourganes. Pour l'éliminer, faites blanchir les fèves en les trempant 1 minute dans de l'eau bouillante. Égouttez-les, puis laissez-les sécher. Pressez la fève entre vos doigts pour qu'elle glisse hors de la membrane. Si les fèves sont jeunes et fraîches et pas plus grosses que le bout de votre pouce, il n'est généralement pas nécessaire d'ôter la membrane.

Salade de haricots Borlotti, rapinis, et bacon

4 PORTIONS

1 kg (2 lb) de haricots Borlotti frais, écossés

Sel et poivre du moulin

1 feuille de laurier

2 brins de thym frais

500 g (1 lb) de rapinis, les tiges enlevées

2 gousses d'ail hachées

80 ml (⅓ tasse) d'huile d'olive

125 g (¼ lb) de bacon en tranches, coupées en morceaux de 2,5 cm (1 po) de long

3 ou 4 c. à soupe de vinaigre de vin rouge

Dans une casserole, mettre les haricots et les couvrir de 5 cm (2 po) d'eau. Ajouter ½ c. à thé de sel, le laurier et le thym et porter à ébullition. Baisser le feu et laisser mijoter de 15 à 25 minutes, jusqu'à ce qu'ils soient tendres.

Hacher les parties tendres des rapinis. Dans une grande poêle, sur feu moyen-vif, faire chauffer l'huile d'olive et y faire sauter l'ail de 2 à 3 minutes pour qu'il exhale son parfum. Ajouter les rapinis, ¼ c. à thé de sel et ½ c. à thé de poivre. Faire cuire de 4 à 5 minutes, en remuant souvent, jusqu'à ce que les légumes soient cuits. Retirer du feu et couvrir.

Dans une petite poêle, faire cuire le bacon de 3 à 4 minutes, jusqu'à ce que le gras devienne translucide. Égoutter les haricots et les mettre dans un saladier. Ajouter les rapinis et le bacon avec son gras. Arroser de vinaigre au goût et remuer pour enrober les ingrédients. Servir immédiatement.

Poitrines de poulet rôties avec haricots blancs à la sauge

4 PORTIONS

1 kg (2 lb) de haricots blancs frais, écossés

80 ml (⅓ tasse) d'huile d'olive

3 gousses d'ail, pelées

1 feuille de laurier

3 feuilles de sauge fraîche

Sel et poivre du moulin

4 poitrines de poulet désossées et filetées

Dans une casserole, mettre les haricots et les couvrir de 2,5 cm (1 po) d'eau. Ajouter 1 c. à soupe d'huile d'olive, l'ail, le laurier, la sauge et 1 c. à thé de sel. Porter à ébullition, puis baisser le feu à doux et laisser mijoter environ 30 minutes, jusqu'à ce que les haricots soient tendres. Ajouter de l'eau au besoin pour couvrir les haricots. Saler au goût et réserver.

Préchauffer le four à 200 °C (400 °F). Saler et poivrer le poulet. Dans une grande poêle allant au four, sur feu moyen-vif, faire chauffer 2 c. à soupe d'huile d'olive et saisir la viande sur un côté de 3 à 4 minutes. Retourner le poulet et le faire rôtir au four de 5 à 8 minutes, jusqu'à ce qu'il soit bien cuit. Transférer dans des assiettes, arroser de jus de cuisson et laisser reposer de 3 à 4 minutes. Accompagner de haricots, les arroser de leur liquide de cuisson et de 2 c. à soupe d'huile d'olive. Servir immédiatement.

Soupe aux haricots Cannellini avec jambon et coquillettes

8 PORTIONS

750 g (1 ½ lb) de jambon fumé dans la fesse, avec l'os

1 kg (2 lb) de haricots Cannellini frais, écossés

Une pincée de piments forts en flocons

1 feuille de laurier

Sel

3 oignons, coupés en dés

375 g (¾ lb) de tomates pelées, épépinées et hachées

4 gousses d'ail, hachées finement

2 c. à thé de romarin frais haché

105 g (1 tasse) de coquillettes

Huile d'olive pour arroser

Dans une grande casserole, sur feu moyen, porter à ébullition 3 litres (12 tasses) d'eau et le jambon. Écumer, baisser le feu à doux et faire cuire à découvert pendant 30 minutes. Ajouter les haricots, le piment fort, le laurier et une pincée de sel. Porter de nouveau à ébullition, baisser le feu à doux et laisser mijoter 15 minutes. Ajouter les oignons, les tomates, l'ail et le romarin. Porter à ébullition une troisième fois. Baisser le feu à doux et faire cuire environ 30 minutes, jusqu'à ce que les légumes soient tendres. Sortir le jambon de la soupe et le laisser refroidir légèrement. Retirer la viande de l'os et la couper en morceaux.

Au mélangeur électrique, réduire 250 ml de soupe en purée et la remettre dans la casserole. Ajouter le jambon, saler et poivrer, puis laisser refroidir pour atteindre la température ambiante. Réfrigérer ensuite de 4 à 6 heures pour que les saveurs se marient.

Pour servir, porter la soupe à ébullition, ajouter les pâtes et faire cuire à faible ébullition de 12 à 15 minutes, jusqu'à ce que les pâtes soient al dente. La soupe devrait être assez épaisse ; si elle l'est trop, verser un peu d'eau bouillante pour la diluer. Saler. Répartir entre des bols, arroser d'huile d'olive et servir immédiatement.

EDAMAME

Le mot japonais *edamame* fait référence au soya vert qu'on trouve dans plusieurs cuisines asiatiques depuis des siècles. Ce n'est que récemment qu'il s'est répandu en Occident. Habituellement, on fait bouillir les cosses dans l'eau ou cuire à la vapeur, avec un peu de sel. Les edamames sont servis dans les cosses. Dans plusieurs recettes, on peut les remplacer par des haricots à écosser.

EDAMAMES AU SEL DE MER

Dans une casserole, faire cuire 375 g (¾ lb) d'edamames dans de l'eau bouillante salée de 2 à 3 minutes (de 3 à 4, si congelés). Avec une écumoire, sortir les haricots de la casserole et les plonger dans un bol d'eau glacée. Égoutter et parsemer de sel de mer. Pour les consommer, ouvrir les cosses avec les doigts pour découvrir les fèves comestibles. 4 portions.

POITRINES DE POULET RÔTIES AVEC HARICOTS BLANCS À LA SAUGE

GOURGANES À L'HUILE D'OLIVE ET AU CITRON

Crostini avec tartinade de gourganes

DE 10 À 12 PORTIONS

1 baguette, coupée en tranches de 6 mm (¼ po) d'épaisseur

80 ml (⅓ tasse) d'huile d'olive, et un peu pour badigeonner

1 kg (2 lb) de gourganes fraîches

Sel et poivre du moulin

3 c. à soupe de crème champêtre (35 % M.G.), et un peu plus, au besoin

4 c. à soupe de menthe fraîche hachée

Parmesan ou autre fromage à pâte dure, vieilli, fraîchement râpé

Préchauffer le four à 180 °C (350 °F).

Badigeonner les tranches de pain des deux bords de 2 c. à soupe d'huile d'olive. Les déposer sur une plaque à pâtisserie et les faire dorer au four environ 10 minutes. Retourner les tranches et les faire dorer environ 10 minutes. Réserver.

Retirer les gourganes des cosses et jeter ces dernières. Porter une grande casserole d'eau salée à ébullition et y faire cuire les gourganes de 2 à 3 minutes, jusqu'à ce qu'elles soient tendres. (Le temps de cuisson variera en fonction de la fraîcheur des gourganes.) Égoutter et plonger immédiatement dans un bol d'eau glacée. Dès que les fèves ont assez refroidi pour être manipulées, ôter la peau et la jeter.

Dans un mélangeur électrique, réduire en une purée crémeuse les gourganes, 3 c. à soupe d'huile d'olive, 3 c. à soupe de crème, 2 c. à thé de sel, 1 c. à thé de poivre et la menthe. Si la préparation semble trop consistante, ajouter jusqu'à 3 c. à soupe de crème. Saler et poivrer au goût.

Étaler la tartinade sur les tranches de pain et les disposer dans un plat de service. Parsemer de fromage râpé et servir immédiatement.

Pâtes aux gourganes, fleur d'ail et prosciutto

6 PORTIONS

1 kg (2 lb) de gourganes fraîches

2 c. à soupe d'huile d'olive, et un peu pour arroser

2 c. à soupe de fleur d'ail, tranchée finement

Sel et poivre du moulin

500 g de coquillettes ou autres petites pâtes en forme de coquille

60 g de prosciutto, tranché finement

60 g (½ tasse) de pecorino ou autre fromage à pâte dure, vieilli, fraîchement râpé

Retirer les gourganes des cosses et jeter ces dernières. Porter une grande casserole d'eau salée à ébullition et y faire cuire les gourganes de 2 à 3 minutes, jusqu'à ce qu'elles soient tendres. (Le temps de cuisson variera en fonction de la fraîcheur des gourganes.) Avec une écumoire, sortir les gourganes de la casserole et les plonger immédiatement dans un bol d'eau glacée. Réserver l'eau de cuisson. Dès que les fèves ont assez refroidi pour être manipulées, ôter la peau et la jeter.

Dans une grande poêle, sur feu moyen, faire chauffer 2 c. à soupe d'huile d'olive et y faire sauter la fleur d'ail de 2 à 3 minutes, jusqu'à ce qu'elle ramollisse. Saler et poivrer. Incorporer les gourganes et faire chauffer de 1 à 2 minutes.

Ajouter une pincée de sel à l'eau de cuisson réservée et la porter à ébullition. Y faire cuire les pâtes *al dente*, soit de 9 à 11 minutes ou selon les instructions sur l'emballage. Prélever 250 ml d'eau de cuisson, puis égoutter les pâtes.

Ajouter les pâtes aux gourganes et mélanger. Verser suffisamment d'eau de cuisson pour humecter les pâtes. Incorporer le prosciutto et la moitié du fromage.

Transférer dans un plat de service et arroser d'huile d'olive. Parsemer du reste du fromage râpé et servir immédiatement.

Gourganes à l'huile d'olive et au citron

6 PORTIONS

2 kg (4 lb) de gourganes fraîches

Sel et poivre du moulin

3 c. à soupe d'huile d'olive

2 c. à soupe de jus de citron fraîchement pressé

½ c. à thé de zeste de citron râpé

1 gousse d'ail, hachée

1 c. à soupe de persil italien (plat) frais haché

90 g (¾ tasse) de pecorino ou autre fromage à pâte dure, vieilli, fraîchement râpé

Retirer les gourganes des cosses et jeter ces dernières. Porter une grande casserole d'eau salée à ébullition et y faire cuire les gourganes de 2 à 3 minutes, jusqu'à ce qu'elles soient tendres. (Le temps de cuisson variera en fonction de la fraîcheur des gourganes.) Avec une écumoire, sortir les gourganes de la casserole et les plonger immédiatement dans un bol d'eau glacée. Réserver l'eau de cuisson.

Dès que les fèves ont assez refroidi pour être manipulées, ôter la peau et la jeter. Transférer dans un saladier.

Dans un petit bol, fouetter l'huile d'olive, le jus et le zeste de citron, l'ail et le persil. Saler et poivrer. En arroser les gourganes et mélanger. Parsemer de fromage râpé et remuer délicatement. Servir immédiatement.

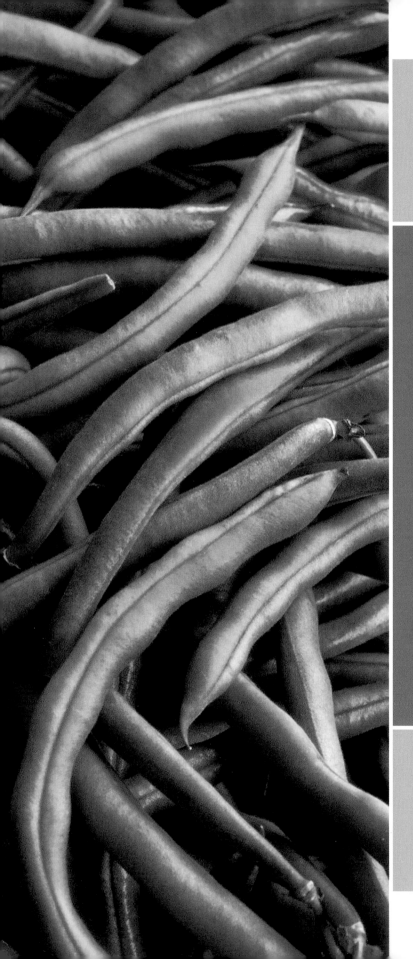

Les haricots verts

On les mange entiers. Tant les cosses tendres que les petites graines qu'elles renferment ont un goût doux et frais. La plupart des haricots verts ont de longues cosses minces et cylindriques, d'environ 10 cm (4 po) et des extrémités pointues. Les variétés Blue Lake et Half Runner sont les plus courantes sur le marché. Il en existe aussi des si fins, appelés haricots ficelles, qu'il suffit de les passer moins d'une minute dans la poêle avant de les consommer.

Les haricots verts donnent leur pleine saveur à compter du milieu de l'été. Ils se prêtent bien à diverses techniques de cuisson : bouillis, vapeur, sautés, frits. On les ajoute dans les soupes pour leur donner de la couleur et offrir un contraste avec les autres légumes. Les haricots verts sont parfaits pour la mise en conserve et les marinades. Crus, ils complètent bien un plateau de crudités ou on les intégrera à des salades composées. En accompagnement, on les fait blanchir, puis refroidir, et on les arrose de vinaigrette.

Quand on achète des haricots jaunes, on s'attarde aux mêmes détails que pour des haricots verts. Choisissez des cosses de couleur uniforme, sans taches brunes et qui se cassent net. Selon la variété, la peau sera plus fine et plus veloutée. Optez pour des haricots dont la teinte va du jaune pâle au jaune foncé, ou encore pour des haricots violet foncé. Enveloppez-les de papier absorbant et glissez-les dans un sac de plastique ; qu'ils se conservent ainsi trois jours au réfrigérateur.

Les haricots jaunes

Proches parents des haricots verts, les haricots jaunes se distinguent par leur couleur et leur texture un peu cireuse. En France, on les appelle souvent haricots beurre. On trouve aussi des haricots violets qui deviennent verts, une fois cuits. Tout comme les haricots verts, les jaunes et les violets se mangent entiers avec les graines. Ils ont un goût doux et frais, avec des accents qui rappellent l'herbe. En général, ils mesurent 10 cm (4 po) de long, ont des cosses cylindriques et des extrémités effilées.

Également comme les haricots verts, les variétés jaunes et violettes arrivent sur le marché du début, au milieu de l'été. Ils sont de bons accompagnements, cuits à la vapeur ou sautés dans un peu de beurre ou de l'huile d'olive. Ils conviennent aux salades de légumes et se marient bien avec les pommes de terre, les betteraves, le maïs et les petits pois. Dans les recettes, on peut les remplacer par des haricots verts ou les combiner à ces derniers.

LA PRÉPARATION DES HARICOTS JAUNES
ET DES HARICOTS VIOLETS

Rincez-les sous l'eau froide. Cassez les extrémités et enlevez tout fil en le tirant le long du haricot. La meilleure façon de préserver la couleur des haricots jaunes consiste à les faire cuire entiers et brièvement à température élevée. Les haricots violets, quant à eux, changent de couleur à la cuisson.

Haricots verts tempura avec aïoli

4 PORTIONS

250 ml (1 tasse) d'eau glacée

1 gros œuf, battu

90 g (¾ tasse) de farine tout usage, et un peu pour fariner

2 ou 3 glaçons

Huile d'arachide pour la friture

500 g (1 lb) de haricots verts

Sel

Aïoli (page 139)

Dans un bol, fouetter l'eau glacée et l'œuf. Incorporer la farine au fouet ; la pâte devrait être très grumeleuse. Ajouter les glaçons.

Dans un wok ou une friteuse, verser suffisamment d'huile d'arachide pour qu'elle atteigne la mi-hauteur. Faire chauffer à 180 °C (30 °F). En procédant par petites quantités à la fois, fariner légèrement les haricots avant de les tremper dans la pâte ; secouer doucement pour en éliminer tout excédent. Faire frire environ 3 minutes, en remuant de temps à autre, jusqu'à ce que les haricots soient croustillants. Égoutter sur du papier absorbant et saler.

Servir immédiatement. Accompagner d'aïoli.

Haricots aux tomates

6 PORTIONS

2 c. à soupe d'huile d'olive

1 petit oignon, haché

4 gousses d'ail, hachées finement

500 g (1 lb) de haricots verts

375 g (2 tasses) de tomates pelées, épépinées et hachées

Sel et poivre du moulin

Dans une grande poêle, sur feu moyen, faire chauffer l'huile d'olive et y faire cuire l'oignon environ 7 minutes, jusqu'à ce qu'ils ramollissent. Ajouter l'ail et poursuivre la cuisson 1 minute, en remuant. Augmenter le feu à vif, puis ajouter les haricots et les tomates. Porter à faible ébullition, baisser le feu à doux, couvrir et laisser mijoter environ 30 minutes, jusqu'à ce que les haricots soient tendres. Retirer le couvercle, augmenter le feu à moyen et poursuivre la cuisson environ 10 minutes, jusqu'à ce que presque tout le liquide se soit évaporé. Saler et poivrer.

Transférer dans un plat de service et servir chaud ou à la température ambiante.

Haricots verts avec noix grillées

DE 4 À 6 PORTIONS

2 c. à soupe de noix de Grenoble grillées (page 264)

500-625 g (1-1 ¼ lb) de haricots verts

2 ou 3 c. à soupe d'huile d'olive

1 c. à thé de sel

Hacher les noix finement et réserver.

Porter une grande casserole d'eau salée à ébullition et y faire cuire les haricots environ 5 minutes, jusqu'à ce qu'ils soient tendres.

Les égoutter et les transférer dans un plat peu profond. Arroser d'huile d'olive et parsemer de 1 c. à thé de sel. Parsemer ensuite de noix. Servir chaud ou à la température ambiante.

HARICOTS ASPERGES

Aussi appelées doliques asperges et haricots-kilomètre, elles sont semblables aux haricots verts. Très utilisés dans la cuisine asiatique, ils poussent dans les climats subtropicaux, (Asie du Sud-Est, Thaïlande et sud de la Chine.) On en trouve cependant partout dans le monde à la fin de l'été et au début de l'automne. Achetez des haricots asperges vert pâle et souples, qui ne sont ni mou ni d'apparence sèche.

HARICOTS ASPERGES AUX GRAINES DE SÉSAME

Dans une petite poêle, sur feu moyen, faire griller 1 ½ c. à soupe de graines de sésame environ 5 minutes, en remuant souvent. Dans une grande casserole d'eau bouillante salée, faire cuire 500 g (1 lb) de haricots, coupés en morceaux de 7,5 cm (3 po) de long, environ 5 minutes, jusqu'à ce qu'ils soient tendres. Égoutter, rincer sous l'eau froide et éponger. Dans une grande poêle, sur feu moyen-vif, faire chauffer 1 ½ c. à soupe d'huile

d'arachide. Y faire sauter pendant 30 secondes 2 c. à soupe de gingembre frais pelé et haché, 1 gousse d'ail hachée et 1 piment Serrano haché. Ajouter les haricots, saler et remuer pour bien les enrober. Faire cuire jusqu'à ce qu'ils soient bien chauds. Incorporer les graines de sésame grillées. Retirer du feu et arroser de 1 c. à thé d'huile de sésame grillé et 15 g (⅓ tasse) de coriandre fraîche hachée. 4 portions.

HARICOTS VERTS TEMPURA AVEC AÏOLI

SALADE DE HARICOTS ET GOURGANES AUX ÉCHALOTES

Salade de haricots et gourganes aux échalotes

DE 6 À 8 PORTIONS

250 g (½ lb) de gourganes écossées

500 g (1 lb) de haricots jaunes, parés et coupés en tronçons de 5 cm (2 po)

250 g (½ lb) de haricots verts, parés et coupés en tronçons de 5 cm (2 po)

250 g (½ lb) de haricots ficelles, parés

60 ml (¼ tasse) de jus de citron fraîchement pressé

2 c. à soupe de vinaigre de vin blanc

2 échalotes sèches, hachées

80 ml (⅓ tasse) d'huile de canola

1 c. à thé de zeste de citron râpé

1 c. à thé de coriandre moulue

Sel et poivre du moulin

Porter une casserole d'eau salée à ébullition. Y faire cuire les gourganes de 2 à 3 minutes. Avec une écumoire, les retirer et les plonger dans un bol d'eau glacée. Égoutter. Répéter cette étape avec les haricots jaunes et verts. Faire cuire les premiers de 7 à 8 minutes, les deuxièmes, environ 5 minutes, et les troisièmes, à peine 1 minute. Égoutter et réserver.

Pour la vinaigrette, fouetter le jus de citron, le vinaigre et les échalotes. Tout en fouettant, verser l'huile en un mince filet. Ajouter le zeste de citron et la coriandre, saler et poivrer.

Mélanger les gourganes et les haricots. Arroser de vinaigrette et mélanger. Laisser reposer au moins 1 heure ou réfrigérer jusqu'à 3 heures. Servir froid ou à la température ambiante.

Haricots tièdes, vinaigrette au citron

6 PORTIONS

1,25 kg (2 ½ lb) de haricots verts

1 ½ c. à soupe de jus de citron fraîchement pressé

Sel et poivre du moulin

80 ml (⅓ tasse) d'huile d'olive

1 c. à thé de zeste de citron râpé

2 c. à soupe de beurre non salé

1 échalote sèche, hachée finement

2 tomates italiennes, épépinées et coupées en dés

Porter une grande casserole d'eau salée à ébullition. Y faire cuire les haricots environ 4 minutes, jusqu'à ce qu'ils soient tendres. Les égoutter et les plonger dans un bol d'eau glacée. Dès qu'ils ont refroidi, les sortir de l'eau et les réserver.

Pour obtenir une vinaigrette, dans un petit bol, fouetter le jus de citron, ¼ c. à thé de sel et autant de poivre. Tout en fouettant, verser l'huile d'olive en un mince filet. Ajouter le zeste de citron.

Juste avant le repas, dans une grande poêle, sur feu moyen, faire fondre le beurre et y faire cuire les échalotes et les tomates environ 3 minutes, en remuant, jusqu'à ce que les échalotes ramollissent. Ajouter les haricots et les faire chauffer quelques minutes.

Transférer dans un plat de service et arroser de vinaigrette. Servir immédiatement.

Haricots jaunes sautés avec tapenade

DE 4 À 6 PORTIONS

750 g (1 ½ lb) de haricots jaunes

2 c. à soupe d'huile d'olive

1 échalote sèche, hachée

1 c. à thé de zeste de citron haché

Tapenade (page 262)

Sel et poivre du moulin

Porter une grande casserole d'eau salée à ébullition. Y faire cuire les haricots de 5 à 7 minutes, jusqu'à ce qu'ils soient tendres. Les égoutter et les plonger dans un bol d'eau glacée. Égoutter et réserver.

Dans une grande poêle, sur feu moyen, faire chauffer l'huile d'olive et y faire revenir les échalotes environ 2 minutes pour les faire ramollir. Augmenter le feu à moyen-vif et faire sauter les haricots jaunes environ 2 minutes, jusqu'à ce qu'ils commencent à dorer. Arroser de jus de citron et poursuivre la cuisson de 20 à 60 secondes pour qu'il exhale son parfum. Retirer du feu, incorporer la tapenade, puis saler et poivrer. Transférer dans un plat de service et servir immédiatement.

HARICOTS VERTS PLATS

Il s'agit d'une variété très courante en Italie, et dont les cosses larges et plates (comme le nom l'indique) sont comestibles. On les prépare de la même façon que les haricots verts. Au marché, les maraîchers les offrent en été.

HARICOTS VERTS PLATS AU BACON

Dans une grande casserole d'eau bouillante salée, faire cuire 500 g (1 lb) de haricots verts plats environ 5 minutes, jusqu'à ce qu'ils soient tendres. (Le temps de cuisson variera en fonction de l'épaisseur des cosses.) Égoutter et rincer sous l'eau froide. Éponger avec du papier absorbant. Dans une grande poêle, sur feu moyen, faire chauffer 60 ml d'huile d'olive et y faire sauter pendant 1 minute 1 gousse d'ail hachée et 1 ½ c. à soupe de thym frais haché pour faire exhaler leur parfum. Parsemer de 30 g (¼ tasse) de chapelure et faire cuire environ 3 minutes, jusqu'à ce qu'elle soit dorée et croustillante. Incorporer les haricots, bien les enrober de chapelure et bien faire chauffer. Ajouter 2 tranches de bacon cuites et émiettées. Transférer dans un plat de service et servir chaud ou à la température ambiante. 6 portions.

Les cosses doivent être d'un vert brillant et sembler lourdes.
Une quantité de 500 g (1 lb) de petits pois en cosses donne environ
155 g (1 tasse) de petits pois. Il faut donc porter une attention
particulière à la quantité nécessaire pour réaliser votre recette.
Le sucre qu'ils contiennent se transforme rapidement en amidon;
c'est pourquoi il est préférable de consommer les petits pois le jour
même de l'achat. On peut néanmoins les ranger dans un contenant
hermétique au réfrigérateur où ils se conserveront trois jours.

Les petits pois

Parmi toutes les légumineuses, les petits pois, aussi
appelés pois cultivés, font partie des plus doux et des
plus délicats. Leur goût frais qui rappelle un peu l'herbe
représente l'essence même du printemps. Contrairement
à leurs cousins croquants, les pois sucrés et les pois
mange-tout, les petits pois sont emprisonnés dans des
cosses dures et non comestibles. Il faut donc les écosser
avant de les apprêter. Récoltés tôt, les minuscules pois
sont parfois plus petits que des perles.

Les petits pois récoltés en juin sont plus gros, souvent de
la taille du bout d'un doigt, et contienne plus d'amidon
que les pois du printemps. Les petits pois se prêtent bien
aux purées, aux soupes crémeuses et aux tartinades. Ils
ajoutent également de la couleur et du goût à tous les
plats de riz, aux risottos, aux pâtes et aux soupes. Cuits
à la vapeur et parsemés de menthe fraîche ou de persil
frais, ils constituent un accompagnement savoureux.

Écossez les petits pois juste avant de les apprêter pour éviter qu'ils
sèchent. Une fois écossés, faites cuire les pois de 3 à 4 minutes
dans 6 mm (¼ po) d'eau frémissante. Veillez à ne pas trop les faire
cuire, sinon ils s'imbiberont vite d'eau et perdront leur couleur vive.

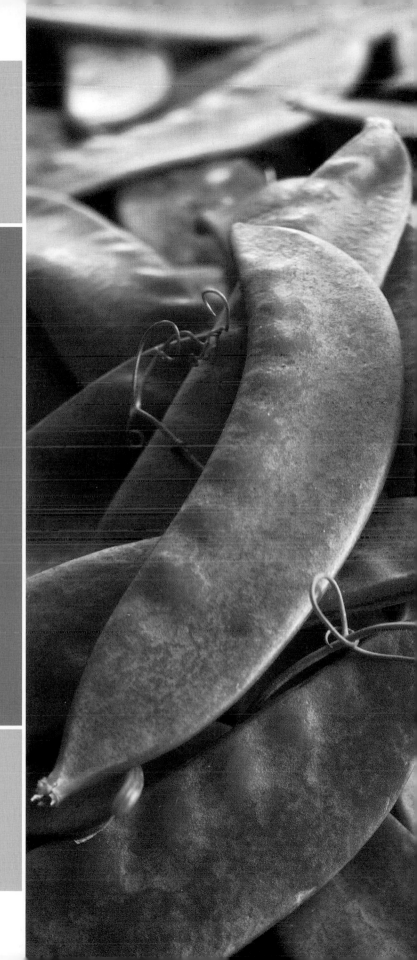

L'ACHAT DES POIS SUCRÉS ET DES POIS MANGE-TOUT

Recherchez les pois sucrés vert pâle et croquants. Quant aux pois mange-tout, choisissez-les d'un vert foncé et évitez les grosses cosses à peau épaisse. Les deux variétés devraient être fermes, lorsqu'on les casse. Rangés dans un contenant hermétique, les pois se conservent trois jours au réfrigérateur. S'ils commencent à ramollir, faites-les tremper dans l'eau froide de 10 à 15 minutes pour les rendre de nouveau croquants.

Les pois sucrés et les pois mange-tout

Les pois mange-tout sont plats et croquants tandis que les pois sucrés sont dodus et brillants. Les deux variétés se mangent entières, comme le nom des pois mange-tout l'indique. Les deux mesurent de 5 à 7,5 cm (2 à 3 po) de long ; leur goût est sucré et leur texture, attrayante et croquante. L'origine des pois mange-tout remonte à 10 000 ans. Les pois sucrés, aussi appelés pois Sugar Snap, sont plus récents et ils sont le fruit d'un croisement entre les pois mange-tout et une souche de pois à écosser.

La saveur des pois mange-tout et des pois sucrés est optimale lorsque le temps est encore frais. Les plus doux et les plus croquants arriveront au marché au début de printemps, mais on les trouve quand même jusqu'au milieu de l'été. Faites-les sauter avec d'autres légumes coupés finement ou servez-les crus en salade ou simplement avec des trempettes ou des sauces.

LA PRÉPARATION DES POIS SUCRÉS ET DES POIS MANGE-TOUT

Auparavant, les variétés hybrides de ces pois qu'on trouvait sur le marché avaient souvent des fils durs le long des cosses, mais ce n'est plus que rarement le cas. Si vous en voyez un, cassez le bout du pois et tirez sur le fil le long de la cosse. Pour qu'elles conservent leur saveur sucrée, ces deux variétés de pois doivent être cuites très brièvement.

Soupe aux petits pois avec crème et ciboulette

4 PORTIONS

750 ml (3 tasses) de bouillon de poulet

1 kg (2 lb) de petits pois frais, écossés

Sel et poivre du moulin

4 c. à soupe de crème (35 % M.G.)

2 c. à soupe de ciboulette fraîche hachée

Dans une casserole, sur feu moyen vif, porter à ébullition le bouillon de poulet, les petits pois, 1 c. à thé de sel et ½ c. à thé de poivre. Baisser le feu à doux et laisser mijoter de 10 à 20 minutes, jusqu'à ce que les petits pois soient tendres. (Le temps de cuisson variera en fonction de la taille et de la maturité des petits pois.)

Dans un mélangeur électrique ou un robot culinaire, verser le contenu de la casserole et réduire en une purée lisse. Remettre dans la casserole et faire chauffer sur feu moyen.

Répartir la soupe entre des bols préalablement chauffés. Garnir chaque portion de 1 c. à soupe de crème et parsemer de ciboulette. Servir immédiatement.

Tourte aux petits pois et à la ricotta

DE 4 À 6 PORTIONS

Un rectangle de 25 x 20 cm (10 x 8 po) de pâte feuilletée congelée, décongelée au réfrigérateur

200 g (1 ⅓ tasse) de petits pois frais écossés

250 g (1 tasse) de fromage ricotta

3 c. à soupe de menthe fraîche hachée, et plusieurs petites feuilles entières pour décorer

1 c. à thé de zeste de citron haché

Sel et poivre du moulin

7 g (¼ tasse) de feuilles de persil italien (plat) frais

2 oignons verts, parés et tranchés très finement en biseau

Jus de citron fraîchement pressé

Pousses de petits pois pour décorer (facultatif)

Préchauffer le four à 200 °C (400 °F). Tapisser de papier ciré une plaque à pâtisserie. Y déposer la pâte et faire cuire au four de 10 à 13 minutes, jusqu'à ce qu'elle gonfle. Sortir du four et couvrir de papier ciré et d'une autre plaque à pâtisserie. Poursuivre la cuisson de 10 à 13 minutes, jusqu'à ce que la pâte soit croustillante et dorée. Ôter la plaque et le papier du dessus et laisser refroidir.

Porter une casserole d'eau salée à ébullition et y faire cuire les petits pois de 2 à 3 minutes, jusqu'à ce qu'ils soient tendres. Égoutter et rincer brièvement sous l'eau froide. Réserver 15 g (⅓ tasse) de petits pois. Dans un robot culinaire, réduire en une purée grumeleuse le reste des pois, la ricotta et 1 c. à soupe de menthe hachée. Incorporer le zeste de citron, puis saler et poivrer.

Dans un petit bol, mélanger le persil, 2 c. à soupe de menthe, les oignons verts et les petits pois réservés. Saler et poivrer, puis arroser de jus de citron. Étaler uniformément la purée à la ricotta sur la pâte feuilletée et garnir de la préparation au persil. Décorer de feuilles de menthe entières et de pousses de petits pois, si désiré. Découper en parts et servir immédiatement.

Petits pois et prosciutto

6 PORTIONS

Sel et poivre du moulin

1 ½ c. à soupe d'huile d'olive

2 tranches de prosciutto, coupées en lanières de 3 mm (⅛ po) de large

470 g (3 tasses) de petits pois frais, écossés

Porter une grande casserole d'eau salée à ébullition.

Entre-temps, dans une grande poêle, sur feu doux, faire chauffer l'huile d'olive et y faire colorer légèrement le prosciutto de 2 à 3 minutes, en remuant souvent. Réserver.

Plonger les petits pois dans l'eau bouillante et les faire cuire environ 1 minute pour qu'ils soient à peine tendres. Les égoutter immédiatement dans une passoire à mailles fines et les ajouter à la poêle contenant le prosciutto. Augmenter le feu à moyen et remuer délicatement. Saler et poivrer.

Transférer dans un plat de service préalablement chauffé et servir immédiatement.

TOURTE AUX PETITS POIS ET À LA RICOTTA

SAUTÉ DE POULET AUX POIS SUCRÉS

Risotto aux pois sucrés

3 c. à soupe de beurre non salé

1 petit oignon, haché finement

Sel

1,25 litre (5 tasses) de bouillon de poulet

330 g (1 ½ tasse) de riz à grains courts
(Arborio, Carnaroli ou Vialone Nano)

1 c. à thé de zeste de citron râpé finement

125 ml (½ tasse) de vin blanc sec

330 g (10 oz) de pois sucrés,
tranchés en deux en biseau

30 g (⅓ tasse) de parmesan ou autre
fromage à pâte dure, fraîchement râpé,
et un peu pour parsemer

Dans une grande casserole à fond épais,
faire fondre 2 c. à soupe de beurre sur feu
moyen et y faire sauter l'oignon parsemé
d'une pincée de sel environ 8 minutes,
jusqu'à ce qu'il ait ramolli. Pendant ce temps,
dans une autre casserole sur feu doux, porter
à faible ébullition le bouillon de poulet et
1 c. à thé de sel.

Incorporer le riz à l'oignon et faire cuire
environ 3 minutes, jusqu'à ce qu'il soit
translucide. Parsemer de zeste de citron,
mouiller avec le vin et faire cuire, tout en
remuant, jusqu'à ce que tout le vin soit
absorbé par le riz. Verser 185 ml de bouillon
et laisser mijoter environ 15 minutes en
remuant souvent, jusqu'à ce que le liquide
soit presque tout absorbé. Continuer en
versant 185 ml de bouillon à la fois et en
laissant mijoter environ 15 minutes, tout
en remuant. Ajouter du bouillon seulement
lorsque la quantité précédente est absorbée.
Ne pas laisser le riz perdre son humidité.
Ajouter les pois sucrés et poursuivre la
cuisson environ 10 minutes, jusqu'à ce que
le riz soit tendre, mais encore ferme sous
la dent. Éteindre le feu, incorporer 1 c. à
soupe de beurre et le fromage râpé. Laisser
reposer 2 minutes.

Saler, puis répartir le riz entre des assiettes
creuses. Parsemer de fromage et servir.

Sauté de poulet aux pois sucrés

3 ½ c. à soupe d'huile d'arachide

1 c. à thé de bicarbonate de soude

2 c. à thé de fécule de maïs

500 g (1 lb) de demi-poitrines de poulet
désossées, sans la peau et coupées
en minces lanières

Sel

1 c. à soupe de sauce aux huîtres

375 g (¾ lb) de pois sucrés, coupés
en deux en biseau

Riz blanc cuit (page 262)
pour accompagner

Sauce soya pour arroser

Mélanger 1 ½ c. à soupe d'huile d'arachide,
le bicarbonate de soude et la fécule de maïs.
En enrober le poulet. Couvrir et laisser mariner
1 heure au réfrigérateur. Sortir la viande
15 minutes avant de la faire cuire.

Dans un wok ou une poêle, sur feu vif,
faire chauffer 2 c. à soupe d'huile. Y déposer
le poulet. Saler et faire saisir 1 minute sans
remuer. Ensuite, faire cuire de 2 à 3 minutes,
en remuant, jusqu'à ce que la chair soit opaque
jusqu'au centre. Incorporer la sauce aux huîtres
et poursuivre la cuisson pendant 30 secondes.
Transférer dans un bol et réserver.

Dans le wok, sur feu vif, faire sauter les pois
sucrés environ 1 minute. Ajouter le poulet et
faire sauter 30 secondes. Transférer dans un
plat de service et servir immédiatement avec
du riz et de la sauce soya.

Salade de pois mange-tout à la menthe

DE 4 À 6 PORTIONS

750 g (1 ½ lb) de pois mange-tout

1 c. à soupe de vinaigre de champagne
ou de vinaigre balsamique blanc

1 petite échalote sèche, hachée

3 c. à soupe d'huile d'olive

Sel et poivre du moulin

7 g (¼ tasse) de feuilles de menthe
fraîche, coupées en lanières

Porter une grande casserole d'eau salée à
ébullition et y faire cuire les pois mange-tout
de 1 ½ à 2 minutes, jusqu'à ce qu'ils soient
presque tendres. Égoutter et plonger dans
un bol d'eau glacée. Laisser refroidir
5 minutes, puis égoutter et réserver.

Pour obtenir une vinaigrette, dans un petit
bol, fouetter le vinaigre, l'échalote et l'huile
d'olive. Saler et poivrer.

Dans un saladier, mettre les pois et la
menthe, arroser de vinaigrette et remuer.
Servir immédiatement.

37

LES HARICOTS ET LES POIS • LES POIS MANGE-TOUT ET LES POIS SUCRÉS

POUSSES DE PETITS POIS

Les pousses de petits pois sont des feuilles
délicates et des vrilles qui poussent le long
des plants de petits pois. Tendres et sucrées,
elles sont délicieuses crues ou sautées. Elles
décorent aussi les plats joliment. On les trouve
au marché au printemps et au début de l'été.

SAUTÉ DE CRABE ET POUSSES DE PETITS POIS

Couper 500 g (1 lb) de pousses de petits pois en
longueurs de 5 cm (2 po). Sur feu moyen-vif, faire
chauffer 2 c. à soupe de beurre et 1 c. à soupe d'huile
d'olive. Faire sauter 2 gousses d'ail hachées et la
moitié des pousses. Augmenter le feu à vif et dès
qu'elles ramollissent, ajouter l'autre moitié. Incorporer
250 g (½ lb) de chair de crabe en morceaux et 1 c. à
soupe de beurre. Saler. Faire sauter environ 2 minutes
en remuant. 4 portions.

Les choux
et autres crucifères

BROCOLI

BROCOLI CHINOIS

CHOU-FLEUR

CHOUX DE
BRUXELLES

RAPINIS

CHOU VERT

CHOU ROUGE

Des plus gros choux aux petits choux de Bruxelles, les crucifères sont bien connues en raison de leur goût caractéristique. Certains historiens de l'alimentation pensent que le chou moderne et les autres légumes de la même famille seraient dérivés de plants apparentés qui ont poussé à l'état sauvage, il y a des siècles, autour de la Méditerranée et ailleurs en Europe. D'autres chercheurs ont découvert dans l'Égypte ancienne des traces de légumes semblables aux choux.

Les choux se distinguent par leur tête compacte et les feuilles tantôt lisses, tantôt gaufrées, qui poussent autour du pied. Les choux de Bruxelles, qui ressemblent à de minuscules choux verts, ont des têtes aux feuilles serrées. Souvent, les têtes sont coupées des pieds avant même que les choux arrivent au marché, mais il arrive parfois qu'ils soient toujours liés à leur longue tige épaisse. Les brocolis et les choux-fleurs, qui font également partie de la famille des choux, se ressemblent beaucoup : les deux ont des bouquets qui poussent au bout d'épaisses tiges. Les premiers sont verts, et les seconds, blancs.

Les crucifères se récoltent par temps frais. Bien qu'on les trouve facilement toute l'année dans les marchés, ils sont meilleurs à l'automne et en hiver.

Le brocoli

Le légume est l'un des nombreux membres du grand groupe crucifère dans lequel on retrouve également la moutarde, le chou, le chou-fleur, les choux de Bruxelles, le bok choy (pak-choï). Le brocoli a été introduit en Grande-Bretagne et en Amérique du Nord au XVIIIe siècle par les immigrants italiens. Bien que la popularité de ce légume soit assez récente, il est, par ses bouquets vert foncé, l'un des plus faciles à reconnaître.

On le trouve facilement à longueur d'année, mais il sera meilleur à partir de l'automne jusqu'au début du printemps, période au cours de laquelle le temps plus froid l'aide à acquérir son goût de noix. Le brocoli est polyvalent et facile à préparer, ce qui le rend populaire dans une grande variété de plats. On le mange cru avec des trempettes, mélangé dans des salades composées, gratiné au fromage, avec des pâtes, dans les soupes et cuit vapeur ou sauté pour qu'il reste croquant.

LA PRÉPARATION DU BROCOLI

Retirez les feuilles des tiges seulement si elles semblent décolorées. Pelez ou éliminez toute partie dure de la tige principale. Coupez les tiges secondaires pour obtenir des bouquets de la taille d'une bouchée. Détaillez ensuite les tiges en tronçons plus courts. Étant donné que les bouquets cuisent plus rapidement que les tiges, ajoutez-les aux tiges après 2 ou 3 minutes de cuisson.

L'ACHAT DU CHOU-FLEUR

Recherchez les têtes fermes et denses, de couleur uniforme, soit ivoire ou crème. Les bouquets ne devraient pas présenter de taches brunes. Si les feuilles sont toujours attachées au pied, elles seront vertes et fraîches. N'achetez pas un chou-fleur dont les bouquets se séparent. Rangez le chou-fleur dans un sac de plastique; il se conservera ainsi cinq jours au réfrigérateur.

Le chou-fleur

Les bouquets blanc crème et compacts du chou-fleur ressemblent à ceux du brocoli, deux crucifères fortement apparentées. Les têtes sont parfois vendues au marché avec leurs feuilles internes et comestibles, couvrant étroitement une partie des bouquets. Le goût de ces feuilles rappelle celui du chou vert. Il existe différentes variétés anciennes de choux-fleurs dont certaines donnent des bouquets jaunes, violets ou bruns. Mentionnons aussi le chou Romanesco, qui provient d'Italie, dont les bouquets, aux extrémités pointues, sont agencés en un motif géométrique étonnant.

La fin de l'été et l'automne sont les saisons du chou-fleur, mais il pousse bien même au début de l'hiver. Son goût de noisette se marie bien avec le fromage ainsi qu'avec d'autres légumes, tels que les haricots verts et les carottes. Cuit et réduit en purée, il fera une délicieuse soupe crémeuse. On peut aussi le faire griller avec du bacon. Les bouquets se mangent crus ou légèrement blanchis. Sous cette forme, ils trouveront leur place dans un plateau de légumes ou dans la composition de différentes salades.

LA PRÉPARATION DU CHOU-FLEUR

La méthode la plus simple pour séparer les bouquets de la tige consiste à couper, à l'aide d'un couteau de cuisine bien affûté, les tiges le long du tronc principal, puis à retirer le trognon. Découpez ensuite les bouquets en morceaux de la taille d'une bouchée. Si vous faites bouillir le chou-fleur, ajoutez quelques gouttes de jus de citron à l'eau de cuisson pour qu'il reste blanc.

Brocoli au piment fort

4 PORTIONS

125 g (2 tasses) de petits bouquets de brocoli

60 ml (¼ tasse) d'huile d'olive

2 c. à soupe de piment fort en flocons

Sel et poivre du moulin

Préchauffer le four à 120 °C (250 °F).

Disposer les bouquets de brocoli dans un plat allant au four. Arroser d'huile d'olive et parsemer de flocons de piment fort, de 1 c. à thé de sel et autant de poivre. Faire cuire de 20 à 25 minutes, jusqu'à ce que le brocoli soit tendre. Servir immédiatement.

Soupe au brocoli et au cheddar

DE 6 À 8 PORTIONS

750 g (1 ½ lb) de brocoli, les tiges dures pelées

2 c. à soupe de beurre non salé

1 oignon, haché finement

30 g (¼ tasse) de farine tout usage

1,25 litre (5 tasses) de bouillon de poulet, chauffé

½ c. à thé de thym séché

1 c. à soupe de jus de citron fraîchement pressé

500 ml (2 tasses) de lait entier (3,25 % M.G.)

250 g (½ lb) de cheddar fort, râpé

Sel et poivre du moulin

Hacher grossièrement le brocoli. Dans une casserole, sur feu moyen, faire fondre le beurre et y faire sauter l'oignon environ 8 minutes. Saupoudrer de farine et poursuivre la cuisson 1 minute. Ajouter le bouillon de poulet, le brocoli, le thym et le jus de citron. Porter à ébullition. Baisser le feu à doux, couvrir et laisser mijoter environ 20 minutes, jusqu'à ce que le brocoli soit tendre. En procédant par petites quantités, réduire en purée dans un mélangeur ou un robot culinaire. Verser la purée dans la casserole, incorporer le lait et porter à faible ébullition sur feu doux.

Parsemer la soupe de la moitié du fromage et remuer pour le faire fondre. Saler et poivrer. Répartir la soupe entre des bols et garnir du reste du fromage. Servir immédiatement.

Sauté de bœuf au brocoli et à l'ail croustillant

4 PORTIONS

500 g (1 lb) de bavette

1 c. à soupe de fécule de maïs

¼ c. à thé de sel

¼ c. à thé de sucre

⅛ c. à thé de bicarbonate de soude

2 c. à soupe d'huile de canola

3 gousses d'ail, tranchées finement

¼ c. à thé de piment fort en flocons

125 g (2 tasses) de petits bouquets de brocoli

3 c. à soupe de vin blanc sec

2 c. à soupe de sauce soya

Riz blanc cuit (page 262) pour accompagner

Trancher le bœuf contre les fibres, en lanières de 7,5 cm (3 po) de long et 6 mm (¼ po) de large. Dans un bol, mélanger la fécule, le sel, le sucre, le bicarbonate de soude et 2 c. à soupe d'eau. En enrober le bœuf. Laisser reposer 30 minutes à la température ambiante.

Dans une poêle, sur feu vif, verser l'huile de canola. Lorsqu'elle est bien chaude, faire sauter les tranches d'ail et le piment fort environ 1 minute pour rendre l'ail croustillant. Égoutter sur du papier absorbant.

Dans la même poêle, faire cuire le bœuf, le brocoli et 2 c. à soupe de vin environ 5 minutes. Arroser de sauce soya et du reste du vin, puis remuer pendant 1 minute. Transférer dans un plat de service et accompagner de riz.

BROCOLI CHINOIS

Cette variété de crucifères a un pied semblable à celui du brocoli, mais on trouve au bout des feuilles vertes et plates, plutôt que des bouquets. Il est offert au marché en été et en automne. Les feuilles, les tiges et les fleurs sont comestibles. Ce légume polyvalent s'apprête de diverses façons : sauté, dans les soupes, ou râpé et cru en salade.

SAUTÉ DE BROCOLI CHINOIS AU GINGEMBRE

Dans un wok ou une grande poêle sur feu vif, faire chauffer 2 c. à soupe d'huile d'arachide et y faire revenir pendant 15 secondes 2 gousses d'ail tranchées finement, ½ c. à thé de gingembre frais haché et une pincée de piment fort en flocons. Ajouter 750 g (1 ½ lb) de brocoli chinois en morceaux de 6 mm (¼ po) et remuer pour les enrober d'huile parfumée. Verser 60 ml d'eau et 1 ½ c.

à soupe de sauce soya, puis couvrir et faire cuire environ 3 minutes, jusqu'à ce que l'eau se soit presque tout évaporée, et que les tiges de brocoli soient croquantes. Si le wok (ou la poêle) devient trop sec, ajouter un peu d'eau. Retirer du feu et parsemer de ½ c. à thé de sucre ; mélanger. Transférer dans un plat de service, arroser du jus de cuisson et de 1 c. à thé d'huile de sésame grillé. 4 portions.

SAUTÉ DE BŒUF AU BROCOLI ET À L'AIL CROUSTILLANT

CHOU-FLEUR GRATINÉ AUX CÂPRES

Soupe de chou-fleur crémeuse

DE 4 À 6 PORTIONS

3 c. à soupe d'huile d'olive,
et un peu pour arroser

1 oignon, tranché finement

Sel et poivre du moulin

750 g (1 ½ lb) de chou-fleur, séparé en
bouquets et les tiges coupées en tranches
de 6 mm (¼ po) d'épaisseur

Dans une casserole, sur feu moyen-vif,
faire chauffer l'huile d'olive et y faire cuire
l'oignon avec une pincée de sel environ
12 minutes, jusqu'à ce qu'il ramollisse.
Ajouter le chou-fleur, une autre pincée de sel
et 250 ml d'eau. Couvrir et laisser mijoter
environ 10 minutes, jusqu'à ce qu'on puisse
piquer facilement le chou-fleur avec une
fourchette. Retirer le couvercle, ajouter 1 litre
(4 tasses) d'eau et augmenter le feu à vif ;
porter à ébullition. Baisser le feu pour
maintenir une faible ébullition et poursuivre
la cuisson 20 minutes. Laisser refroidir
légèrement.

En procédant par petites quantités, réduire
la soupe en une purée lisse au mélangeur
électrique ou au robot culinaire. Verser dans
la casserole et faire chauffer sur feu doux.
Diluer la soupe avec de l'eau, s'il y a lieu,
et saler. Répartir la soupe entre des bols,
arroser d'un filet d'huile d'olive, puis poivrer.
Servir immédiatement.

Chou-fleur gratiné aux câpres

4 PORTIONS

4 c. à soupe de beurre non salé, et un peu
pour graisser

1 tête de chou-fleur de taille moyenne

3 ½ c. à soupe de farine tout usage

375 ml (1 ½ tasse) de lait entier
(3,25 % M.G.)

Sel et poivre du moulin

20 g (⅓ tasse) de chapelure fraîche

1 c. à soupe de câpres, rincés et égouttés

1 c. à thé de piment fort en flocons

Préchauffer le four à 200 °C (400 °F).
Graisser un plat de taille moyenne allant
au four.

Dans un bain-marie rempli d'eau bouillante,
faire cuire le chou-fleur entier à la vapeur et
à couvert de 15 à 20 minutes, jusqu'à ce
qu'il soit presque tendre. Déposer sur la
planche à découper et laisser refroidir.
Couper en 8 quartiers et disposer dans
le plat graissé.

Dans une casserole, sur feu moyen, faire
fondre 3 c. à soupe de beurre. Lorsqu'il
commence à mousser, retirer la casserole
du feu et incorporer la farine au fouet.
Remettre sur le feu et verser lentement
le lait tout en le fouettant. Baisser le feu,
ajouter 1 c. à thé de sel et ½ c. à thé de
poivre. Faire cuire environ 15 minutes, en
fouettant de temps à autre, jusqu'à ce que
la sauce épaississe et devienne homogène.

Dans une petite poêle, sur feu moyen, faire
fondre 1 c. à soupe de beurre. Dès qu'il
mousse, ajouter la chapelure et faire cuire
de 3 à 4 minutes, en remuant souvent,
jusqu'à ce qu'elle dore.

Incorporer les câpres et le piment fort
à la sauce, puis verser sur le chou-fleur.
Parsemer de chapelure.

Faire dorer au four environ 30 minutes,
jusqu'à ce que la sauce bouillonne et grille
sur le dessus. Servir immédiatement.

Pâtes au chou-fleur, anchois et pignons

6 PORTIONS

2 c. à soupe d'huile d'olive,
et un peu pour arroser

1 petite tête de chou-fleur, coupée
en bouquets de 2,5 cm (1 po) de long

Sel et poivre du moulin

2 filets d'anchois dans l'huile, rincés
et écrasés

1 grosse gousse d'ail, hachée

½ c. à thé de piment fort en flocons

500 g (4 lb) de gemelli ou autres petites
pâtes spiralées

3 c. à soupe de pignons, grillés (page 264)

30 g (¼ tasse) de parmesan ou autre
fromage à pâte dure, vieilli,
fraîchement râpé

Porter une grande casserole d'eau salée
à ébullition.

Entre-temps, dans une autre grande
casserole, sur feu moyen-vif, faire chauffer
1 c. à soupe d'huile d'olive. Y faire cuire les
bouquets de chou-fleur avec une pincée
de sel et de poivre de 6 à 8 minutes, en
remuant, jusqu'à ce qu'il soit doré et tendre
lorsqu'on le pique avec une fourchette.
Retirer le chou-fleur de la casserole. Verser
1 c. à soupe d'huile dans la casserole
et baisser le feu à moyen. Faire revenir
les anchois, l'ail et le piment fort environ
1 minute pour que les ingrédients exhalent
leur parfum. Remettre le chou-fleur dans
la casserole, bien l'enrober des ingrédients
parfumés, puis retirer du feu.

Dans l'eau bouillante, faire cuire les pâtes
al dente, soit de 8 à 10 minutes ou selon
les instructions sur l'emballage. Prélever
250 ml d'eau de cuisson avant d'égoutter
les pâtes.

Mélanger les pâtes avec le chou-fleur.
Parsemer de pignons et, au besoin, ajouter
un peu d'eau de cuisson pour humidifier
la préparation.

Transférer dans un plat de service, puis
arroser d'un filet d'huile d'olive. Parsemer
de fromage et servir immédiatement.

Les meilleurs ont les feuilles vert vif fermement attachées pour former une tête compacte. Chez certains maraîchers, vous les trouverez avec leur épaisse tige verte. Évitez les choux de Bruxelles dont les feuilles sont jaunes ou flétries. Assurez-vous que le dessous est pâle et humide, gage de fraîcheur. Rangez les choux de Bruxelles dans un sac de plastique; ils se conserveront quatre jours au réfrigérateur.

Les choux de Bruxelles

Pareils à de mini-choux verts, les choux de Bruxelles sont de petits bourgeons qui poussent sur la longue tige épaisse d'un plant qui descend du chou sauvage. Ils doivent leur nom à la capitale de la Belgique, pays où ils ont d'abord été cultivés avant de gagner toute l'Europe et l'Amérique du Nord. On vend généralement les têtes en vrac ou dans de petits paniers. Au marché, on les trouve parfois sur tige.

Les choux de Bruxelles croissent de préférence dans les régions côtières au climat frais. On les récolte à partir de l'automne et jusqu'au milieu de l'hiver. Ils se préparent d'autant de manières que le brocoli et le chou-fleur. Qu'on les fasse bouillir, braiser, cuire à la vapeur ou griller, ils seront délicieux. Tranchez finement les têtes ou détachez les feuilles pour les faire sauter ou encore pour les servir telles quelles ou en salade crémeuse.

LA PRÉPARATION DES CHOUX DE BRUXELLES

Rincez les têtes, puis épongez-les. Éliminez toute feuille extérieure abîmée ou brunie ainsi qu'une mince partie du dessous. Incisez le fond en croix avec la pointe d'un couteau de cuisine avant de faire cuire les choux de façon à ce que les têtes compactes cuisent uniformément. Pour écourter le temps de cuisson, tranchez les têtes les plus grosses en deux ou en quatre.

L'ACHAT DES RAPINIS

Choisissez des rapinis dont les bouquets et les feuilles sont vert vif et dont les fleurs jaunes commencent à peine à s'ouvrir. Ne les achetez pas si les fleurs sont fanées, jaunies ou si elles sont complètement écloses. Les tiges devraient être fermes et même légèrement flexibles. Rangez les rapinis dans un sac de plastique ; ils se conserveront trois jours au réfrigérateur.

Les rapinis

Ce légume originaire des pays méditerranéens est apparu depuis peu sur le marché. Il est recherché pour ses longues tiges minces, ses abondantes feuilles tendres ainsi que pour ses boutons floraux caractéristiques qui ressemblent à de petits bouquets de brocoli. Proche parent de la moutarde, le rapini se distingue par son goût agréablement amer avec des accents de moutarde douce. Les variétés cultivées en Amérique du Nord et en Italie ont tendance à être moins âcres que celles qui proviennent de Chine et qu'on retrouve dans les épiceries qui approvisionnent les communautés asiatiques.

À consommer de préférence en automne et en hiver, le rapini est très prisé dans la cuisine italienne. On le fait sauter dans l'huile d'olive et l'ail pour le servir avec de la viande ou en faire la base d'une sauce pour accompagner des pâtes. De même, en Asie, le rapini est un légume populaire qu'on fait sauter à feu vif avec de l'ail ou du gingembre. Cuit et refroidi, il est savoureux en salade. Il garnira également très bien les pizzas et les bruschettas.

LA PRÉPARATION DES RAPINIS

Éliminez les extrémités des tiges et toute feuille fanée. Si quelques tiges sont dures ou très épaisses, on peut les peler avec un couteau-éplucheur. Pour atténuer l'amertume des rapinis, il convient de les faire cuire à la vapeur, de les faire braiser dans un peu d'eau ou de les blanchir (page 264) avant de les servir ou de les faire cuire davantage.

Choux de Bruxelles aux marrons

6 PORTIONS

250 g (½ lb) de marrons frais

750 g (1 ½ lb) de choux de Bruxelles

Sel et poivre du moulin

2 c. à soupe de beurre non salé

À l'aide d'un couteau affûté, pratiquer une incision dans la base plate de chaque marron. Mettre dans une casserole, verser suffisamment d'eau pour couvrir les marrons. Porter à faible ébullition sur feu moyen. Baisser le feu à doux et faire cuire de 45 à 55 minutes, jusqu'à ce que l'intérieur des marrons se perce facilement avec la pointe d'un couteau. Retirer les marrons de l'eau chaude, quelques-uns à la fois. Les peler; jeter la coque et la membrane dure. Réserver les marrons.

Couper les choux de Bruxelles en deux. Porter une grande casserole d'eau salée à ébullition. Y faire mijoter les demi-choux de 6 à 8 minutes, à découvert, jusqu'à ce qu'ils soient tendres. Égoutter et remettre dans la casserole. Ajouter les marrons et le beurre, puis faire cuire, sur feu moyen, environ 1 minute, en remuant pour faire fondre le beurre et chauffer les marrons. Saler et poivrer.

Transférer dans un plat de service et servir chaud.

Les choux de Bruxelles aux marrons accompagnent à merveille la viande de boucherie et la volaille. On peut aussi les mélanger à des pâtes telles que les fettucinis.

Pâtes aux choux de Bruxelles, échalotes et asiago

6 PORTIONS

8 échalotes sèches, pelées

1 c. à soupe d'huile d'olive

Sel et poivre du moulin

500 g (1 lb) de linguines ou de tagliatelle

1 c. à soupe de beurre non salé

500 g (1 lb) de choux de Bruxelles, tranchés finement

½ c. à thé de sucre

1 c. à soupe de vinaigre de xérès

180 ml (¾ tasse) de crème champêtre (35 % M.G.)

60 g (¼ tasse) d'asiago râpé

Préchauffer le four à 200 °C (400 °F). Déposer les échalotes dans un petit plat allant au four et arroser d'huile d'olive. Parsemer d'une pincée de sel et de poivre. Couvrir hermétiquement avec du papier d'aluminium. Faire cuire au four de 35 à 40 minutes, jusqu'à ce que les échalotes soient tendres. Dès qu'elles ont refroidi, les couper en tranches de 12 mm (½ po) d'épaisseur. Réserver.

Porter une grande casserole d'eau salée à ébullition. Y faire cuire les pâtes *al dente*, soit de 6 à 7 minutes ou selon les instructions sur l'emballage. Prélever 250 ml d'eau de cuisson avant d'égoutter les pâtes.

Pendant que les pâtes cuisent, faire brunir légèrement le beurre dans une autre grande casserole sur feu moyen-vif. Y faire cuire les choux de Bruxelles avec une pincée de sel et le sucre de 3 à 4 minutes, en remuant souvent, jusqu'à ce qu'ils commencent à ramollir. Arroser de vinaigre et poursuivre la cuisson environ 1 minute sans cesser de remuer, jusqu'à ce qu'il épaississe. Baisser le feu à moyen-doux, puis ajouter les échalotes et la crème. Saler et poivrer.

Incorporer les pâtes égouttées aux choux de Bruxelles et mélanger tout en ajoutant un peu d'eau de cuisson réservée si la texture semble trop sèche. Transférer dans un plat de service et parsemer de fromage. Servir immédiatement.

Feuilles de choux de Bruxelles au bacon

6 PORTIONS

2 c. à soupe de vinaigre de vin rouge

½ c. à thé de graines de moutarde

1 gousse d'ail, hachée

125 ml (½ tasse) d'huile d'olive

Sel et poivre du moulin

750 g (1 ½ lb) de choux de Bruxelles

2 c. à soupe de beurre non salé

6 tranches de bacon, coupées en morceaux de 6 mm (¼ po) de long, cuits pour les rendre croustillants

Dans un petit bol, fouetter le vinaigre, les graines de moutarde et l'ail. Tout en fouettant, verser l'huile d'olive en un mince filet. Bien mélanger. Saler et poivrer. Réserver.

Retirer les feuilles extérieures des choux de Bruxelles et toutes celles qui ont des taches. Avec un couteau affûté, ôter le cœur des choux de façon à pouvoir détacher les feuilles. Dans une grande casserole sur feu moyen, faire fondre le beurre. Ajouter les feuilles et 125 ml d'eau. Couvrir et porter à ébullition sur feu vif. Baisser le feu à moyen-doux et faire cuire les feuilles environ 7 minutes, jusqu'à ce qu'elles soient vert vif et tendres. Ajouter de l'eau au besoin. Égoutter et transférer dans un saladier.

Ajouter le bacon à l'huile d'olive aromatisée. Verser sur les feuilles de chou de Bruxelles et remuer délicatement pour les enrober. Saler et poivrer, puis servir immédiatement.

FEUILLES DE CHOUX DE BRUXELLES AU BACON

BRUSCHETTA AUX RAPINIS ÉPICÉS

Bruschetta aux rapinis épicés

6 PORTIONS

750 g (1 ½ lb) de rapinis

5 c. à soupe d'huile d'olive, un peu plus pour badigeonner et arroser

3 gousses d'ail, hachées

¼ c. à thé de piment fort en flocons

Sel

1 baguette, coupée en 12 tranches de 12 mm (½ po) d'épaisseur

125 g (½ tasse) de ricotta

Préchauffer le gril du four.

Couper les tiges de rapinis en morceaux de 6 mm (¼ po) de long. Hacher grossièrement les feuilles et les fleurs. Rincer et égoutter.

Dans une poêle, sur feu moyen, faire chauffer 3 c. à soupe d'huile d'olive et y faire revenir l'ail et le piment fort environ 30 secondes, le temps que l'ail exhale son parfum. Déposer autant de rapinis que peut en contenir la poêle. Augmenter le feu à vif et ajouter le reste des rapinis dès que les premiers commencent à ramollir. Saler, puis faire cuire de 4 à 10 minutes, jusqu'à ce qu'ils soient tendres. Si la poêle devient trop sèche, ajouter un peu d'eau. Retirer du feu. Arroser de 2 c. à soupe d'huile d'olive et saler.

Badigeonner les tranches de baguette d'huile d'olive et les faire griller au four environ 2 minutes de chaque côté. Tartiner chaque tranche de ricotta et garnir de rapinis. Arroser d'un peu d'huile d'olive et servir immédiatement.

Orecchiettes aux rapinis

DE 4 À 6 PORTIONS

80 ml (¾ tasse) d'huile d'olive

8 gousses d'ail, tranchées finement

¼ c. à thé de piment fort en flocons

750 g (1 ½ lb) de rapinis, les tiges coupées

500 g (1 lb) d'orecchiettes (petites pâtes en forme d'oreille)

Sel

125 g (1 tasse) de pecorino ou autre fromage à pâte dure, fraîchement râpé

Dans une grande poêle, sur feu moyen, faire chauffer l'huile d'olive et y faire revenir l'ail et le piment fort de 1 à 2 minutes, le temps que l'ail exhale son parfum. Réserver.

Porter une grande casserole d'eau salée à ébullition. Y faire cuire les rapinis de 2 à 4 minutes, jusqu'à ce qu'ils soient tendres. Avec une écumoire, les transférer dans un bol d'eau glacée. Laisser la casserole remplie d'eau sur feu vif. Égoutter les rapinis et les couper en tronçons de 5 cm (2 po) de long.

Dans l'eau bouillante, faire cuire les pâtes *al dente*, soit de 10 à 12 minutes ou selon les instructions sur l'emballage. Pendant ce temps, mettre les rapinis dans la poêle avec l'ail, puis saler. Faire sauter sur feu moyen de 3 à 5 minutes pour qu'ils soient bien chauds.

Égoutter les pâtes et les remettre dans la casserole. Ajouter les rapinis et bien mélanger. Répartir entre des assiettes creuses et parsemer de fromage. Servir immédiatement.

Saucisses italiennes avec rapinis

4 PORTIONS

1 kg (2 lb) de rapinis

4 saucisses italiennes douces ou fortes, chacune d'environ 155 g (5 oz)

2 c. à thé d'huile d'olive, et un peu, au besoin

4 grosses gousses d'ail, hachées

¼ c. à thé de piment fort en flocons, ou au goût

Sel

60 g (½ tasse) de parmesan ou autre fromage à pâte dure, fraîchement râpé

Porter une grande casserole d'eau salée à ébullition. Y faire cuire les rapinis de 3 à 4 minutes, jusqu'à ce qu'ils soient tendres. Égoutter et rincer sous l'eau froide. Égoutter de nouveau et couper en tronçons de 5 cm (2 po) de long.

Préchauffer le four à 120 °C (250 °F). Piquer les saucisses avec une fourchette à plusieurs endroits. Dans une grande poêle, sur feu moyen, faire chauffer l'huile d'olive et y déposer les saucisses. Les faire cuire environ 20 minutes, jusqu'à ce qu'elles soient bien grillées et fermes. Les retourner une seule fois durant la cuisson. Transférer dans un plat allant au four et garder au chaud dans le four.

Éliminer presque toute la graisse de la poêle pour n'en laisser que 3 c. à soupe (ajouter de l'huile d'olive, au besoin). Faire sauter l'ail et le piment sur feu moyen-doux environ 1 minute, le temps que l'ail exhale son parfum. Ajouter les rapinis, puis saler. Faire sauter environ 3 minutes pour que les légumes soient bien chauds.

Répartir les saucisses et les rapinis entre quatre assiettes, parsemer de fromage et servir immédiatement.

Le chou vert doit être ferme et lourd. Selon les variétés, les feuilles seront roulées lisses ou frisées. La couleur est un indice de fraîcheur. Les choux qui ont été entreposés trop longtemps perdent leur pigment et deviennent presque blancs. Pour contrôler la fraîcheur, assurez-vous que la tige n'est pas crevassée autour de la base.

Le chou vert

La variété la plus courante de chou est celle dont les feuilles sont lisses et vert pâle. Le chou de Savoie aux feuilles frisées agrémente bien les salades et il convient aux salades de chou. Quant au chou Nappa, aussi appelé Napa, il est de forme allongée ; ses feuilles frisées et vert pâle sont traversées d'une large nervure blanche.

Une plante robuste, le chou se vend frais toute l'année, mais il sera meilleur pendant les mois de l'automne et du début de l'hiver. En Europe et en Asie, on conserve le chou dans la saumure en prévision des longs mois d'hiver : à cette fin, la choucroute et le kimchi sont les deux recettes les plus populaires. Il existe d'autres façons d'apprêter le chou : on peut faire blanchir les feuilles entières ou les faire cuire à la vapeur pour les rendre souples. Ensuite, on les farcit de bœuf, d'orge ou de riz, puis on les roule en cigares avant de le faire cuire. Des morceaux de chou sont souvent ajoutés à des soupes ou à des farces. On les fait aussi braiser pour en adoucir la saveur. Le chou râpé se mélange simplement à une sauce crémeuse pour en faire de la salade de chou.

LA PRÉPARATION DU CHOU VERT
Retirez et jetez toute feuille extérieure fanée. Ôtez le trognon soit en coupant le chou en deux ou en quartiers pour l'atteindre plus facilement, soit en découpant un cône à la base du chou. Si vous râpez ou tranchez le chou pour en faire de la salade, une mandoline ou un robot culinaire avec le disque adapté vous permettra de vous acquitter de la tâche plus rapidement.

L'ACHAT DU CHOU ROUGE

Comme dans le cas du chou vert, achetez un chou rouge ferme, aux feuilles lisses roulées serrées et d'un violet brillant. Comparez des choux de taille semblable et prenez le plus lourd. Pour contrôler la fraîcheur, assurez-vous que la tige n'est pas crevassée autour de la base.

Le chou rouge

Semblable au chou vert par sa texture et son apparence, le chou rouge doit sa couleur foncée entre le rouge et le violet au sol acide dans lequel il pousse. Le chou rouge se caractérise par des feuilles plus épaisses et son goût légèrement poivré. De plus, il se conserve généralement plus longtemps que son cousin vert.

Le chou rouge se cultive bien dans les climats humides et les sols bien fertilisés. On le récolte principalement en hiver. Tout comme le chou vert, le rouge se consomme cru ou cuit. Son goût aigre-doux et sa couleur brillante se prêtent bien aux salades de chou. Tranché finement, il ajoute de la texture aux légumes feuilles servis en salade. Le chou rouge convient bien aux plats d'hiver consistants et, braisé, il accompagnera du poisson, du porc, du gibier ou de la saucisse.

LA PRÉPARATION DU CHOU ROUGE

À la cuisson, le chou rouge devient bleu pâle. Pour éviter cet inconvénient, ajoutez un peu de vinaigre ou de jus de citron à l'eau de cuisson ou faites cuire le chou avec des ingrédients acides comme des pommes ou du vin. Préparez le chou rouge de la même façon que le chou vert : éliminez toute feuille extérieure fanée, retirez le trognon et apprêtez le chou selon la recette.

Salade de chou rouge et vert au babeurre

6 PORTIONS

1 petit chou rouge (environ 500 g/1 lb), le trognon ôté et tranché finement en biseau

1 petit chou vert (environ 500 g/1 lb), le trognon ôté et tranché finement en biseau

1 petit oignon rouge, tranché très finement

Sel et poivre du moulin

250 ml (1 tasse) de babeurre

125 g (½ tasse) de crème sure

10 g (¼ tasse) de persil italien (plat) frais haché ou de coriandre fraîche hachée

1 c. à thé de vinaigre blanc, ou au goût

Dans un grand saladier, mélanger les choux, l'oignon et 2 c. à thé de sel.

Dans un bol, fouetter le babeurre, la crème sure, le persil et le vinaigre. Verser dans le saladier. Saler et poivrer, puis bien mélanger. Laisser reposer de 15 à 30 minutes pour que les saveurs se marient et que le chou ramollisse. Goûter et ajouter du sel et du vinaigre, s'il y a lieu. Servir immédiatement.

Cigares au chou farcis de saucisse et d'oignon

4 PORTIONS

1 chou de Savoie, les feuilles extérieures éliminées

2 c. à soupe d'huile d'olive

1 oignon, coupé en dés

1 c. à thé de thym frais haché

Sel et poivre du moulin

3 gousses d'ail, hachées finement

250 g (½ lb) de chair saucisses

110 g (½ tasse) de *Riz blanc cuit* (page 262)

1 gros œuf, légèrement battu

125 g (¼ tasse) + 2 c. à soupe de parmesan ou autre fromage à pâte dure, râpé

375 ml (1 ½ tasse) de bouillon de poulet, chaud

Préchauffer le four à 180 °C (350 °F). Porter une casserole d'eau salée à ébullition. Retirer le trognon du chou, puis couper le cœur en petits morceaux. Réserver. Faire bouillir les feuilles entières pendant 1 minute. Les rincer ensuite sous l'eau froide, puis les éponger. Faire bouillir le chou réservé de 2 à 3 minutes, jusqu'à ce qu'il soit tendre. Égoutter, rincer sous l'eau froide, puis égoutter de nouveau.

Dans une poêle, sur feu moyen-doux, faire chauffer l'huile d'olive. Y faire sauter l'oignon, le thym et une pincée de sel environ 10 minutes. Ajouter l'ail et poursuivre la cuisson 2 minutes. Transférer dans un bol et incorporer le chou coupé, la chair à saucisse, le riz, l'œuf et 125 g (¼ tasse) de fromage. Saler et poivrer.

Sans perforer les feuilles de chou, peler la nervure épaisse du côté extérieur pour égaliser l'épaisseur de la feuille. Déposer 60 g (¼ tasse) de farce à la base de chaque feuille. Envelopper la farce en roulant la feuille autour, puis replier les côtés vers le centre et terminer de rouler pour former un cigare. Placer les cigares, l'ouverture vers le bas, dans un plat allant au four. Verser le bouillon chaud et couvrir hermétiquement de papier d'aluminium. Faire cuire au four 45 minutes. Parsemer de 2 c. à soupe de fromage râpé et poursuivre la cuisson 15 minutes. Servir avec le bouillon.

Chou rouge braisé aux pommes

4 PORTIONS

2 c. à soupe de beurre non salé

1 oignon, tranché finement

750 g (1 ½ lb) de pommes acides (Granny Smith, Cortland, Pink Lady) pelées, évidées et tranchées finement

1 c. à thé de thym frais haché

1 feuille de laurier

Sel

1 chou rouge ou vert (environ 1 kg/2 lb), le trognon ôté et tranché finement en biseau

125 ml (½ tasse) de bouillon de poulet, et un peu plus, au besoin

Dans une grande poêle sur feu moyen, faire fondre le beurre et y faire cuire l'oignon, les pommes, le thym, le laurier et du sel environ 6 minutes, jusqu'à ce que les pommes soient dorées et tendres. Remuer de temps à autre.

Ajouter le chou et le bouillon de poulet. Saler et porter à ébullition. Baisser le feu à moyen et couvrir. Faire cuire de 15 à 20 minutes en remuant souvent, jusqu'à ce que le chou soit tendre. Si la poêle devient sèche, ajouter un peu de bouillon. Servir immédiatement ou couvrir et garder au chaud dans le four à basse température jusqu'au moment de servir.

Le chou braisé est un accompagnement de choix pour les viandes rôties, comme les côtelettes de porc.

CHOU ROUGE BRAISÉ AUX POMMES

Les légumes feuilles

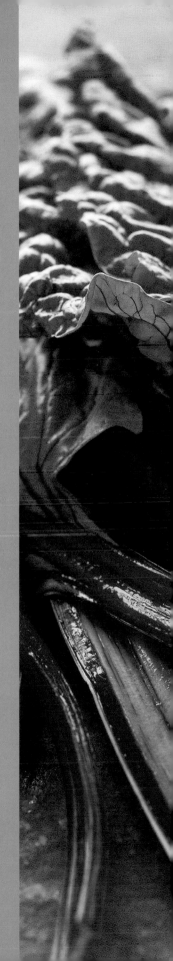

LAITUES

LÉGUMES À
FEUILLES FERMES

ROQUETTE

ÉPINARDS

ENDIVES

RADICCHIO

BETTES À CARDE

CHOU FRISÉ

De nombreuses plantes ont des feuilles comestibles. Dans le cas des légumes feuilles, les plantes dont ils proviennent sont cultivées expressément pour leurs feuilles. Ce vaste groupe comprend des plantes aux feuilles très tendres et presque sucrées, d'autres aux feuilles fermes comme la roquette dont le goût est poivré et d'autres encore dont la saveur amère est néanmoins agréable. Des preuves historiques portent à croire que les légumes feuilles étaient ramassés dans la nature par les Égyptiens, les Grecs et les Romains de l'Antiquité.

À des fins culinaires, il est utile de classer les légumes feuilles en quatre catégories. La première est formée de laitues comme la laitue Boston, la laitue frisée, la romaine et la mâche. Toutes ont des feuilles délicates. La deuxième comprend les légumes dont la texture des feuilles est plus résistante : le cresson, le radicchio, la chicorée frisée. Le troisième est celui des endives. Certains légumes à feuilles fermes appartiennent également à ce groupe. C'est le cas du radicchio. Le radicchio et les endives (chicons) ont des feuilles serrées. Les chicorées ont des feuilles moins compactes, comme les laitues. Le quatrième groupe réunit les légumes à feuilles foncées tels que le chou frisé, les bettes à carde et les épinards. Bien qu'on les fasse souvent cuire, ces légumes feuilles se mangent aussi crus en salade si on les récolte plus tôt.

On trouve toujours des légumes feuilles au marché, car, selon les variétés, il en pousse durant toutes les saisons.

L'ACHAT DES LAITUES

Choisissez des laitues qui sont lourdes relativement à leur taille. N'achetez pas celles dont les feuilles sont fanées, déchirées ou brunies. Détachez les feuilles et rangez-les sans les laver dans un sac de plastique ; elles se conserveront ainsi quatre jours au réfrigérateur. Rincez les feuilles avant de les utiliser ou, s'il y a lieu, faites-les tremper 10 minutes dans l'eau froide pour les rafraîchir et les rendre croquantes.

Les laitues

Cultivées partout dans le monde, les laitues les plus délicates ont habituellement un goût léger et une texture tendre. De la laitue frisée rouge aux feuilles très foncées dont la forme évoque les feuilles de chêne à la forme ovale des feuilles de mâche, en passant par le tatsoi d'origine japonaise à la laitue Boston, le choix est vaste. Le mesclun, mot provençal qui signifie « mélange », est une combinaison des premiers légumes feuilles et des herbes du printemps. La composition des mélanges varie, mais ils offrent toujours une variété de couleurs et de texture. Certains fermiers vendent aussi les petites feuilles des jeunes plants, qu'on appelle les bébés, par exemple les bébés épinards, et qui sont récoltées lorsqu'elles ne mesurent encore que quelques centimètres.

Le printemps et l'automne sont les meilleures saisons pour se procurer des légumes feuilles au marché. Osez essayer différentes couleurs, textures et saveurs pour créer des salades qui séduiront votre palais. Pour mettre en valeur la finesse des laitues délicates, on les sert en salades composées de peu d'ingrédients et on les arrose parcimonieusement d'une vinaigrette pas trop acide.

LA PRÉPARATION DES LAITUES

Lavez les feuilles en les plongeant dans un grand bol rempli d'eau froide. Pour qu'elles ne perdent pas leur saveur et pour que la vinaigrette y adhère bien, essorez les feuilles dans une essoreuse ou secouez-les doucement après les avoir enveloppées dans un torchon de cuisine propre. Déchiquetez les feuilles une à la fois ; vous éviterez ainsi de les décolorer ou de les abîmer. Arroser d'un peu de vinaigrette au moment de servir la salade.

L'ACHAT DE LÉGUMES À FEUILLES FERMES

Optez pour des légumes dont les feuilles ont l'air fermes et fraîches et qui ne sont ni fanées ni meurtries. Pour atténuer l'amertume de certaines variétés, évitez celles dont les tiges sont grosses et épaisses. Les tiges de taille moyenne pourront être éliminées. Rangez les feuilles fermes sans les laver dans un sac de plastique; elles se conserveront ainsi de trois à cinq jours au réfrigérateur.

Les légumes à feuilles fermes

Souvent plus foncés, de texture plus épaisse et au goût plus prononcé que les laitues, les légumes à feuilles fermes ont gagné en popularité au cours des dernières années. Pensons au cresson, à la chicorée frisée, aux endives et aux feuilles de pissenlit. Plusieurs de ces légumes sont également considérés comme faisant partie du groupe des endives (page 70). Ils ont des formes et des saveurs différentes : le cresson aux petites feuilles arrondies et au goût poivré, la chicorée frisée légèrement amère, le pissenlit aux longues feuilles aux bords irréguliers.

Bien que ces légumes soient offerts toute l'année dans beaucoup de régions, leur saison, à votre marché local, sera pendant les mois d'hiver. Les feuilles fermes se marient bien avec des goûts prononcés comme celui du bacon, des olives et des anchois, que ce soit en salade, dans les sauces destinées à des plats de pâtes ou en accompagnement. Elles sont également délicieuses lorsqu'on les fait sauter brièvement pour les faire ramollir, puis qu'on les ajoute à des soupes en fin de cuisson.

LA PRÉPARATION DES LÉGUMES À FEUILLES FERMES

Lavez les feuilles juste avant de les utiliser. Pour ce faire, plongez-les dans un grand bol rempli d'eau froide, puis sortez-les verticalement pour que le sable et la saleté s'accumulent à la base. Répétez l'opération au besoin. Essorez les feuilles dans une essoreuse ou secouez-les doucement après les avoir enveloppées dans un torchon de cuisine propre. Ôtez toute racine, les feuilles fanées ou décolorées et les tiges épaisses.

Laitue Boston, vinaigrette à la moutarde

DE 4 À 6 PORTIONS

2 laitues Boston

3 ½ c. à soupe d'huile d'olive

1 ½ c. à soupe de vinaigre de vin rouge

1 c. à thé de moutarde de Dijon

Sel et poivre du moulin

1 c. à soupe de ciboulette fraîche hachée

1 c. à soupe d'estragon frais haché

1 c. à soupe de persil italien (plat) frais haché

Détacher les feuilles de laitue. Déchirer en deux les feuilles extérieures plus grandes ; laisser les plus petites entières. Laver, rincer et essorer.

Dans un saladier, fouetter l'huile d'olive, le vinaigre, la moutarde ainsi que du sel et du poivre au goût. Ajouter la laitue, la ciboulette, l'estragon et le persil. Remuer délicatement. Servir immédiatement.

Cœurs de romaine, vinaigrette César

4 PORTIONS

3 c. à soupe de mayonnaise

5 ou 6 filets d'anchois

1 grosse gousse d'ail, hachée

90 ml (⅜ tasse) + 1 c. à soupe d'huile d'olive

2 c. à soupe de jus de citron fraîchement pressé, et un peu plus, au besoin

Sel et poivre du moulin

125 g (2 tasses) de pain coupé en cubes de 12 mm (½ po) de côté

750 g (1 ½ tasse) de cœurs de laitue romaine

125 g (1 tasse) de parmesan reggiano en copeaux

Préchauffer le four à 180 °C (350 °F).

Dans un mélangeur électrique, bien mélanger la mayonnaise, les anchois et l'ail. En faisant fonctionner l'appareil, verser 90 ml d'huile d'olive en un mince filet pour obtenir une sauce de consistance épaisse. Incorporer peu à peu 2 c. à soupe de jus de citron. Saler et poivrer, puis mélanger encore. Transférer dans un bol et réserver.

Dans un grand bol, mélanger le pain et 1 c. à soupe d'huile d'olive. Déposer sur une plaque à pâtisserie et faire dorer environ 15 minutes, jusqu'à ce que les cubes soient croustillants.

Déchiqueter la laitue en morceaux de la taille d'une bouchée et mettre dans un saladier. Mélanger avec un peu de sauce de façon à enrober à peine les feuilles. Saler et poivrer. Ajouter les croûtons et 75 g (⅔ tasse) de fromage. Mélanger de nouveau.

Répartir la salade entre des assiettes creuses. Parsemer du reste du fromage et servir immédiatement.

Salade au chèvre chaud

4 PORTIONS

125 g (¼ lb) de fromage de chèvre frais

60 g (½ tasse) de chapelure fine

½ c. à thé de feuilles de thym frais

Sel et poivre du moulin

80 ml (⅓ tasse) + 1 c. à soupe d'huile d'olive

2 c. à soupe de vinaigre de vin rouge

120 g (4 tasses) de laitues diverses : frisée rouge, mâche, Boston

Couper le fromage en quatre portions égales pour obtenir des tranches rondes de 7,5 cm (3 po) de diamètre. Dans un bol, mélanger la chapelure, le thym, ½ c. à thé de sel et autant de poivre. Étaler sur une feuille de papier ciré. Enrober chaque tranche de chapelure assaisonnée. Réserver.

Dans un saladier, fouetter 80 ml d'huile d'olive, le vinaigre ainsi que du sel et du poivre au goût.

Ajouter les feuilles de laitue et remuer. Répartir entre quatre assiettes creuses et réserver.

Dans une poêle, sur feu moyen, faire chauffer 1 c. à soupe d'huile d'olive et y faire dorer les tranches de fromage d'un côté de 1 à 2 minutes. Les retourner et poursuivre la cuisson environ 1 minute, jusqu'à ce que le fromage commence à s'étaler. Déposer une tranche dans chaque assiette, sur la salade, et servir immédiatement.

LAITUE BOSTON AVEC VINAIGRETTE À LA MOUTARDE

ENDIVES ROUGES ET RADICCHIO AUX PACANES

Salade de cresson
et de pamplemousse

1 ½ c. à soupe de jus d'orange
fraîchement pressé

1 c. à soupe d'huile d'olive

2 c. à thé de vinaigre de vin rouge

1 c. à thé de zeste d'orange râpé

Sel et poivre du moulin

1 pamplemousse rouge, en segments pelés
à vif (page 264), le jus recueilli réservé

60 g (2 tasses) de cresson,
les tiges enlevées

60 g (2 oz) de fromage de chèvre frais,
émietté

3 c. à soupe de noisettes, grillées
(page 264) et hachées

Dans un bol, fouetter le jus d'orange, l'huile
d'olive, le vinaigre, le zeste d'orange ainsi
que du sel et du poivre au goût. Ajouter
les segments de pamplemousse et leur
jus. Remuer délicatement pour les enrober
de vinaigrette.

Dans un saladier, déposer les feuilles de
cresson. Verser juste assez de vinaigrette
pour les enrober légèrement. Retirer les
segments de pamplemousse de la
vinaigrette et les ajouter au saladier.
Incorporer délicatement le fromage et les
noisettes. Ajouter de la vinaigrette, au besoin.
Répartir la salade entre quatre assiettes
creuses et servir immédiatement.

Laitue frisée, vinaigrette
chaude au bacon

60 g (1 tasse) de pain de campagne coupé
en cubes de 2,5 cm (1 po) de côté

1 ½ c. à soupe d'huile d'olive

Sel et poivre du moulin

375 g (¾ lb) de bacon épais, coupé
en morceaux de 12 mm (½ po) de long

2 échalotes sèches, hachées finement

75 ml (5 c. à table) de vinaigre de vin rouge

2 laitues frisées, les feuilles déchiquetées
en morceaux de 7,5 cm (3 po) de long

Préchauffer le four à 180 °C (350 °F).

Étaler le pain sur une plaque à pâtisserie,
arroser d'huile d'olive, puis saler et poivrer.
Faire dorer au four environ 15 minutes, en
les retournant une ou deux fois. Réserver.

Dans une poêle, sur feu moyen-vif, faire
cuire le bacon de 4 à 5 minutes, en remuant
de temps à autre, jusqu'à ce qu'il soit
croustillant. Ajouter les échalotes et faire
sauter environ 1 minute pour les ramollir.
Verser le vinaigre, baisser le feu à moyen
et laisser réduire environ 1 minute. Saler
et poivrer. Garder au chaud.

Dans un saladier, mélanger les croûtons
et la laitue. Verser la vinaigrette chaude au
bacon et remuer délicatement pour enrober
les ingrédients. Répartir entre quatre
assiettes creuses et servir immédiatement.

Endives rouges et radicchio
aux pacanes

3 c. à soupe de vinaigre balsamique

2 c. à soupe d'huile d'olive

Sel et poivre du moulin

470 g (5 tasses) d'un mélange de feuilles
d'endives rouges et de radicchio

60 g (½ tasse) de pacanes, grillées
(page 264)

30 g de parmesan ou autre fromage
à pâte dure, en copeaux

Pour obtenir une vinaigrette, dans un petit
bol, fouetter le vinaigre et l'huile d'olive. Saler
et poivrer au goût. Fouetter de nouveau.

Dans un saladier, déposer les feuilles
d'endives et de radicchio, arroser d'un peu
de vinaigrette et remuer pour enrober
légèrement les feuilles. Ajouter les pacanes,
mélanger et verser un peu plus de
vinaigrette, au besoin, pour enrober les
feuilles. Parsemer de copeaux de fromage
et servir immédiatement.

L'ACHAT DE LA ROQUETTE

Recherchez les jeunes feuilles longues et minces, bien vertes, soit dentelées profondément ou de forme plutôt ovale. La roquette se vend en feuilles ou en bouquets. Évitez les feuilles mouillées ou abîmées. Enveloppez les tiges du bouquet dans du papier absorbant humide. Rangez les feuilles et les bouquets dans un sac de plastique; ils se conserveront deux jours au réfrigérateur.

La roquette

Ce légume feuille d'un vert pimpant, aussi connu sous son nom italien *arugula*, pousse autour de la Méditerranée depuis l'époque des Romains. Récemment, il a gagné en popularité partout dans le monde. Les feuilles profondément dentelées qui se caractérisent par leur forme d'épée mesurent habituellement de 5 à 7,5 cm (2 à 3 po). Certaines variétés de roquettes présentent des feuilles de forme ovale et des dentelures sont moins profondes. On trouve de la roquette fraîche au marché à partir du printemps jusqu'à l'automne.

Ajoutez de la roquette à vos salades composées de laitues pour leur donner un accent plus fort. La roquette est très populaire en Italie où on l'utilise dans les sauces qui accompagnent les pâtes et sur les pizzas dès leur sortie du four. On peut aussi en ajouter à des soupes, des salades de pommes de terre, en faire du pesto ou les faire cuire afin d'en faire un lit sur lequel déposer de la viande de boucherie rôtie ou grillée, du poisson ou de la volaille.

LA PRÉPARATION DE LA ROQUETTE

Manipulez la roquette délicatement pour éviter de casser ses feuilles délicates. Éliminez l'extrémité dure des tiges, s'il y a lieu. Les bouquets de roquette renferment parfois de la terre et du sable; il faut donc les laver avant de les préparer. Plongez les feuilles dans l'eau froide et sortez-les verticalement pour que le sable s'accumule à la base. Répétez l'opération au besoin. Essorez les feuilles dans une essoreuse ou secouez-les doucement après les avoir enveloppées dans un torchon de cuisine propre.

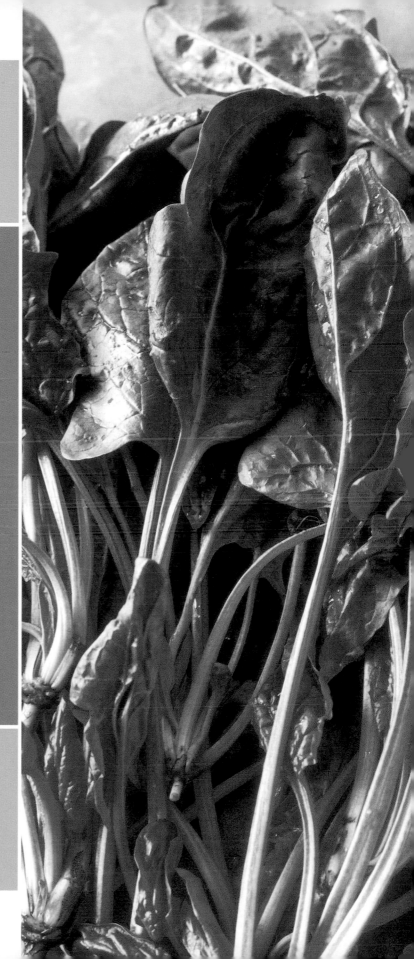

Choisissez des épinards dont les feuilles croquantes et foncées
ne montrent pas de meurtrissures, de déchirures, ni d'humidité.
Dans les salades, utilisez de jeunes feuilles tendres. Si vous les
faites cuire, optez plutôt pour des feuilles plus grosses, plus
goûteuses. Si vous achetez les épinards en paquets, assurez-vous
que les tiges sont fermes et que leur base est légèrement teintée
de rose. Rangez les épinards dans un sac de plastique sans les
laver ; ils se conserveront ainsi au réfrigérateur de trois à cinq jours.

Les épinards

Originaires du centre et du sud-ouest de l'Asie, les
épinards ont d'abord été cultivés par les Perses qui les ont
apportés vers l'est en Chine, puis vers l'ouest, jusqu'aux
pays qui bordent la Méditerranée, au VIIe siècle. Depuis,
ces feuilles vert foncé au goût légèrement terreux et amer
ont conquis toutes les tables du monde. Au marché, on
trouve deux variétés principales : les épinards à feuilles
frisées, plus épaisses et très ridées, et les épinards à
feuilles lisses, tendres et moins susceptibles d'emprisonner
du sable, ce qui les rend populaires en salade. Les bébés
épinards, aux délicates feuilles immatures et au goût peu
prononcé, font aussi de délicieuses salades.

On trouve des épinards toute l'année, mais leurs saisons
sont le printemps et l'automne. Les jeunes épinards se
prêtent bien aux salades et aux sandwichs. Les feuilles
plus matures conviendront aux sautés, aux soupes
crémeuses et, une fois hachées et cuites, aux pâtes.

Les épinards renferment souvent de la terre et du sable ; il faut donc
les laver avant de les préparer. Plongez-les dans un grand bol rempli
d'eau froide, puis sortez-les verticalement pour que le sable
s'accumule à la base. Répétez l'opération avec de l'eau propre jusqu'à
ce qu'il n'y ait plus de sable. Essorez les feuilles dans une essoreuse.
Ôtez toute racine et même les tiges, si vous préférez une texture
plus délicate.

Salade de roquette, fromage de chèvre et noix

DE 4 À 6 PORTIONS

2 c. à soupe de vinaigre de vin rouge

3 c. à soupe d'huile d'olive

1 c. à thé d'huile de noix

Sel et poivre du moulin

60 g (½ tasse) de noix de Grenoble, grillées (page 264) et hachées grossièrement

180 g (6 tasses) de roquette

125 g (¼ lb) de fromage de chèvre frais, émietté

Pour obtenir une vinaigrette, dans un bol, fouetter le vinaigre, l'huile d'olive, l'huile de noix ainsi que du sel et du poivre au goût. Réserver.

Dans un saladier, mettre la roquette et les noix hachées. Arroser d'un peu de vinaigrette et remuer pour enrober légèrement les feuilles. Parsemer de fromage et servir immédiatement.

Spaghettis au pesto de roquette et menthe fraîche

4 PORTIONS

155 g (5 tasses bien remplies) de roquette

15 g (¾ tasse) de feuilles de menthe fraîche

125 ml (½ tasse) d'huile d'olive

60 g (½ tasse) de parmesan ou autre fromage à pâte dure, râpé, et un peu pour parsemer

2 gousses d'ail

Zeste de 1 citron

Sel et poivre du moulin

2 c. à soupe de jus de citron fraîchement pressé

500 g (1 lb) de spaghettis

Dans un mélangeur électrique, mélanger la roquette, la menthe, d'huile d'olive, le parmesan, l'ail, le zeste de citron ainsi que du sel et du poivre au goût. Incorporer 1 c. à soupe de jus de citron. Goûter, puis saler et poivrer de nouveau, s'il y a lieu. Réfrigérer ce pesto jusqu'au repas.

Porter une grande casserole d'eau salée à ébullition. Y faire cuire les pâtes *al dente*, soit de 10 à 12 minutes ou selon les instructions sur l'emballage. Prélever 125 ml d'eau de cuisson avant d'égoutter les pâtes. Les remettre dans la casserole.

Incorporer le pesto aux pâtes. Au besoin, le rendre plus fluide avec un peu d'eau de cuisson. Saler et poivrer au goût, puis arroser de 1 c. à soupe de jus de citron. Répartir entre des assiettes, parsemer de fromage râpé et servir immédiatement.

Espadon avec roquette, raisins secs et amandes

4 PORTIONS

1 ½ c. à soupe de raisins secs

Sel et poivre du moulin

4 tranches d'espadon, chacune de 155-185 g (5-6 oz) et de 12 mm (½ po) d'épaisseur

5 c. à soupe d'huile d'olive

2 gousses d'ail, hachées finement

Une pincée de piment fort en flocons

1 kg (2 lb) de roquette

3 c. à soupe d'amandes, grillées (page 264) et hachées

4 quartiers de citron

Dans un petit bol, couvrir les raisins secs d'eau chaude. Les faire tremper jusqu'à ce qu'ils deviennent dodus.

Saler et poivrer l'espadon. Dans une grande poêle à fond épais, sur feu moyen-vif, faire chauffer 2 c. à soupe d'huile d'olive et y faire cuire le poisson environ 3 minutes de chaque côté, jusqu'à ce qu'il soit opaque jusqu'au centre. Retirer de la poêle et garder au chaud.

Dans la même poêle, sur feu moyen-vif, faire chauffer 2 c. à soupe d'huile d'olive. Y faire sauter l'ail et le piment fort environ 30 secondes, le temps que l'ail exhale son parfum. Déposer autant de roquette que peut en contenir la poêle. Dès qu'elle ramollit, ajouter le reste. Faire cuire environ 4 minutes, jusqu'à ce que les feuilles flétrissent. Si la poêle devient trop sèche, verser un peu d'eau. Retirer du feu. Égoutter les raisins et les mettre dans la poêle. Ajouter les amandes et 1 c. à soupe d'huile d'olive. Saler.

Disposer l'espadon, la roquette et les quartiers de citron dans des assiettes. Servir immédiatement.

SPAGHETTIS AU PESTO DE ROQUETTE ET MENTHE FRAÎCHE

ŒUFS AUX ÉPINARDS CUITS AU FOUR

Œufs aux épinards cuits au four

4 PORTIONS

1 c. à soupe + 2 c. à thé de beurre non salé

750 g (1 ½ lb) de bébés épinards, les tiges enlevées

4 gros œufs

Sel et poivre du moulin

4 c. à thé de crème champêtre (35 % M.G.)

Préchauffer le four à 180 °C (350 °F). Graisser de 1 c. à soupe de beurre quatre ramequins d'une capacité de 125 ml.

Porter une grande casserole d'eau salée à ébullition. Y faire cuire les épinards environ 4 minutes, jusqu'à ce que les feuilles soient souples, mais toujours bien vertes. Égoutter et rincer sous l'eau froide. Égoutter de nouveau, puis presser pour en exprimer le liquide. Hacher grossièrement.

Répartir les épinards entre les ramequins. Dans chaque ramequin, ajouter ½ c. à thé de beurre, casser un œuf et le parsemer de ½ c. à thé de sel et ¼ c. à thé de poivre. Arroser de 1 c. à thé de crème. Placer les ramequins dans un plat allant au four.

Faire cuire au four environ 15 minutes, jusqu'à ce que le blanc d'œuf prenne et que le jaune soit ferme en périphérie, mais baveux au centre. Servir immédiatement.

Bébés épinards aux pommes et aux pacanes

4 PORTIONS

75 g (⅓ tasse) + 2 c. à soupe de yogourt nature (0 % M.G.)

75 g (⅓ tasse) de mayonnaise

90 g (⅓ tasse) de sucre

2 c. à soupe de vinaigre de cidre

1 c. à soupe de graines de pavot

Sel et poivre du moulin

125 g (4 tasses) de bébés épinards

4 tranches épaisses de bacon, cuites et émiettées

1 pomme acide (Cortland, Fuji ou Gala), évidée et coupée en cubes

45 g (⅓ tasse) de pacanes confites, hachées

1 c. à thé de ciboulette fraîche hachée

Pour obtenir une sauce, dans un bol, fouetter le yogourt, la mayonnaise, le sucre, le vinaigre, les graines de pavot ainsi que du sel et du poivre au goût.

Dans un saladier, mélanger les épinards, le bacon, la pomme, les pacanes et la ciboulette. Arroser d'un peu de sauce et remuer pour enrober légèrement les feuilles. Servir immédiatement.

Sauté d'épinards avec feta et pignons

DE 4 À 6 PORTIONS

2 c. à soupe de raisins dorés

3 c. à soupe d'huile d'olive

2 gousses d'ail, hachées

Une pincée de piment fort en flocons

1 kg (2 lb) d'épinards, les tiges enlevées

Sel

30 g (¼ tasse) de pignons, grillés (page 264)

75 g (½ tasse) de feta, émiettée

1 quartier de citron

Dans un petit bol, couvrir les raisins secs d'eau chaude. Les faire tremper jusqu'à ce qu'ils deviennent dodus.

Dans une poêle, sur feu moyen, faire chauffer 2 c. à soupe d'huile d'olive et y faire sauter l'ail et le piment fort 1 minute, le temps que l'ail exhale son parfum. Déposer autant d'épinards que peut en contenir la poêle. Augmenter le feu à vif et dès que les feuilles ramollissent, ajouter le reste des épinards. Faire cuire environ 5 minutes, jusqu'à ce que les épinards flétrissent et que l'eau se soit évaporée. Si la poêle devient trop sèche avant que les épinards soient cuits, verser un peu d'eau. Retirer du feu.

Incorporer 1 c. à soupe d'huile d'olive et les raisins secs. Saler. Transférer dans un plat de service et parsemer de pignons et de fromage. Presser le jus de citron au-dessus du plat et servir immédiatement.

L'ACHAT DES ENDIVES

La fraîcheur étant importante, achetez des endives fermes, denses et dont les feuilles sont bien serrées et sans meurtrissures. Si vous cherchez de la chicorée frisée, laissez sur place les bouquets dont les feuilles sont épaisses et coriaces ou brunâtres. Quant au radicchio, choisissez des têtes fermes au cœur blanc, exemptes de trous, de taches et d'humidité. Rangez ces légumes dans un sac de plastique; ils se conserveront cinq jours au réfrigérateur.

Les endives

Les membres de cette famille se classent tant parmi les légumes à feuilles fermes (page 59) que parmi les endives. Leur goût est agréablement amer. Les plus courants sont les endives vertes ou rouges, la chicorée frisée, la scarole et le radicchio. On consomme les chicorées en salade et braisées ou grillées en accompagnement.

Les endives se distinguent par leur forme conique dont la pointe est parfois rougeâtre. La chicorée frisée possède des feuilles étroites, hérissées de pointes joliment frisées et un cœur blanc crémeux. Il ne faut pas la confondre avec la laitue frisée, dont les feuilles sont tendres et délicates.

La scarole a de larges feuilles extérieures vertes, une large tige blanche et un cœur jaune verdâtre. Le radicchio, appelé parfois trévise ou chicorée italienne rouge, ressemble à un petit chou et se reconnaît à ses feuilles striées rouge-violet.

LA PRÉPARATION DES ENDIVES

Coupez les endives en deux, dans le sens de la longueur, ou détachez les feuilles. Jetez toutes celles qui sont fanées ou jaunies. Pour les laver, plongez-les dans un bol d'eau froide. Sortez les feuilles de l'eau verticalement et répétez l'opération jusqu'à ce que l'eau soit propre. Essorez-les ensuite ou secouez-les doucement après les avoir enveloppées dans un torchon de cuisine propre.

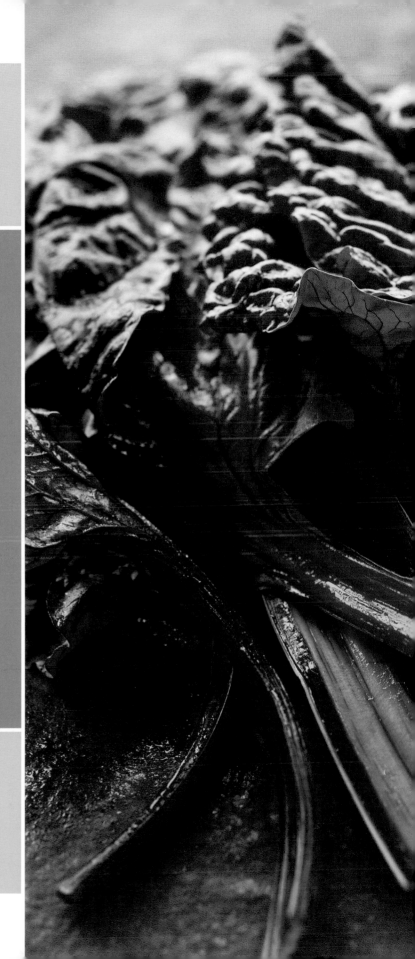

L'ACHAT DU CHOU FRISÉ ET DES BETTES À CARDE

Dans les deux cas, privilégiez les bouquets aux feuilles vert foncé, croquantes et larges. La forme et la taille des feuilles varient. N'achetez pas de paquets qui contiennent des feuilles brunes ou jaunes ou dont les nervures sont desséchées ou dont les feuilles sont si molles qu'elles pendent. Rangés dans un sac de plastique, ces légumes se conserveront cinq jours au réfrigérateur.

Le chou frisé et les bettes à carde

Le chou frisé, aussi connu sous le nom de *borécole*, chou en feuilles ou encore, *kale* (en anglais), est membre de la famille des choux. Il possède des feuilles fermes et dentelées et son goût est semblable à celui du chou. Il conserve sa texture, même après la cuisson. La variété italienne *lacinato* est très sombre et la surface des feuilles semble couverte de cloques.

Les bettes à carde se caractérisent par de larges feuilles cloquées et nervurées, ainsi que des tiges charnues. Selon la variété, les tiges et les côtes seront rouge vif, jaune doré ou blanc perlé. Le goût des bettes à carde à tiges rouges est légèrement terreux, tandis que celui des bettes à carde à tiges blanches est plus doux.

Tant les bettes à carde que le chou frisé se trouvent sur les étals des marchés pendant l'automne et l'hiver. À l'instar des autres légumes à feuilles foncées, ils rehaussent les soupes et les sauces. Braisés ou sautés, on les sert en accompagnement. Hachés finement, ils entreront dans la composition de farces. De plus, ils se marient bien avec tout légume riche en féculents.

LA PRÉPARATION DU CHOU FRISÉ ET DES BETTES À CARDE

Laver le chou frisé et les bettes à carde de la même façon que les épinards (page 65). Si les tiges des bettes sont fibreuses, éliminez-les ainsi que la nervure principale qui traverse verticalement la feuille. Coupez les tiges et faites-les cuire séparément des feuilles, car elles ont besoin de plus de temps pour devenir tendres. Si vous faites sauter ou mijoter les morceaux de tiges, il faut compter de 5 à 10 minutes de cuisson.

Salade d'endives grillées aux poires

4 PORTIONS

2 poires rouges, non pelées, tranchées

4 petites endives, hachées grossièrement

4 c. à soupe d'huile de noix

⅛ c. à thé de clou de girofle moulu

Sel et poivre du moulin

1 c. à soupe de vinaigre de champagne ou de vinaigre balsamique blanc

2 c. à thé d'échalote sèche hachée

1 laitue Boston, les feuilles détachées

30 g (¼ tasse) de noix de Grenoble, grillées (page 264) et hachées

45 g (¼ tasse) de roquefort ou autre fromage bleu, émietté

Préchauffer le four à 200 °C (400 °F). Couper les demi-poires, en tranches de 12 mm (½ po) d'épaisseur. Déposer les poires et les endives sur une plaque à pâtisserie. Les badigeonner de 2 c. à soupe d'huile et les parsemer de clou de girofle. Saler et poivrer. Faire griller au four de 7 à 9 minutes, retourner les poires et les endives une seule fois durant la cuisson. Laisser refroidir.

Pour la vinaigrette, dans un bol, fouetter 2 c. à soupe d'huile de noix, le vinaigre, l'échalote ainsi qu'une pincée de sel et de poivre.

Répartir la laitue entre des assiettes. Déposer les poires et les endives sur la laitue, puis arroser de vinaigrette. Parsemer de noix et de fromage. Servir immédiatement.

Penne avec radicchio, pancetta et fontina

6 PORTIONS

500 g (1 lb) de penne de blé entier

2 c. à soupe d'huile d'olive

2 c. à thé d'ail haché

250 ml (1 tasse) de vin blanc sec

2 têtes de radicchio, coupées en biseau, en lanières de 12 mm (½ po) de long

250 g (½ lb) de pancetta douce, cuite et coupée en morceaux

15 g (¼ tasse) de persil italien (plat) frais, haché grossièrement

60 g (½ tasse) de fontina ou autre fromage de lait de vache à pâte semi-dure, râpé

Porter une grande casserole d'eau salée à ébullition. Y faire cuire les pâtes *al dente*, soit de 10 à 12 minutes ou selon les instructions sur l'emballage. Prélever 250 ml d'eau de cuisson avant d'égoutter les pâtes.

Dans une grande poêle, sur feu moyen-doux, faire chauffer l'huile d'olive et y faire sauter l'ail 1 minute. Verser le vin et porter à ébullition. Laisser réduire de moitié de 3 à 4 minutes, en remuant souvent. Ajouter le radicchio et poursuivre la cuisson de 1 à 2 minutes, jusqu'à ce qu'il flétrisse.

Ajouter les pâtes cuites et un peu d'eau de cuisson réservée. Bien mélanger. Incorporer la pancetta, le persil et la moitié du fromage. Répartir entre des assiettes et parsemer du reste du fromage avant de servir.

Flétan avec scarole braisée et haricots blancs

6 PORTIONS

4 c. à soupe d'huile d'olive, et un peu pour arroser

3 gousses d'ail, tranchées finement

Une pincée de piment fort en flocons

500 g (1 lb) de scarole, le cœur enlevé et les feuilles coupées en morceaux de 4 cm (1 ½ po) de côté

Sel et poivre du moulin

220 g (1 tasse) de haricots blancs en boîte (Cannellini ou autres), rincés et égouttés

6 filets de flétan, chacun de 155-185 g (5-6 oz)

Quartiers de citron

Dans une grande poêle, sur feu moyen, faire chauffer 2 c. à soupe d'huile. Y faire sauter l'ail et le piment fort 1 minute. Déposer autant de scarole que la poêle peut en contenir. Dès qu'elle commence à ramollir, en ajouter d'autres. Si la poêle devient sèche, verser un peu d'eau. Faire cuire la scarole de 1 à 2 minutes, jusqu'à ce qu'elle soit légèrement ramollie. Saler et poivrer au goût.

Incorporer les haricots et verser 125 ml d'eau. Porter à ébullition à couvert et faire braiser environ 10 minutes, jusqu'à ce que la scarole soit très tendre et que le liquide ait épaissi. Saler et poivrer. Couvrir et garder au chaud.

Saler et poivrer le flétan. Dans une grande poêle, sur feu moyen-vif, faire chauffer 2 c. à soupe d'huile d'olive et faire cuire le poisson 2 minutes de chaque côté, jusqu'à ce qu'il soit opaque jusqu'au centre.

À la cuillère, répartir la scarole et les haricots entre des assiettes et garnir d'un filet de flétan. Arroser d'un filet d'huile d'olive et servir avec des quartiers de citron.

TRÉVISE

Originaire de la Vénétie, une région du nord de l'Italie, la trévise est désormais cultivée partout dans le monde. Elle ressemble à un radicchio de forme allongée et ces feuilles rappellent celles des endives. (La petite tête ronde et rouge est la variété de radicchio la plus courante.) Son goût est moins prononcé que celui des autres sortes de radicchios et on peut la servir crue en salade, la faire griller ou la faire cuire en gratin.

TRÉVISE GRILLÉE AVEC ANCHOÏADE

Dans un mélangeur, réduire en purée 10 filets d'anchois et 8 gousses d'ail. Incorporer 3 c. à soupe de persil haché. Verser ensuite 80 ml d'huile d'olive en un mince filet pour obtenir une pâte. Trancher 3 trévises en deux et enrober d'huile d'olive. Dans une poêle, sur feu moyen-vif, les faire griller (page 264) de 5 à 7 minutes, jusqu'à ce qu'elles soient légèrement noircies. Garnir d'anchoïade et servir. 6 portions.

FLÉTAN AVEC SCAROLE BRAISÉE ET HARICOTS BLANCS

FRITTATA DE BETTES À CARDE À L'OIGNON ET AU FROMAGE

Chou frisé braisé au citron et à l'ail

2 c. à soupe + 2 c. à thé d'huile d'olive

2 c. à soupe de jus de citron fraîchement pressé

2 gousses d'ail, hachées

Sel et poivre du moulin

1 kg (2 lb) ou 2 bouquets de chou frisé, les tiges enlevées

Pour obtenir une vinaigrette, dans un bol, fouetter 2 c. à soupe d'huile d'olive, le jus de citron et l'ail. Saler et poivrer au goût.

Couper les feuilles de chou frisé en biseau pour obtenir des lanières de 2,5 cm (1 po) de long.

Dans une grande poêle, sur feu moyen, faire chauffer 2 c. à thé d'huile d'olive. Y faire cuire le chou frisé à couvert, de 5 à 7 minutes, en remuant de temps à autre, jusqu'à ce qu'il flétrisse. Retirer le couvercle, arroser de vinaigrette et remuer. Saler et poivrer.

Transférer dans un plat de service et servir immédiatement.

Orecchiettes au chou frisé, pois chiches et saucisse

500 g d'orecchiettes (petites pâtes en forme d'oreille)

1 c. à soupe d'huile d'olive

1 c. à thé d'ail haché

½ c. à thé de piment fort en flocons

125 ml (½ tasse) de bouillon de poulet

2 bouquets de chou frisé ou de chou Lacinato, les tiges enlevées et les feuilles coupées en morceaux de 2,5 cm (1 po) de côté

Sel et poivre du moulin

375 g (¾ lb) de saucisse de porc fumé à l'ail, coupée en tranches de 12 mm (½ po) d'épaisseur

265 g (1 ½ tasse) de pois chiches en boîte, rincés et égouttés

30 g (¼ tasse) de parmesan ou autre fromage à pâte dure, vieilli, râpé

Porter une grande casserole d'eau salée à ébullition. Y faire cuire les pâtes *al dente*, soit de 10 à 12 minutes ou selon les instructions sur l'emballage. Prélever 250 ml d'eau de cuisson avant d'égoutter les pâtes.

Dans une grande poêle, sur feu moyen, faire chauffer l'huile d'olive et y faire sauter l'ail et le piment fort environ 1 minute, le temps que l'ail exhale son parfum. Incorporer le bouillon de poulet et le chou frisé, puis parsemer d'une pincée de sel. Augmenter le feu à vif, couvrir et faire cuire de 1 à 2 minutes, jusqu'à ce que le chou commence à flétrir. Retirer le couvercle, ajouter la saucisse et poursuivre la cuisson de 3 à 4 minutes, jusqu'à ce que le chou soit tendre et que l'eau se soit évaporée. Incorporer les pois chiches et faire chauffer environ 2 minutes.

Ajouter les pâtes cuites ainsi que suffisamment d'eau de cuisson réservée pour humidifier la préparation.

Transférer dans un plat de service et parsemer de fromage. Servir immédiatement.

Frittata de bettes à carde à l'oignon et au fromage

625 g (1 ¼ lb) de bettes à cardes

4 c. à soupe d'huile d'olive

1 petit oignon, tranché finement

Sel et poivre noir du moulin

6 gros œufs

4 gousses d'ail, hachées finement

30 g (¼ tasse) de parmesan ou autre fromage à pâte dure, vieilli, râpé

Une pincée de piment de Cayenne

Placer une grille dans le tiers supérieur du four et le préchauffer à 180 °C (350 °F).

Couper les tiges des bettes à carde en biseau, en tranches de 6 mm (¼ po) d'épaisseur. Hacher grossièrement les feuilles.

Dans une grande poêle, sur feu moyen, faire chauffer 2 c. à soupe d'huile d'olive et y faire sauter l'oignon environ 6 minutes, jusqu'à ce qu'il ramollisse. Ajouter les tiges de bettes à carde et saler. Faire cuire environ 4 minutes. Incorporer les feuilles et faire sauter de 2 à 3 minutes, jusqu'à ce qu'elles soient tendres. Transférer dans un bol.

Dans un grand bol, battre légèrement les œufs avec l'ail et le fromage. Assaisonner de piment de Cayenne, de sel et de poivre noir.

Presser délicatement les bettes à carde pour en exprimer le liquide. Incorporer ensuite les légumes aux œufs. Dans une poêle allant au four, de 20 cm (8 po) de diamètre, sur feu moyen-vif, faire chauffer 2 c. à soupe d'huile d'olive. Verser la préparation aux œufs, baisser le feu à moyen et faire cuire environ 5 minutes, jusqu'à ce que les œufs commencent à prendre en périphérie. Enfourner et faire cuire complètement de 7 à 9 minutes. Laisser refroidir un peu.

Si désiré, renverser la frittata dans une grande assiette. Couper en parts et servir immédiatement.

Les racines
et les tubercules

POMMES DE TERRE
À CHAIR FARINEUSE

POMMES DE TERRE
À CHAIR FERME

POMMES DE TERRE
NOUVELLES

PATATES

BETTERAVES

FEUILLES DE
BETTERAVES

CAROTTES

PANAIS

CÉLERI-RAVE

NAVETS

RUTABAGAS

RADIS

RADIS FLAMBOYANTS

Les légumes qui poussent sous la terre – les racines et les tubercules – offrent de la substance pour des repas nourrissants. Plusieurs, tels que les betteraves, les carottes et les panais, sont naturellement sucrés, une caractéristique que la cuisson accentue. D'autres sont plus neutres, voire un peu terreux. D'autres encore, comme le radis au goût piquant, ne passent pas inaperçus. Parmi les nombreuses racines et les tubercules, la pomme de terre est sans doute la plus ancienne. Elle a d'abord été cultivée par les Incas du Pérou et de cet endroit, elle a été apportée dans la plupart des régions du monde.

Les tubercules se distinguent des racines par la façon dont ils se reproduisent. Contrairement aux racines, les pommes de terre et les autres tubercules sont, en fait, des tiges rondes et charnues à partir desquelles une nouvelle plante croît. Ces pousses émergent des yeux des pommes de terre. Quant aux racines, telles que les carottes, les panais, les navets et les rutabagas, elles n'ont pas cette possibilité. Cela dit, les racines et les tubercules ont en commun une texture dense et réconfortante ainsi qu'une bonne durée de conservation.

Bien qu'on tende à considérer les racines et les tubercules comme des aliments d'hiver, on en trouve aussi au printemps : les petites carottes fraîches, les petits navets tout tendres ainsi que les radis multicolores font plaisir à voir au marché, sur les étals, à côté des artichauts et des asperges.

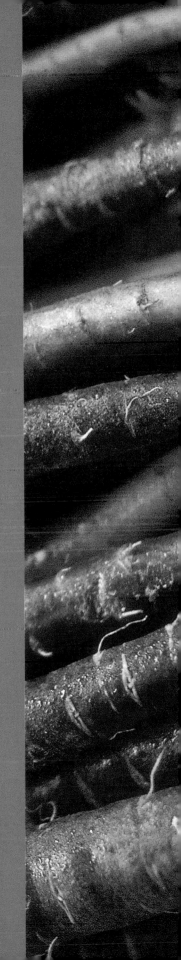

Les pommes de terre à chair farineuse

Originaire d'Amérique du Sud, la pomme de terre à chair farineuse est un membre comestible de la famille des morelles à laquelle appartiennent également les tomates et les aubergines. Les pommes de terre sont des tubercules, autrement dit des tiges souterraines hypertrophiées, qui emmagasinent l'énergie sous forme d'amidon. Les pommes de terre à chair farineuse, riche en amidon, sont grosses et oblongues ; leur peau est sèche et d'un brun rougeâtre. La variété la plus connue est la Russet Burbank de l'État américain de l'Idaho. Il en existe d'autres, comme la Yukon Gold, une grosse pomme de terre brune à chair jaune, tout comme la Russet de l'Île-du-Prince-Édouard et la Goldrush, à chair très blanche. Les pommes de terre tout usage comme la Kennebec du Maine convient à une variété de recettes. Pour les frites, la Russet est la préférée d'entre toutes.

On récolte les gros tubercules mûrs à la fin de l'été. Une fois cuites, les pommes de terre à chair farineuse ont une texture légère et mousseuse ; aussi sont-elles idéales en purée ou cuites entières.

LA PRÉPARATION DES POMMES DE TERRE À CHAIR FARINEUSE

On peut les peler ou non. Dans les deux cas, prenez soin de bien les brosser sous l'eau froide pour éliminer toute impureté. Si vous les pelez, utilisez un couteau-éplucheur pour enlever la peau et retirer les yeux, s'il y a lieu, avec la pointe du couteau-éplucheur ou d'un couteau de cuisine. Ôtez toute trace de taches vertes.

L'ACHAT DES POMMES DE TERRE À CHAIR FERME

Achetez des pommes de terre fermes, sans imperfections, qui ne sont pas plissées, fissurées ni teintées de vert. Optez pour des pommes de terre en vrac ; celles qui sont emballées dans des sacs de plastique germent plus facilement. Lorsqu'elles sont mûres, les pommes de terre se conservent bien deux semaines dans un endroit frais, sec, sombre et bien aéré, comme le garde-manger ou un tiroir. Les pommes de terre nouvelles devraient être consommées peu après l'achat, car elles ne se conservent pas bien.

Les pommes de terre à chair ferme

Leur chair est plus humide et plus dense que celles à chair farineuse, mais leur teneur en amidon, moindre. Généralement, elles ont une peau mince. On en trouve de toutes les formes et couleurs. Les plus connues sont sans doute la jaune et la rouge. Celles-ci ont également un pendant plus petit : le grelot qui est tout indiqué pour les salades. On les privilégiera dans les gratins.

Parmi les variétés de ce type, mentionnons la All Blue, aussi appelée vitelotte : de forme oblongue, sa peau et sa chair sont violet foncé. Elle doit sa couleur à un pigment qu'elle contient. Il s'agit d'une pomme de terre, que les Incas cultivaient avant l'arrivée des Espagnols au Pérou. Son goût est très doux et on peut la combiner avec d'autres pour agrémenter un plat.

Les saisons de ces pommes de terre sont le printemps et le début de l'été. Elles ont alors un goût sucré et une texture crémeuse. Puisqu'elles conservent bien leur forme, on aimera les faire griller, les ajouter à des plats mijotés et des soupes, les faire bouillir ou cuire à la vapeur pour les convertir en salades de pommes de terre.

LA PRÉPARATION DES POMMES DE TERRE À CHAIR FERME

Brossez bien les pommes de terre sous l'eau froide pour éliminer toute impureté en veillant à ne pas abîmer la peau mince. Les taches vertes sur les pommes de terre seraient légèrement toxiques ; il vaut donc mieux les ôter avant la cuisson. En général, il n'est pas nécessaire de peler les pommes de terre à chair ferme. Toutefois, pour créer un effet décoratif, vous pouvez retirer une fine bande de peau à partir du milieu du tubercule.

Galette de pommes de terre croustillante

4 PORTIONS

500 g (1 lb) de pommes de terre à chair farineuse, pelées et râpées

Sel et poivre du moulin

4 c. à soupe de beurre non salé

Mettre les pommes de terre dans un bol, saler et poivrer, puis laisser reposer au moins 5 minutes. Presser les pommes de terre pour en exprimer le plus de liquide possible. Transférer dans un bol propre.

Dans une poêle à revêtement antiadhésif de 20 cm (8 po) de diamètre, sur feu moyen, faire fondre 2 c. à soupe de beurre. Étaler les pommes de terre, puis appuyer avec une spatule pour égaliser la surface. Faire cuire de 12 à 15 minutes, jusqu'à ce que le dessous soit bien doré et croustillant.

Retirer du feu et renverser la galette dans une grande assiette. Dans la même poêle, sur feu moyen, faire fondre 2 c. à soupe de beurre et y faire glisser la galette, le côté doré vers le haut. Faire cuire de 10 à 12 minutes, jusqu'à ce que le deuxième côté soit bien doré et croustillant. Faire glisser dans un plat de service. Saler et couper en parts. Servir immédiatement.

Frites parfaites

4 PORTIONS

1 kg (2 lb) ou environ 4 pommes de terre Russet

Huile de canola pour la grande friture

Gros sel

Ketchup pour accompagner

Couper les pommes de terre dans le sens de la longueur en tranches de 12 mm (½ po) d'épaisseur. Couper ensuite les tranches en bâtonnets de 12 mm (½ po) d'épaisseur. Mettre les bâtonnets de pommes de terre dans un bol d'eau froide et laisser tremper 15 minutes. Bien les éponger avant de les faire frire.

Dans une casserole, verser 5 cm (2 po) d'huile de canola. La faire chauffer jusqu'à ce qu'elle atteigne 165 °C (330 °F) au thermomètre à grande friture.

En procédant par petites quantités, déposer très doucement pour éviter les éclaboussures et les brûlures trois grosses poignées de pommes de terre dans la casserole. Les faire frire de 4 à 5 minutes, jusqu'à ce qu'elles soient légèrement dorées.

Avec de longues pinces ou une écumoire, transférer les pommes de terre dans un plat tapissé de papier absorbant pour les faire égoutter. Avant d'ajouter d'autres pommes de terre, veiller à ce que la température de l'huile remonte à 165 °C (330 °F) ; retirer toute particule de pommes de terre. Les pommes de terre partiellement frites se conserveront deux heures à la température ambiante.

Avant de servir les frites, faire chauffer l'huile à 188 °C (370 °F). En procédant toujours par petites quantités, faire frire les pommes de terre de la même façon de 3 à 5 minutes, jusqu'à ce qu'elles soient dorées et croustillantes. Égoutter sur du papier absorbant propre. Transférer dans un bol, saler et servir avec du ketchup.

Mise en garde : Ne pas faire chauffer l'huile au-delà de 190 °C (375 °F). Si elle atteint 200 °C (400 °F), elle risque de commencer à fumer et elle pourrait prendre feu.

Tortilla espagnole au poivron rouge

DE 6 À 8 PORTIONS

125 ml (½ tasse) + 2 c. à soupe d'huile d'olive

1 kg (2 lb) de pommes de terre à chair farineuse, pelées et coupées en tranches de 6 mm (¼ po) d'épaisseur

Sel et poivre du moulin

2 oignons, tranchés finement

6 gros œufs

1 gros poivron rouge, grillé (page 264), pelé, épépiné et coupé en lanières

Placer une grille dans le tiers supérieur du four et le préchauffer à 180 °C (350 °F).

Dans une grande poêle allant au four, sur feu doux, faire chauffer 125 ml d'huile d'olive. Y faire dorer la moitié des pommes de terre de 15 à 20 minutes, jusqu'à ce qu'elles soient tendres. Transférer dans une assiette, puis saler et poivrer. Répéter l'opération avec l'autre moitié de pommes de terre. Laisser l'huile dans la poêle.

Dans une autre poêle, sur feu moyen, faire chauffer 2 c. à soupe d'huile d'olive et y faire sauter les oignons environ 15 minutes, jusqu'à ce qu'ils ramollissent et deviennent translucides. Retirer du feu et laisser refroidir.

Dans un grand bol, battre les œufs. Incorporer les oignons et les poivrons. Saler et poivrer. Ajouter les pommes de terre cuites à la préparation.

Faire chauffer sur feu doux l'huile restée dans la première poêle allant au four et y verser la préparation. Faire cuire de 8 à 10 minutes, jusqu'à ce que les œufs prennent en périphérie. Poursuivre la cuisson au four de 4 à 5 minutes. Laisser refroidir légèrement.

Renverser la tortilla dans une grande assiette de service. Couper en parts et servir immédiatement.

FRITES PARFAITES

POMMES DE TERRE AU ROMARIN EN PAPILLOTE

Salade de pommes de terre, vinaigrette à la moutarde

1 kg (2 lb) de grelots rouges, d'environ 4 cm (1 ½ po) de diamètre

3 c. à soupe d'huile d'olive

2 c. à soupe de vinaigre de vin rouge

1 c. à soupe de moutarde de Dijon

Sel et poivre du moulin

30 g (¼ tasse) d'oignons verts, les parties blanche et vert pâle, tranchées finement

Dans une grande casserole, couvrir les grelots d'eau. Porter à ébullition sur feu vif, baisser le feu à moyen-doux, couvrir et laisser mijoter environ 15 minutes, jusqu'à ce que les grelots soient tendres lorsqu'on les pique avec une fourchette. Égoutter.

Pour obtenir une vinaigrette, dans un grand bol, fouetter l'huile d'olive, le vinaigre, la moutarde, ½ c. à thé de sel et du poivre au goût.

Dès que les grelots ont refroidi, les couper en quartiers et les mettre dans la vinaigrette. Parsemer d'oignons verts et remuer. Servir immédiatement ou à la température ambiante.

Pommes de terre bleues à la sauge

375 g (¾ lb) de petites pommes de terre bleues

60 ml (¼ tasse) d'huile d'olive

10 feuilles de sauge (taille moyenne)

Sel

Dans une casserole, couvrir les pommes de terre d'eau. Porter à ébullition et faire cuire environ 15 minutes, jusqu'à ce qu'elles soient tendres lorsqu'on les pique. Égoutter et éponger. Dès qu'elles ont assez refroidi, les couper en tranches de 1 cm (⅜ po) d'épaisseur. Jeter toute peau détachée de la chair.

Dans une poêle, sur feu moyen-vif, faire chauffer l'huile. Placer les pommes de terre en une seule couche à intervalles de 6 mm (¼ po). Faire cuire les pommes de terre de 8 à 9 minutes, jusqu'à ce qu'elles soient dorées et croustillantes des deux côtés. Les retourner une seule fois durant la cuisson. Les retirer de la poêle avec une écumoire et bien les égoutter sur du papier absorbant.

Déposer les feuilles de sauge dans la poêle chaude ; elles vont grésiller et retrousser un peu. Au bout de 10 secondes, tourner les feuilles avec des pinces et les faire frire 5 secondes. Égoutter la sauge sur du papier absorbant propre.

Disposer les pommes de terre dans un plat de service préalablement chauffé, parsemer de 1 c. à thé de sel et décorer de feuilles de sauge. Servir immédiatement.

Pommes de terre au romarin en papillote

1 kg (2 lb) de pommes de terre à chair ferme

1 bulbe d'ail, les gousses séparées

5 tiges de romarin, chacune de 2,5 cm (1 po) de long

1 feuille de laurier

3 c. à soupe d'huile d'olive

Sel

Préchauffer le four à 200 °C (400 °F).

Déposer les pommes de terre sur un grand morceau de papier d'aluminium ou dans un plat peu profond allant au four, suffisamment grand pour qu'elles soient placées en une seule couche. Ajouter l'ail, le romarin, le laurier et l'huile d'olive, puis saler. Remuer. Arroser d'un peu d'eau.

Bien fermer le papier d'aluminium ou couvrir le plat avec du papier d'aluminium et faire cuire au four de 40 à 60 minutes, jusqu'à ce que les pommes de terre soient tendres lorsqu'on les pique avec un couteau. Servir immédiatement.

POMMES DE TERRE NOUVELLES

Ce sont de petites pommes de terre à chair ferme qu'on vient de récolter. Elle renferme peu d'amidon. Au marché, on les trouve normalement au printemps et au début de l'été, bien qu'elles apparaissent sporadiquement à d'autres moments de l'année. N'achetez pas celles qui présentent des fissures, des plis ou des imperfections. Rangez-les dans un endroit frais et sec et consommez-les dans les deux ou trois jours suivant l'achat.

POMMES DE TERRE GRILLÉES AUX FINES HERBES

Dans une poêle allant au four, mélanger 60 ml d'huile d'olive, 2 c. à soupe de jus de citron, 1 c. à thé de sel, ¼ c. à thé de paprika et ½ c. à thé de poivre du moulin. Ajouter 1,25 kg (2 ½ lb) de pommes de terre nouvelles, non pelées, mais rincées. Mélanger. Faire griller au four préchauffé à 220 °C (425 °F) environ 45 minutes, jusqu'à ce qu'elles soient tendres. Parsemer de 1 c. à soupe de basilic et de ciboulette fraîchement hachés. Servir immédiatement. De 4 à 6 portions.

Il s'agit d'un tubercule à chair jaune ou orange. Choisissez des patates fermes, à la peau lisse, sans imperfections, moisissures ni déchirures. Rangez-les dans un endroit frais, sombre et bien aéré où elles se conserveront une semaine. Pour préserver la saveur et la texture des patates, évitez de les réfrigérer.

Les patates

Le plant de patates appartient à une famille très différente des plants de pommes de terre. Bien que les deux soient des tubercules, ils portent des noms qui les distinguent. Au Québec, on a longtemps calqué l'anglais *potato* et appelé les deux variétés «patates». Naturellement plus sucrée que la pomme de terre, la patate n'a pas besoin d'être qualifiée de «sucrée» ou de «douce». On la reconnaît à sa peau brune et à sa chair jaune ou à sa peau rouge foncé et à sa chair orange foncé. Il existe aussi une variété japonaise à la peau beige et à la chair blanche. La patate représente un aliment de base en Amérique centrale et du Sud.

Elles atteignent leur maturité à l'automne et en hiver, même si on en trouve toute l'année en épicerie. Elles se préparent comme les pommes de terre et peuvent les remplacer dans la plupart des recettes où on les fait griller, frire, cuire au four, en ragoût ou à la vapeur. Ces méthodes de cuisson rehaussent leur riche saveur et leur texture ferme. Elles ajouteront cependant de l'humidité à la recette, alors il faut s'attendre à ce qu'elle en change un peu la texture.

LA PRÉPARATION DES PATATES

Comme les pommes de terre, les patates se consomment pelée ou non. Brossez la peau sous l'eau froide pour éliminer toute impureté. Si vous les pelez, utilisez un couteau-éplucheur pour enlever la peau, puis retirer les yeux, s'il y a lieu, avec la pointe d'un couteau de cuisine. Coupez les patates juste avant de le faire cuire pour éviter qu'elles sèchent.

L'ACHAT DES BETTERAVES

Quelle que soit leur taille, recherchez des betteraves rondes à la peau lisse et sans meurtrissures. Les betteraves fraîches se vendent souvent en paquets qui comprennent les feuilles et les racines. N'en achetez pas si les feuilles sont fanées ou brunies, car celles-ci sont révélatrices de la fraîcheur du légume. Séparez les feuilles des betteraves et rangez-les dans des sacs de plastique différents ; elles se conserveront cinq jours au réfrigérateur.

Les betteraves

Longtemps perçues comme un aliment de base humble et sans éclats, les betteraves de toutes les couleurs et tailles figurent désormais au menu de restaurants branchés. La variété la plus courante se présente en rouge foncé et intense ; elle allie un goût légèrement terreux à une texture tendre qui la rend très polyvalente en cuisine.

Aujourd'hui, au marché, on trouve plus que les familières betteraves rouges. Des variétés roses, jaunes, blanches et même rayées les côtoient sur les étals. La plus frappante est sans doute la betterave Chioggia originaire d'Italie : lorsqu'on la coupe en deux, on découvre que sa chair dessine des anneaux successifs roses et blancs. Même si les betteraves sont généralement sucrées, il ne faut pas la confondre avec la betterave à sucre cultivée uniquement pour en extraire le sucre et qui n'est pas vendue comme légume.

Les feuilles des betteraves sont comestibles et se préparent de la même façon que les bettes à carde (page 71). Bien qu'on en trouve toute l'année, la fin de l'été et l'automne sont les saisons des betteraves.

LA PRÉPARATION DES BETTERAVES

On les consomme idéalement cuites entières, pelées et tranchées, hachées ou réduites en purée. Grillées au four, elles verront leur goût et leur couleur s'intensifier. Enveloppez-les dans du papier d'aluminium pour faciliter le nettoyage après la cuisson. Si vous faites bouillir les betteraves, gardez la base des tiges (environ 2,5 cm/1po) ainsi que la racine pour éviter que le légume répande sa couleur dans l'eau. Quant aux feuilles, rincez-les après avoir éliminé les tiges, puis essorez-les.

Purée de patates à la cassonade et aux pacanes

6 PORTIONS

6 patates, pelées, les extrémités ôtées

4 c. à soupe de beurre non salé

2 ½ c. à soupe de cassonade

Sel

2 c. à soupe de pacanes hachées

Dans une grande casserole, couvrir les patates d'eau. Porter à ébullition sur feu vif et faire cuire environ 15 minutes, jusqu'à ce que les patates soient tendres lorsqu'on les perce avec une fourchette. Égoutter et laisser refroidir.

Dans une petite casserole, sur feu doux, faire fondre le beurre. Laisser refroidir.

Préchauffer le four à 180 °C (350 °F). Prendre 1 c. à soupe du beurre fondu et en graisser un plat allant au four d'une capacité de 1,5 l (6 tasses).

Au mélangeur électrique ou au robot culinaire, réduire les patates en une purée lisse. Incorporer 2 c. à soupe de beurre fondu, 1 c. à soupe de cassonade et ½ c. à thé de sel. À la cuillère, déposer la purée dans le plat beurré. Parsemer de 2 c. à soupe de beurre fondu, de 1 ½ c. à soupe de cassonade et de pacanes hachées.

Faire cuire au four environ 15 minutes, jusqu'à ce que la cassonade fonde et que la purée soit bien chaude. Servir immédiatement.

Patates au beurre noir et à la sauge

DE 8 À 10 PORTIONS

125 g (¼ tasse) + 2 c. à soupe de beurre non salé, et un peu pour graisser

2 kg (4 lb) de patates pelées et coupées en cubes de 2,5 cm (1 po) de côté

10 g (¼ tasse) de sauge fraîche hachée

Sel et poivre du moulin

Préchauffer le four à 220 °C (425 °F). Graisser un plat allant au four de 33 x 23 cm (13 x 9 po). Y étaler les cubes de patates.

Dans une poêle à fond épais, sur feu moyen-doux, faire fondre le beurre et le faire cuire environ 5 minutes, jusqu'à ce qu'il commence à brunir. Ajouter la sauge, puis saler et poivrer au goût. Poursuivre la cuisson environ 2 minutes, le temps que le beurre brunisse entièrement. Verser sur les patates, puis saler et poivrer. Couvrir le plat de papier d'aluminium.

Faire cuire au four environ 20 minutes, jusqu'à ce que les patates soient tendres lorsqu'on les perce avec une fourchette. Transférer dans un plat de service et servir immédiatement.

Sauté de bœuf et de patates

DE 2 À 4 PORTIONS

250 g (½ lb) de bavette

1 ½ c. à thé de sauce soya à teneur réduite en sel, et un peu pour accompagner

1 ½ c. à thé + 4 c. à soupe d'huile d'arachide

1 ½ c. à thé de sauce aux huîtres

1 patate, coupée en fins bâtonnets

2 piments forts séchés

4 oignons verts, coupés en biseau, en tronçons de 4 cm (1 ½ po) de long

2 gousses d'ail, tranchées finement

1 morceau de 2,5 cm (1 po) de gingembre frais, pelé et tranché finement

Feuilles de coriandre fraîche pour décorer

Riz blanc cuit (page 262) pour accompagner

Trancher la bavette en deux dans le sens de la longueur. La couper ensuite contre les fibres en lanières de 3 mm (⅛ po) de long. Dans un petit bol, mélanger le bœuf, la sauce soya, 1 ½ c. à thé d'huile d'arachide et la sauce aux huîtres. Couvrir et réfrigérer 2 heures.

Dans une grande poêle, sur feu vif, faire chauffer 2 c. à soupe d'huile d'arachide. Y saisir le bœuf pendant 1 minute sans remuer. Faire sauter ensuite le bœuf environ 2 minutes, jusqu'à ce qu'il soit cuit. Retirer de la poêle.

Dans la même poêle, faire chauffer 2 c. à soupe d'huile d'arachide. Y saisir pendant 1 minute et sans remuer les patates et les piments forts. Saler, puis ajouter les oignons verts et faire sauter environ 1 minute, jusqu'à ce que les patates soient à peine tendres. Parsemer d'ail et de gingembre et poursuivre la cuisson 1 minute, en remuant. Remettre le bœuf dans la poêle pour bien le faire chauffer.

Transférer dans un plat de service et parsemer de coriandre fraîche. Servir immédiatement avec le riz blanc et de la sauce soya.

SAUTÉ DE BŒUF ET DE PATATES

BETTERAVES AU FOUR AVEC CHÈVRE ET FINES HERBES

Risotto aux betteraves jaunes et au fromage bleu

4 PORTIONS

375 g (¾ lb) de betteraves jaunes

Sel

3 c. à soupe de beurre non salé

1 petit oignon, coupé en dés

1,25 l (5 tasses) de bouillon de poulet

330 g (1 ½ tasse) de riz à grains courts (Arborio, Carnaroli ou Vialone Nano)

125 ml (½ tasse) de vin blanc sec

30 g (⅓ tasse) de parmesan ou autre fromage à pâte dure, râpé

4 c. à soupe de fromage bleu émietté

Préchauffer le four à 200 °C (400 °F). Mettre les betteraves dans un plat allant au four et en couvrir le fond d'eau. Couvrir le plat hermétiquement de papier d'aluminium. Faire cuire au four de 40 à 60 minutes, jusqu'à ce que les betteraves soient tendres lorsqu'on les perce avec une fourchette. Retirer l'aluminium et laisser refroidir. Dès que les betteraves ont refroidi, en couper le dessus et la racine, les peler et couper en dés de 6 mm (¼ po) de côté. Saler.

Dans une casserole, sur feu moyen, faire fondre 2 c. à soupe de beurre. Ajouter les oignons, saler, puis faire sauter environ 8 minutes, jusqu'à ce qu'ils ramollissent.

Entre-temps, dans une autre casserole, sur feu doux, porter à faible ébullition le bouillon de poulet avec 1 c. à thé de sel.

Incorporer le riz aux oignons et poursuivre la cuisson environ 3 minutes, jusqu'à ce que les oignons soient translucides. Mouiller avec le vin et remuer jusqu'à ce qu'il soit absorbé par le riz. Verser 185 ml de bouillon et laisser mijoter environ 15 minutes en remuant souvent, jusqu'à ce que le liquide soit presque tout absorbé. Continuer en versant 185 ml de bouillon à la fois et en laissant mijoter environ 15 minutes, tout en remuant. Ajouter du bouillon seulement lorsque la quantité précédente est absorbée. Ne pas laisser le riz perdre son humidité. Incorporer les betteraves et bien faire chauffer environ 1 minute. Ajouter 1 c. à soupe de beurre et le fromage. Laisser reposer 2 minutes. Saler et servir immédiatement.

Soupe aux betteraves grillées avec feta et aneth

4 PORTIONS

3 grosses betteraves rouges, les tiges raccourcies à 2,5 cm (1 po) de long

1 ½ c. à soupe d'huile d'olive

1 c. à soupe de beurre non salé

60 g (¼ tasse) d'oignon haché

1 l (4 tasses) de bouillon de bœuf

Sel et poivre du moulin

75 g (½ tasse) de feta, émiettée

1 c. à soupe d'aneth haché grossièrement

Préchauffer le four à 180 °C (350 °F). Mettre les betteraves dans un plat allant au four et arroser d'huile. Les retourner pour bien les enrober d'huile. Faire griller au four environ 1 heure, jusqu'à ce qu'elles soient tendres lorsqu'on les perce. Sortir du four. Dès qu'elles ont refroidi, les peler et les hacher grossièrement.

Dans une casserole, sur feu moyen, faire fondre le beurre et y faire sauter les oignons environ 2 minutes. Ajouter les betteraves hachées et le bouillon de bœuf. Porter à faible ébullition, puis baisser le feu à doux, et faire cuire à découvert environ 10 minutes.

Dans un mélangeur électrique ou un robot culinaire, réduire en une purée lisse. Verser la purée dans la casserole et bien faire chauffer sur feu moyen. Saler et poivrer.

Répartir la soupe entre des bols préalablement chauffés. Garnir de feta et d'aneth. Servir immédiatement.

Betteraves au four avec chèvre et fines herbes

4 PORTIONS

750 g (1 ½ lb) ou environ 6 betteraves, les feuilles enlevées

1 c. à thé de thym frais haché

1 c. à thé de ciboulette fraîche hachée

3 c. à soupe d'huile d'olive

Sel et poivre du moulin

60 g (2 oz) de fromage de chèvre, émietté

Préchauffer le four à 200 °C (400 °F).

Envelopper chaque betterave dans du papier d'aluminium et les faire cuire au four environ 1 heure, ou selon la taille, jusqu'à ce que les légumes soient tendres lorsqu'on les perce avec une fourchette.

Lorsque les betteraves ont refroidi, les peler et les couper en quartiers. Les déposer dans un saladier.

Dans un petit bol, mélanger le thym, la ciboulette et l'huile d'olive. En arroser les betteraves. Saler et poivrer, puis parsemer de fromage émietté. Servir immédiatement.

FEUILLES DE BETTERAVES

Ces feuilles attachées aux betteraves sont comestibles. C'est dommage qu'elles soient souvent coupées et jetées, car elles sont délicieuses. À l'instar des bettes à carde et des épinards, on fait sauter ou braiser les feuilles de betteraves. Profitez de ces feuilles fraîches pendant la saison des betteraves, soit la fin de l'été et à l'automne.

SAUTÉ DE FEUILLES DE BETTERAVES AU GINGEMBRE

Dans une casserole, sur feu moyen-vif, faire chauffer 1 c. à soupe d'huile de canola, 2 c. à thé de gingembre frais, râpé et 1 c. à thé d'ail haché environ 10 secondes, le temps que l'ail grésille. Ajouter 500 g (1 lb) de feuilles de betteraves, rincées et égouttées. Remuer. Couvrir la casserole pour faire cuire les feuilles à la vapeur de 9 à 12 minutes. Parsemer de gros sel. Transférer dans un plat de service préalablement chauffé et servir immédiatement. 4 portions.

Les carottes

Parentes du persil, les carottes sucrées et croquantes font partie des légumes les plus populaires. Bien que cette racine sous sa forme orange est de loin la plus répandue, les fermiers en cultivent de plus en plus de variétés qui offrent des formes et des teintes différentes. La Chantenay, par exemple, est une racine courte, épaisse et de forme conique ; elle est particulièrement prisée pour la vente de bébés carottes. Ces dernières sont pratiques pour les boîtes à lunch et les en-cas.

On trouve des carottes toute l'année, mais elles seront plus sucrées du début de l'hiver à la fin du printemps. Crues, elles ajoutent de la couleur et de la saveur aux salades et aux sandwichs. Braisées ou mijotées, elles se mélangent harmonieusement aux soupes, aux sauces et aux ragoûts. Grillées ou sautées, elles feront un accompagnement coloré et savoureux.

L'ACHAT DES PANAIS

Évitez-les s'ils sont gros; généralement plus durs, ils ont un cœur ligneux qu'il faut enlever. Choisissez des panais petits ou de taille moyenne qui soient pâles, fermes et sans imperfections. Si les feuilles sont toujours attachées aux panais, assurez-vous qu'elles ont l'air frais et qu'elles ne sont pas séchées. Éliminez les feuilles et rangez les panais dans un sac de plastique. Ils se conserveront un mois au réfrigérateur.

Les panais

Proche parent de la carotte, cette racine ivoire ressemble beaucoup à son cousin orangé et plus familier. Le goût des panais est légèrement terreux et leur texture dure et farineuse s'adoucit à la cuisson. Ce légume est populaire dans le nord de l'Europe où le climat frais lui convient bien. Ce sont les premiers colons qui ont apporté cette racine en Amérique du Nord.

Comme les carottes, on trouve des panais toute l'année. Toutefois, leur saison est en hiver, alors que la température froide convertit en sucre l'amidon qu'ils contiennent. Certaines personnes qui ne jurent que par les racines mûries à point sont d'avis que les panais qu'on sort de terre au printemps sont plus sucrés encore. Les panais se prêtent bien aux purées et aux soupes. Ils sont aussi délicieux lorsqu'on les fait griller au four avec d'autres légumes, tels que des carottes et pommes de terre.

LA PRÉPARATION DES PANAIS

Les jeunes racines tendres n'ont pas besoin d'être pelées, mais il convient de les brosser sous l'eau froide avec une brosse à légumes. Les panais plus mûrs devraient être pelés avant l'utilisation. S'il y a lieu, ôtez et jetez le cœur ligneux que contiennent les gros panais. Il faut faire cuire les panais pelés et coupés immédiatement ou les arroser de jus de citron pour éviter qu'ils changent de couleur.

Salade de carottes au cumin et à la coriandre

DE 4 À 6 PORTIONS

1 gousse d'ail

Sel

1 c. à thé de graines de cumin, grillées (page 264) et moulues

1 c. à thé de graines de coriandre, grillées (page 264) et moulues

Une pincée de piment de Cayenne, ou au goût

60 ml (¼ tasse) de jus de citron fraîchement pressé

500 g (1 lb) de carottes, pelées et râpées en fines lanières avec un couteau-éplucheur

60 ml (¼ tasse) d'huile d'olive

15 g (⅓ tasse) de coriandre fraîche hachée

À l'aide d'un mortier et d'un pilon, ou avec le plat de la lame d'un couteau du chef, réduire l'ail en une pâte. Parsemer de sel. Dans un bol, mélanger l'ail, le cumin, la coriandre moulue, le piment de Cayenne et le jus de citron. Mettre les carottes dans un saladier, puis saler. Verser la vinaigrette, bien mélanger et laisser reposer 10 minutes. Verser l'huile et parsemer de coriandre fraîche. Mélanger et servir immédiatement.

Purée de carottes à l'estragon

4 PORTIONS

4 carottes, pelées et coupées en morceaux de 2,5 cm (1 po) de long

2 c. à soupe de bouillon de poulet

2 c. à soupe de crème champêtre (35 % M.G.)

3 c. à thé d'estragon frais haché

Sel et poivre du moulin

Dans une grande casserole, couvrir les carottes d'eau. Porter à ébullition sur feu vif. Couvrir et baisser le feu à moyen. Faire cuire les carottes de 15 à 20 minutes, jusqu'à ce qu'elles soient tendres lorsqu'on les perce avec une fourchette.

Égoutter et déposer dans le bol d'un mélangeur électrique ou d'un robot culinaire. Ajouter le bouillon de poulet, la crème, 1 c. à thé d'estragon et réduire en une purée lisse. Transférer dans un plat de service. Saler, poivrer et parsemer de 2 c. à thé d'estragon. Servir immédiatement.

Cette purée de carottes accompagne à merveille tout plat de poisson à chair blanche, comme le flétan.

Bébés carottes glacés au miel

DE 4 À 6 PORTIONS

750 g (1 ½ lb) de bébés carottes de taille semblable, pelés

2 c. à soupe de beurre non salé

2 c. à soupe de miel

1 c. à thé de zeste de citron finement râpé

Sel

Si les carottes ont un diamètre supérieur à 12 mm (½ po), les trancher en deux. Dans une poêle assez grande pour contenir toutes les carottes en une seule couche, les y mettre et verser de l'eau jusqu'à mi-hauteur des légumes. Ajouter le beurre, le miel, le zeste de citron et 1 c. à thé de sel. Porter l'eau à ébullition. Couvrir partiellement la poêle, baisser le feu à moyen-vif et faire bouillir environ 10 minutes, jusqu'à ce qu'on puisse percer facilement les carottes avec une fourchette.

Retirer le couvercle et continuer de faire bouillir le jus de cuisson environ 4 minutes, jusqu'à ce qu'il se soit évaporé et que les carottes commencent à caraméliser. Saler et servir immédiatement.

CAROTTES MULTICOLORES

Au marché, lorsqu'arrive le printemps, on trouve des carottes de toutes les couleurs : blanches, jaunes, rouges, violettes. La couleur résulte des conditions de culture, comme la température, le type de sol, l'eau et le nombre d'heures d'ensoleillement par jour. Même si elles sont devenues populaires récemment, celles-ci sont cultivées depuis les temps anciens. Essayez-les dans les recettes qui demandent des carottes.

CRUDITÉS AVEC TREMPETTE AU CRESSON

Dans un grand plat de service, disposez 8 carottes entières de couleurs variées, 3 betteraves rouges ou jaunes, cuites et coupées en morceaux, 6 ou 8 pommes de terre nouvelles, cuites et tranchées en deux, 12 petits radis et 4 branches de céleri, coupées en tronçons de 7,5 cm (3 po). Servir avec la *Trempette au cresson* (page 262). 4 portions.

SALADE DE CAROTTES AU CUMIN ET À LA CORIANDRE

PANAIS ET POIRES GRILLÉS AVEC NOISETTES

Purée de panais et pommes de terre à la ciboulette

DE 4 À 6 PORTIONS

750 g (1 ½ lb) de panais, pelés et coupés en morceaux de 5 cm (2 po) de long

Sel et poivre du moulin

750 g (1 ½ lb) de Yukon Gold ou autres pommes de terre à chair farineuse, pelées et coupées en morceaux de 5 cm (2 po) de long

125 g (½ tasse) de beurre non salé, coupé en morceaux

180 ml (¾ tasse) de crème champêtre (35 % M.G.)

15 g (¼ tasse) de ciboulette fraîche, coupée finement avec des ciseaux

Dans une grande casserole, mettre les panais et 1 c. à soupe de sel, puis les couvrir de 2,5 cm (1 po) d'eau. Dans une autre casserole, faire la même chose avec les pommes de terre. Porter les deux à faible ébullition. Baisser le feu à moyen-doux et laisser mijoter environ 25 minutes, jusqu'à ce que les panais et les pommes de terre se percent facilement avec un couteau. Égoutter et laisser refroidir.

Au robot culinaire ou au presse-purée manuel, réduire les légumes cuits en purée. Verser dans l'une des casseroles et incorporer le beurre et la crème. Faire chauffer sur feu doux et remuant souvent jusqu'à ce que la purée soit bien chaude. Saler et poivrer. Transférer dans un plat de service et parsemer de ciboulette. Servir immédiatement.

Panais glacés au xérès et au gingembre

DE 2 À 4 PORTIONS

500 g (1 lb) de panais, pelés

125 ml (½ tasse) de bouillon de poulet ou d'eau

2 c. à soupe de beurre non salé

2 c. à soupe de xérès

2 c. à thé de gingembre frais râpé

1 c. à thé de thym frais haché

Sel et poivre du moulin

1 c. à thé de jus de citron fraîchement pressé

Trancher les panais dans le sens de la longueur, puis les moitiés obtenues en deux dans le sens de la longueur. Couper les morceaux encore en deux dans le sens de la largeur. Éliminer le cœur, s'il est ligneux.

Disposer les panais dans une poêle assez grande pour les contenir tous en une seule couche. Ajouter le bouillon de poulet, le beurre, le xérès, le gingembre et le thym. Saler. Couvrir partiellement et porter à faible ébullition sur feu moyen. Faire cuire de 7 à 9 minutes, jusqu'à ce que les panais soient tendres lorsqu'on les perce avec un couteau.

Retirer le couvercle, augmenter le feu à vif et poursuivre la cuisson de 4 à 6 minutes, jusqu'à ce que le liquide se soit transformé en glace. Arroser de jus de citron et poivrer. Transférer les panais dans un plat de service et servir immédiatement.

Panais et poires grillés avec noisettes

6 PORTIONS

500 g (1 lb) de panais, pelés et coupés en quatre dans le sens de la longueur

3 poires (Anjou ou Bosc)

3 c. à soupe d'huile d'olive

Sel

2 c. à soupe de beurre non salé

3 c. à soupe de noisettes, grillées (page 264) et hachées finement

Préchauffer le four à 200 °C (400 °F).

Retirer le cœur ligneux des panais. Couper les morceaux en tronçons de 7,5 cm (3 po) de long. S'ils sont petits, les utiliser tels quels. Trancher les poires en deux et les évider sans détacher la tige. Couper les moitiés en quatre ou six quartiers, selon la taille.

Mettre les panais et les poires dans un plat allant au four, arroser d'huile d'olive et remuer délicatement pour les enrober. Les étaler uniformément. Saler. Faire cuire au four de 30 à 40 minutes, jusqu'à ce que les légumes et les fruits soient tendres et dorés.

Dans une petite casserole, sur feu moyen-vif, faire fondre le beurre. Ajouter une pincée et sel et, en imprimant de temps à autre un mouvement à la casserole, faire tourbillonner le beurre, jusqu'à ce qu'il brunisse. Ajouter les noisettes et verser sans tarder sur les panais et les poires. Saler et servir immédiatement.

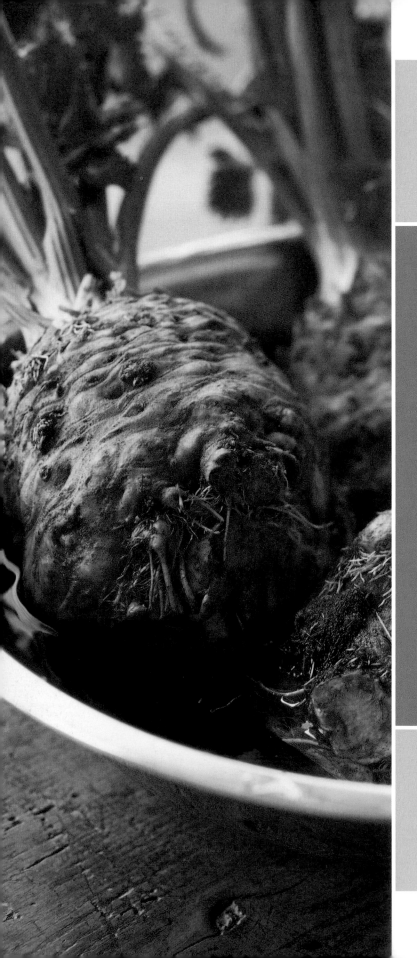

Le céleri-rave

Bien qu'il fasse partie du même groupe botanique que le céleri, le céleri-rave est une variété distincte de la plante qui produit les pieds de branches qu'on connaît bien. La plante du céleri-rave est expressément cultivée pour sa grosse racine ronde, noueuse et son extrémité emmêlée. La chair dense et ivoire du céleri-rave est prisée pour son goût de noisette qui rappelle celui du céleri.

La saison du céleri-rave s'étend du début de l'automne au début du printemps. Il est particulièrement populaire dans la cuisine française où on l'apprête en gratin ou en purée. Râpé ou coupé en fine julienne, le céleri-rave se marie bien avec le jus des agrumes, le persil et les légumes feuilles amers en salade. Pour ajouter une touche différente à vos purées de pommes de terre, on peut en remplacer jusqu'à la moitié par du céleri-rave.

Les navets et les rutabagas

Ces racines qui sont de proches parents se ressemblent en ce qui a trait à leur saveur, leur apparence et leur utilisation. Les navets ont une chair ivoire et crémeuse sous une peau violette. Certaines variétés sont vertes, rouges, blanches et même noires en surface. Les rutabagas sont généralement plus volumineux. Leur chair est blanche aussi et leur peau, brune, jaune ou blanche. Le rutabaga est aussi connu sous le nom de « chou de Siam » au Québec, mais cette appellation est trompeuse, car en fait, le légume est originaire des pays scandinaves. Le goût des jeunes navets tendres est doux et sucré. La chair ferme des navets et rutabagas qui ont atteint leur maturation a un goût qui évoque la moutarde, mais qui s'adoucit à la cuisson.

La saison des navets et les rutabagas va de la fin de l'automne au début de l'hiver. Grillées au four, ces racines révéleront leur douceur caractéristique. On peut les ajouter à des soupes et des ragoûts, les réduire en purée ou les faire cuire au four et les proposer en accompagnement tout simple.

Céleri rémoulade

4 PORTIONS

1 gros jaune d'œuf à la température ambiante

1 c. à soupe de moutarde de Dijon

Sel

¼ c. à thé de piment de Cayenne

125 ml (½ tasse) d'huile d'olive

2 c. à soupe de jus de citron fraîchement pressé

1 ½ c. à soupe de crème champêtre (35 % M.G.)

1 c. à thé d'estragon frais haché

½ c. à thé de graines de carvi

500 g (1 lb) de céleri-rave

Dans un bol, fouetter le jaune d'œuf, la moutarde, du sel et le piment de Cayenne. Tout en fouettant pour obtenir une émulsion, verser l'huile d'olive, un peu à la fois, et battre vigoureusement entre chaque addition pour que la sauce l'intègre bien et devienne très épaisse. Incorporer au fouet le jus de citron et 1 c. à soupe de crème. Verser plus de crème, au besoin, pour obtenir une consistance plus riche. Parsemer d'estragon et de graines de carvi.

Peler le céleri-rave et éliminer toute trace brune. Râper et mélanger à la moitié de la sauce. Ajouter un peu de sauce, au besoin, pour n'enrober que légèrement le céleri-rave.

Transférer dans un plat de service et servir immédiatement.

Purée de céleri-rave à la ciboulette

6 PORTIONS

3 c. à soupe de beurre non salé

3 échalotes sèches, hachées

2 gousses d'ail, hachées

500 g (1 lb) de céleri-rave, pelé et coupé en dés

250 ml (1 tasse) de bouillon de poulet

125 ml (½ tasse) de crème champêtre (35 % M.G.)

Sel et poivre du moulin

Dans une grande poêle, sur feu moyen, faire fondre 2 c. à soupe de beurre et y faire sauter les échalotes et l'ail de 1 à 2 minutes, jusqu'à ce qu'ils ramollissent. Ajouter le céleri-rave et faire cuire de 5 à 7 minutes, jusqu'à ce qu'il ramollisse et soit enrobé de beurre. Verser assez de bouillon de poulet pour couvrir le céleri-rave. Poursuivre la cuisson sur feu moyen environ 15 minutes, jusqu'à ce qu'il soit à peine tendre. Le bouillon devrait avoir complètement réduit. Retirer du feu et laisser refroidir.

Transférer la préparation refroidie dans un mélangeur électrique ou un robot culinaire et réduire en une purée lisse, en versant la crème peu à peu. Bien mélanger. Verser la purée dans une casserole et la faire chauffer sur feu moyen-doux. Saler, poivrer et incorporer 1 c. à soupe de beurre.

Transférer dans un plat de service et servir immédiatement.

Gratin de céleri-rave et de pommes de terre au thym

6 PORTIONS

2 c. à soupe de beurre non salé, ramolli, et un peu pour graisser

4 grosses échalotes sèches, tranchées finement

Sel et poivre du moulin

500 g (1 lb) de céleri-rave, pelé et tranché finement

1 kg (2 lb) de pommes de terre Russet, pelées et tranchées finement

2 c. à soupe de thym frais haché

500 ml (2 tasses) de crème champêtre (35 % M.G.)

250 ml (1 tasse) de bouillon de poulet

Préchauffer le four à 190 °C (375 °F).

Graisser un plat à gratin de 35 cm (14 po) de long. En parsemer le fond de la moitié des échalotes. Saler et poivrer. Disposer la moitié des tranches de céleri-rave et de pommes de terre sur les échalotes. Parsemer de la moitié du thym, puis saler et poivrer. Répéter les couches avec le reste des échalotes, de céleri-rave, de pommes de terre et de thym. Saler et poivrer de nouveau.

Dans une casserole, porter la crème et le bouillon de poulet à faible ébullition. Verser sur les légumes. Répartir 2 c. à soupe de beurre en noisette sur le dessus. Couvrir hermétiquement de papier d'aluminium.

Faire cuire au four environ 35 minutes, jusqu'à ce que les légumes soient presque tendres lorsqu'on les perce avec une fourchette. Augmenter la température du four à 200 °C (400 °F). Appuyer sur les légumes avec une spatule pour les égaliser. Poursuivre la cuisson à découvert environ 30 minutes, jusqu'à ce que le dessus du gratin soit bien doré. Laisser reposer 5 minutes. Servir immédiatement.

GRATIN DE CÉLERI-RAVE ET DE POMMES DE TERRE AU THYM

POTAGE AUX NAVETS, POMMES ET POMMES DE TERRE

Potage aux navets, pommes et pommes de terre

4 PORTIONS

2 c. à soupe de beurre non salé

1 petit oignon, coupé en dés

1 c. à thé de thym frais haché

1 feuille de laurier

Sel et poivre blanc du moulin

500 g (1 lb) de navets, pelés et coupés en morceaux de 12 mm (½ po) de côté

2 pommes acides (Granny Smith, Cortland ou Braeburn), pelées, évidées et coupées en quartiers

250 g (½ lb) de pommes de terre Yukon Gold, pelées et coupées en quartiers

2 c. à soupe de crème (35 % M.G.)

2 c. à soupe de persil italien (plat) frais haché

Dans une grande casserole à fond épais, sur feu moyen-doux, faire fondre le beurre et y faire sauter l'oignon, le thym, le laurier et une pincée de sel environ 12 minutes, jusqu'à ce que l'oignon ait ramolli. Ajouter les navets, les pommes, les pommes de terre, une pincée de sel et 250 ml d'eau. Couvrir et laisser mijoter de 10 à 15 minutes, jusqu'à ce que les légumes et les pommes soient tendres. Verser 1 l (4 tasses) d'eau de plus, augmenter le feu à vif et porter à ébullition. Baisser le feu à doux et laisser mijoter, à découvert, pendant 20 minutes. Laisser refroidir légèrement.

En procédant par petites quantités, réduire la préparation en purée dans un mélangeur électrique ou un robot culinaire. Verser la purée dans la casserole et la faire chauffer. La diluer avec un peu d'eau, s'il y a lieu. Saler et parsemer de poivre blanc. Répartir le potage entre des bols, arroser d'un peu de crème et parsemer de persil haché. Servir immédiatement.

Jeunes navets et leurs feuilles

4 PORTIONS

500 g (1 lb) de jeunes navets avec leurs feuilles, les feuilles jaunes ou abîmées ôtées

2 c. à soupe d'huile d'olive

2 tranches de bacon, coupées dans le sens de la largeur en morceaux de 6 mm (¼ po) d'épaisseur

1 c. à soupe de beurre non salé

1 grosse échalote sèche, tranchée finement

Sel et poivre du moulin

Garder les tiges et les feuilles attachées aux navets, mais couper les racines à l'autre extrémité. Si les navets sont plutôt gros, couper les tiges pour leur laisser une longueur de 2,5 cm (1 po). Trancher les navets en deux, et les feuilles, en lanières de 4 cm (1 ½ po) de long.

Dans une grande poêle, sur feu moyen, faire chauffer 1 c. à soupe d'huile d'olive. Y faire cuire le bacon environ 5 minutes, jusqu'à ce qu'il ait rendu toute sa graisse. Éliminer la graisse de la poêle et n'y laisser que le bacon.

Dans la même poêle, faire chauffer 1 c. à soupe d'huile d'olive et le beurre sur feu moyen-vif. Y faire sauter l'échalote 1 minute. Saler. Ajouter les navets et leurs feuilles, saler et verser juste assez d'eau pour couvrir le fond de la poêle. Couvrir et faire cuire de 4 à 7 minutes, jusqu'à ce que les légumes et les feuilles soient tendres. Ajouter de l'eau si la poêle devient sèche. S'il y a trop de liquide, retirer le couvercle et poursuivre la cuisson jusqu'à ce qu'il se soit évaporé. Transférer dans un plat de service, puis saler et poivrer. Servir immédiatement.

Légumes racines glacés au sirop d'érable

DE 4 À 6 PORTIONS

2 carottes, coupées en tronçons de 5 cm (2 po) de long

1 gros panais, coupé en tronçons de 5 cm (2 po) de long

1 petit navet, coupé en morceaux de 5 cm (2 po) de long

½ rutabaga, coupé en morceaux de 5 cm (2 po) de long

1 patate, pelée et coupée en morceaux de 5 cm (2 po) de long

1 oignon rouge, coupé en morceaux de 5 cm (2 po) de long

2 ou 3 c. à soupe d'huile d'olive

2 c. à thé de sel

75 ml (¼ tasse) de sirop d'érable pur

2 c. à soupe de beurre non salé, fondu

Préchauffer le four à 200 °C (400 °F).

Dans un grand bol, mélanger les carottes, le panais, le navet, le rutabaga, la patate et l'oignon. Enrober d'huile d'olive et saler. Mélanger. Étaler uniformément sur deux plaques à pâtisserie munies de bords verticaux. Les légumes ne doivent pas se toucher.

Faire griller au four de 40 à 50 minutes, jusqu'à ce que les légumes soient tendres et légèrement croustillants. Durant la cuisson, secouer les plaques de temps à autre et retourner les légumes avec une spatule pour éviter qu'ils collent.

Dans un petit bol, mélanger le sirop d'érable et le beurre. En badigeonner les légumes et poursuivre la cuisson environ 5 minutes, jusqu'à ce qu'ils soient luisants.

Transférer les légumes dans un plat de service et servir immédiatement.

Quelles que soient leur forme, leur taille ou leur couleur, les radis doivent être fermes, avoir une peau lisse et des feuilles vertes bien fraîches. Pour préserver la fraîcheur, éliminez les feuilles des radis. Dans un sac de plastique rangé dans le réfrigérateur, les petits radis se conserveront une semaine; les plus gros, jusqu'à deux semaines.

Les radis

Même si les radis proviennent tous d'une même sorte de moutarde, leur variété en ce qui concerne la taille, la forme et la couleur est très vaste. En plus des radis rouges et ronds bien connus, on en trouve au marché qui sont longs, minces et blancs. D'autres sont violets, lavandes, roses et même noirs. Les radis flamboyants se distinguent par leur forme allongée et leurs deux couleurs : rouge avec la pointe blanche. Quant aux radis pastèques, ils doivent leur nom à leur peau verte et à leur chair rouge-rosâtre.

Les petits radis croquants sont des légumes du printemps et du début de l'été. Les variétés plus grosses atteignent leur maturité à la fin de l'été et à l'automne. On consomme les radis crus en salade ou simplement plongés dans le sel avec du pain beurré. S'ils accompagnent souvent les sandwichs, c'est qu'ils permettent de rafraîchir le palais entre les bouchées.

LA PRÉPARATION DES RADIS

Brossez-les sous l'eau froide et éliminez les deux extrémités, à moins que vous les serviez en hors-d'œuvre. Dans ce cas, laissez 2,5 cm (1 po) de verdure intacte pour une jolie présentation. Si les radis ne sont pas aussi croquants que vous le souhaitez, plongez-les dans un bol d'eau froide et réfrigérez-les pendant quelques heures pour qu'ils retrouvent leur texture.

Salade de radis pastèque, vinaigrette à l'avocat

4 PORTIONS

1 échalote sèche, coupée en petits dés

1 ½ c. à soupe de jus de citron fraîchement pressé, et un peu plus, au goût

1 ½ c. à soupe de vinaigre de vin blanc

Sel

1 avocat, tranché en deux, dénoyauté et coupé en dés

60 ml (¼ tasse) d'huile d'olive

2 laitues romaines, les feuilles abîmées éliminées, les autres coupées en morceaux de 12 mm (½ po) de long

1 radis pastèque, tranché finement

10 g (¼ tasse) de coriandre fraîche hachée

Dans un petit bol, mélanger l'échalote, 1 ½ c. à soupe de jus de citron, le vinaigre et une pincée de sel. Incorporer l'avocat, saler et laisser reposer 10 minutes, en remuant de temps à autre. Fouetter l'huile d'olive et la verser dans le bol pour obtenir une vinaigrette.

Dans un saladier, mélanger la laitue, le radis et la coriandre. Verser la vinaigrette et remuer délicatement. Saler et ajouter du jus de citron au goût. Répartir entre quatre assiettes et servir immédiatement.

Salade de radis, fenouil et persil

6 PORTIONS

2 bulbes de fenouil

1 petit bouquet de persil italien (plat) frais, les tiges ôtées et les feuilles hachées

12 radis, tranchés finement

3 c. à soupe d'huile d'olive

2 c. à soupe de jus de citron fraîchement pressé

1 gousse d'ail, hachée

Sel et poivre du moulin

Éliminer la partie feuillue et les tiges des bulbes de fenouil. Ôter toute partie abîmée ou jaunie, puis couper les bulbes en deux dans le sens de la longueur. Enlever le cœur et déposer les moitiés, le côté coupé vers le bas, sur une planche à découper. Trancher le plus finement possible le fenouil dans le sens de la longueur. Mettre les tranches dans un saladier et y ajouter le persil et le radis.

Pour obtenir une vinaigrette, dans un petit bol, fouetter l'huile d'olive, le jus de citron et l'ail. Saler et poivrer.

Arroser la salade de vinaigrette et remuer délicatement pour enrober les ingrédients. Servir immédiatement.

Sandwichs à la truite fumée, au radis et au fromage bleu

10 PORTIONS

20 tranches de pain à sandwich ou autre, écroûtées

250 g (½ lb) de fromage bleu à pâte molle

Sel et poivre du moulin

250 g (½ lb) de truite fumée

30 g (1 tasse) de roquette, les tiges enlevées

10 ou 12 radis, tranchés finement

Tartiner 10 tranches de pain de fromage bleu.

Saler et poivrer généreusement la truite fumée. Répartir également la truite, la roquette et le radis entre les 10 tranches tartinées. Couvrir des 10 tranches de pain restantes. Appuyer doucement pour consolider l'assemblage.

Couper les sandwichs en deux à la diagonale et les disposer dans un plat de service. Servir immédiatement.

LES RADIS FLAMBOYANTS

Originaires du sud de la France, ces radis, aussi appelés « radis d'Avignon », ont une forme allongée qui leur donne une apparence plus mince que les radis auxquels on est habitué. Ils sont rouges à une extrémité et passent au blanc à l'autre extrémité qui se termine en pointe. Au marché, on les trouve au printemps. Utilisez-les dans toutes les recettes de radis.

RADIS AVEC BEURRE ET SEL DE MER

Éliminer les extrémités de 30 radis et les trancher en deux. Faire tremper dans un bol d'eau froide 20 minutes. Tasser dans un ramequin 125 g (½ tasse) de beurre à la température ambiante. Égoutter les radis et les éponger avec du papier absorbant. Les disposer dans un plat de service. Servir avec le beurre pour tartiner les radis et du sel de mer pour parsemer. De 6 à 8 portions.

SALADE DE RADIS PASTÈQUE, VINAIGRETTE À L'AVOCAT

Les courges

COURGETTES

FLEURS DE
COURGETTE

COURGES JAUNES

PÂTISSONS

COURGE POIVRÉE

COURGE
MUSQUÉE

COURGE
DELICATA

CITROUILLE

COURGE
KABOCHA

Bien que les courges se présentent sous diverses couleurs, tailles et formes, leurs innombrables variétés font partie de la famille des cucurbitacées, et toutes sont des plantes rampantes. Les pâtissons et les courgettes sont prisés pour leur goût et leur chair délicate qui se prête à toute une gamme d'assaisonnements. Certaines, comme la courge poivrée, la courge Kabocha et la citrouille, possèdent une chair dense qui devient sucrée et crémeuse à la cuisson. Originaires du Nouveau Monde, les courges étaient cultivées au Mexique et en Amérique du Sud il y a des milliers d'années.

On classe habituellement les courges en deux groupes : les courges d'été et les courges d'hiver. On donne le temps aux courges poivrée, Delicata, Kabocha et à d'autres courges d'hiver de mûrir jusqu'à ce que leur chair soit épaisse et leur peau, dure. Elles ont ainsi une bonne durée de conservation. Parmi les courges d'été, on compte les courgettes et les courges jaunes ; leur peau est mince et lisse et leur chair, humide. Les graines de plusieurs variétés de courges d'hiver ainsi que les fleurs des courges d'été sont également comestibles.

Les courges d'été sont meilleures lorsqu'elles sont jeunes. Recherchez des légumes de petite taille au début de l'été. Attendez-vous à un plus vaste choix de courges d'hiver à l'automne et en hiver.

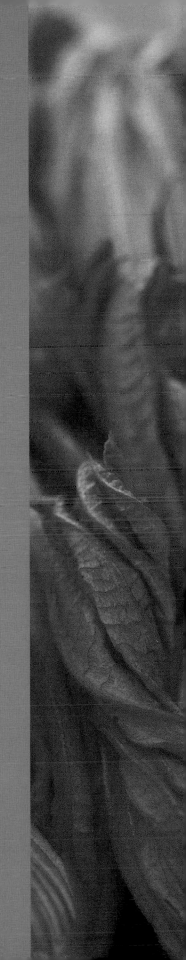

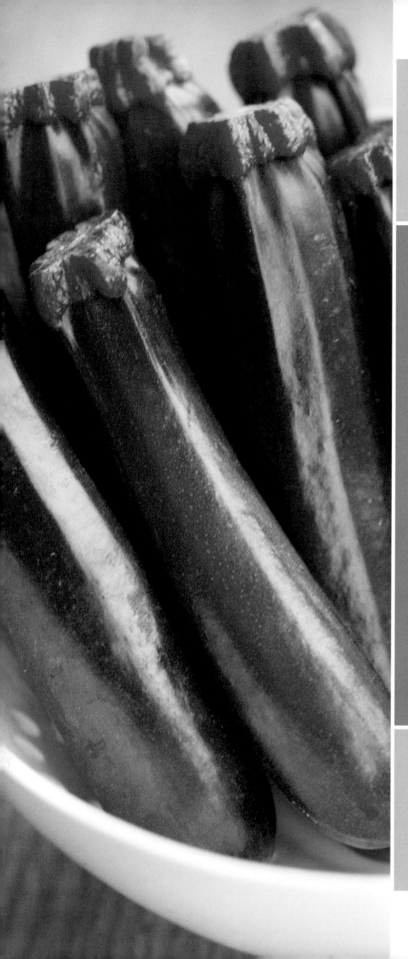

Les courgettes

Cette courge d'été bien connue est très polyvalente et possède un goût délicat très prisé. Qu'on la serve crue ou cuite, la courgette est présente dans beaucoup de cuisines, du Mexique – d'où elle provient – au sud de l'Europe, jusqu'au Moyen-Orient et dans le nord de l'Asie. Les grandes fleurs orangées qui ornent les plants sont également comestibles. On peut les farcir de fromage et les faire frire ou les couper en lanières et les ajouter à des soupes, des pâtes et des omelettes. Au marché, on trouve parfois une variété toute ronde appelée «ronde de Nice». Le nom italien et aussi anglais de la courgette est *zucchini*.

L'été est la saison des courgettes par excellence. On peut les faire sauter, cuire au four ou griller pour faire ressortir leur fine texture. Il est également possible de les faire mijoter dans des soupes, les faire cuire à la vapeur et même frire pour qu'elle déploie toute leur saveur. Tranchées ou râpées, les courgettes crues sont délicieuses en salade ou comme antipasti.

L'ACHAT DES COURGES JAUNES

Pour des courges tendres et sans graines, optez pour des courges de petite taille. En poussant, leur chair devient plus ferme et les graines sont plus nombreuses. Les courges jaunes doivent être fermes et d'un beau jaune ; elles doivent aussi sembler lourdes par rapport à leur taille. Recherchez les courges à la peau lisse sans imperfections. Rangez-les dans un sac de plastique ; elles se conserveront trois jours au réfrigérateur.

Les courges jaunes

Les courges jaunes à la chair tendre et au goût peu prononcé se déclinent en toutes les formes, les tailles et les teintes. Certaines sont longues et cylindriques, semblables à des courgettes de la couleur du citron. Les variétés à cou tors et à la surface raboteuse ont généralement la peau de la couleur du beurre. Quant aux pâtissons, ils se distinguent à leur bord festonné et leur forme de soucoupe.

Toutes les courges jaunes atteignent leur maturité au cours des semaines chaudes du cœur de l'été. Ces légumes polyvalents s'adaptent à différents styles de cuisine et s'apprêtent souvent comme leur cousine, la courgette. Sautées dans le beurre ou l'huile d'olive, elles accompagnent bien les viandes de boucherie et la volaille rôties ou le poisson grillé, ou encore, elles garniront les pâtes. Les faire griller sur le barbecue permettra de révéler toute leur saveur. Elles peuvent remplacer les courgettes dans toutes les recettes.

LA PRÉPARATION DES COURGES JAUNES

Rincez-les et éliminez les extrémités avec un couteau affûté. Leur fine peau remplie de saveur n'a pas besoin d'être pelée. Faites griller les petites courges entières. Les plus grosses pourront être coupées en tranches ou en morceaux que vous ferez sauter ou griller. Si vous souhaitez les farcir, tranchez les courges jaunes dans le sens de la longueur et évidez-les avec une petite cuillère.

Carpaccio de courgettes avec fromage et pignons

DE 4 À 6 PORTIONS

1 gousse d'ail

Sel et poivre du moulin

60 ml (¼ tasse) de jus de citron

125 ml (½ tasse) d'huile d'olive

500 g (1 lb) de courgettes, tranchées très finement

30 g (1 tasse) de roquette, les tiges enlevées

30 g (¼ tasse) de pignons, grillés (page 264)

Parmesan ou autre fromage à pâte dure, vieilli, en copeaux

À l'aide d'un pilon et d'un mortier, écraser l'ail avec un peu de sel pour le transformer en pâte. Dans un bol, fouetter la pâte d'ail et le jus de citron. Laisser reposer 10 minutes. Puis, pour obtenir une vinaigrette, verser lentement l'huile d'olive en un mince filet, tout en fouettant.

Mettre les courgettes dans un bol, les saler et les poivrer, puis verser les trois quarts de la vinaigrette. Disposer les deux tiers des courgettes dans un plat de service.

Dans un petit bol, mettre la roquette, la saler et ajouter suffisamment de vinaigrette pour n'enrober que légèrement les feuilles. Les répartir sur les courgettes et disposer le reste des courgettes sur la roquette et autour. Parsemer de pignons et de fromage. Servir immédiatement.

Crêpes à la courgette et à la feta

DE 6 À 8 PORTIONS

500 g (1lb) ou 4 tasses de courgettes râpées

Sel et poivre du moulin

105 g (⅔ tasse) de farine tout usage

1 c. à thé de poudre à pâte

155 g (1 tasse) de feta émietté

4 gros œufs, le jaune et le blanc séparés

45 g (½ tasse) d'oignons verts, tranchés finement

2 c. à soupe de persil italien (plat) frais haché

1 c. à soupe de menthe fraîche hachée

3 c. à soupe d'huile d'olive

Crème sure pour accompagner

Mettre les courgettes dans une passoire à mailles fines, parsemer de 2 c. à thé de sel et faire dégorger de 15 à 30 minutes. Presser pour exprimer le liquide. Mélanger la farine, la poudre à pâte, ¼ c. à thé de poivre et 1 c. à thé de sel. Dans un autre bol, mélanger les courgettes, la féta, les jaunes d'œufs, les oignons verts, le persil et la menthe. Incorporer les ingrédients secs. Dans un bol propre, battre les blancs d'œufs en neige. Les plier dans la pâte à crêpes.

Dans une poêle, sur feu moyen, faire chauffer l'huile d'olive. Faire cuire 4 c. à soupe de pâte environ 1 ½ minute de chaque côté, jusqu'à ce que la crêpe soit croustillante. Transférer dans une assiette tapissée de papier absorbant, saler et garder au chaud. Ajouter de l'huile à la poêle et faire d'autres crêpes. Garnir de crème sure et servir.

Tian de courgettes et de tomates

DE 4 À 6 PORTIONS

2 c. à soupe d'huile, et un peu pour graisser

1 oignon rouge, tranché

Sel et poivre du moulin

375 g (¾ lb) de tomates italiennes, tranchées

375 g (¾ lb) ou 2 petites courgettes, tranchées dans le sens de la longueur

1 c. à soupe de basilic frais haché

1 c. à soupe de marjolaine fraîche hachée

60 ml (¼ tasse) de bouillon de poulet ou d'eau

Préchauffer le four à 180 °C (350 °F). Huiler un plat peu profond et allant au four d'une capacité de 2 litres (8 tasses).

Dans une poêle, sur feu moyen, faire chauffer 2 c. à soupe d'huile d'olive et y faire sauter doucement l'oignon environ 10 minutes, jusqu'à ce qu'il ramollisse. Étaler uniformément les tranches d'oignon dans le plat allant au four. Saler et poivrer.

Disposer les tranches de tomates et de courgettes en rangées successives sur les oignons. Parsemer de basilic et de marjolaine, puis saler et poivrer. Verser le bouillon sur les ingrédients.

Couvrir et faire cuire au four environ 40 minutes, jusqu'à ce que le tian bouillonne et que les légumes soient tendres. Sortir du four, et servir immédiatement.

FLEURS DE COURGETTE

Les jeunes courgettes ne mesurent pas plus de 5 à 13 cm (2 à 5 po) de long. Elles sont offertes au marché à la fin du printemps, avec leurs fleurs jaune vif toujours attachées à la tige. Ces fleurs comestibles peuvent être farcies, frites ou ajoutées à des omelettes. Il faut les consommer dans les 24 heures suivant l'achat. Déposez-les en une seule couche sur une plaque à pâtisserie tapissée de papier absorbant et réfrigérez-les jusqu'au moment de les préparer.

FLEURS DE COURGETTE FRITES, FARCIES À LA RICOTTA

Dans un bol, mélanger 250 g (1 tasse) de ricotta, ½ c. à soupe de persil italien (plat) frais haché et 1 c. à soupe de basilic frais haché. Saler et poivrer. En remplir une poche munie d'une grosse douille simple. Retirer les étamines des fleurs. Farcir chaque fleur de 1 c. à soupe environ de fromage aux fines herbes. Passer les fleurs dans de la farine tout usage, puis dans une assiette plate contenant 2 œufs battus, et de nouveau dans la farine.

Secouer pour en éliminer l'excédent. Dans une poêle, faire chauffer de l'huile de canola pour qu'elle atteigne 190 °C (375 °F). Faire frire quelques fleurs farcies à la fois de 3 à 4 minutes, jusqu'à ce qu'elles soient dorées ; les retourner une seule fois. Les déposer sur du papier absorbant et les garder au chaud dans le four à 95 °C (200 °F). La température de l'huile doit remonter à 190 °C (375 °F) avant de faire frire d'autres fleurs. De 4 à 6 portions.

TIAN DE COURGETTES ET DE TOMATES

COURGES GRILLÉES, MARINÉES À L'AIL ET AUX FINES HERBES

Salade d'épeautre et de courges jaunes

6 PORTIONS

240 g (1 ½ tasse) d'épeautre en grains
(à défaut, du quinoa)

Sel

2 c. à soupe + 125 ml (½ tasse)
d'huile d'olive

500 g (1 lb) de courges jaunes, coupées
en morceaux de 12 mm (½ po) de côté

1 gousse d'ail

60 ml (¼ tasse) de jus de citron

250 g (½ lb) ou 1 petit concombre,
pelé et coupé en morceaux de 12 mm
(½ po) de côté

5 oignons verts, coupés en biseau en
tronçons de 6 mm (¼ po) de long

10 g (¼ tasse) de basilic frais haché

10 g (¼ tasse) de menthe fraîche hachée

155 g (1 tasse) de feta, émiettée

Porter une casserole d'eau salée à
ébullition. Ajouter l'épeautre et saler. Baisser
le feu pour obtenir un frémissement et faire
cuire de 12 à 15 minutes, jusqu'à ce que
les grains soient tendres. Égoutter et laisser
refroidir.

Entre-temps, dans une grande poêle, sur
feu moyen-vif, faire chauffer 2 c. à soupe
d'huile d'olive et y faire sauter les courges
de 3 à 4 minutes, jusqu'à ce qu'elles soient
croquantes. Saler. Transférer dans un plat et
laisser refroidir.

À l'aide d'un pilon et d'un mortier, écraser l'ail
avec un peu de sel pour le transformer en
pâte. Dans un bol, fouetter la pâte d'ail et
le jus de citron. Laisser reposer 10 minutes.
Puis, pour obtenir une vinaigrette, verser
lentement 125 ml d'huile d'olive en un
mince filet, tout en fouettant.

Dans un saladier, mettre l'épeautre, les
courges, le concombre, les oignons verts,
le basilic, la menthe et le feta. Arroser
de vinaigrette et remuer. Saler et servir
immédiatement.

Courges jaunes avec vinaigrette à la tomate

4 PORTIONS

1 gousse d'ail

Sel et poivre du moulin

250 g (½ lb) de tomates fermes,
mais mûres, pelées, épépinées
et coupées en dés

2 c. à soupe de vinaigre de xérès,
ou au goût

1 ½ c. à thé de paprika

½ c. à thé de graines de cumin, grillées
(page 264) et moulues

60 ml (¼ tasse) d'huile d'olive

500 g (1 lb) de courges jaunes, coupées
en bâtonnets

15 g (½ tasse) de feuilles de persil italien
(plat) frais, hachées

15 g (½ tasse) de feuilles de coriandre
fraîche, hachées

À l'aide d'un pilon et d'un mortier, écraser
l'ail avec un peu de sel pour le transformer
en pâte. Dans un bol, mélanger la pâte
d'ail, les tomates, le vinaigre, le paprika,
le cumin et une pincée de sel. Laisser
reposer 10 minutes. Puis, pour obtenir une
vinaigrette, verser lentement l'huile d'olive
en un mince filet, tout en fouettant.
Saler et poivrer.

Dans un saladier, mettre les courges, le persil
et la coriandre ; saler. Ajouter suffisamment
de vinaigrette pour n'enrober que légèrement
les ingrédients. Remuer délicatement. Saler.
Arroser du reste de la vinaigrette et servir
immédiatement.

Courges grillées, marinées à l'ail et aux fines herbes

DE 6 À 8 PORTIONS

250 ml (1 tasse) d'huile d'olive

60 ml (¼ tasse) de vinaigre de vin rouge

6 gousses d'ail, pelées et légèrement
écrasées

6 feuilles de laurier

1 c. à soupe de thym frais haché

1 c. à soupe de romarin frais haché

Sel et poivre du moulin

1 kg (2 lb) de jeunes courges variées :
pâtissons, rondes de Nice, courges à cou
tors, tranchées en deux dans le sens
de la longueur

500 g (1 lb) de jeunes courgettes,
tranchées en deux dans le sens de la
longueur

Dans un bol en verre ou en céramique,
mélanger l'huile d'olive, le vinaigre, l'ail,
le laurier, le thym et le romarin, ½ c. à thé
de sel et autant de poivre. Réserver la
moitié de cette vinaigrette. Avec la première
quantité, badigeonner les légumes. Les
couvrir et les laisser reposer à la
température ambiante de 1 à 2 heures.

Huiler la grille du barbecue et préchauffer
l'appareil à intensité moyenne-élevée
(page 264). On peut aussi utiliser le gril du
four ou une poêle à griller. Sortir les courges
de la marinade et en éponger l'excédent.
Faire griller les légumes de 3 à 5 minutes
de chaque côté. Les disposer dans un plat
de service et les arroser de la vinaigrette
réservée. Servir à la température ambiante.

PÂTISSON

Cette petite courge jaune pâle, verte ou
blanche mesure environ 10 cm (4 po) de
diamètre et son bord est joliment festonné.
Le goût des pâtissons est semblable à celui
des courges jaunes et des courgettes ; on peut
donc les préparer de la même façon que ces
légumes. Au marché, on les trouve en été.

PÂTISSONS CARAMÉLISÉS

Dans une poêle, sur feu vif, faire chauffer
3 c. à soupe d'huile d'olive. Y déposer 750 g
(1 ½ lb) de pâtissons, coupés en quartiers de
12 mm (½ po) d'épaisseur. Saler et faire sauter
de 6 à 8 minutes, jusqu'à ce qu'ils soient tendres.
Ajouter 2 gousses d'ail hachées et 1 c. à soupe de
marjolaine fraîche hachée et poursuivre la cuisson
1 minute. Saler et poivrer. Arroser de jus de citron
fraîchement pressé au goût. 4 portions.

Les courges poivrée et musquée

Les courges d'hiver se caractérisent par leur peau dure et leur chair ferme. On les trouve en une variété presque infinie de couleurs et de formes, quoique toutes ont un léger goût de noix. Les deux sortes les plus courantes au marché sont la courge poivrée et la courge musquée. La première a un diamètre d'environ 15 cm (6 po), une peau dure vert foncé et à nervures, sous laquelle on découvre une chair orange. La seconde, qu'on reconnaît à sa forme arrondie à une extrémité, a la peau beige et une chair riche, jaune orangé.

La saison des courges d'hiver correspond, conformément à leur nom, aux mois froids de l'hiver. L'une des meilleures façons de les déguster consiste à les faire griller au four avec de l'huile ou du beurre, et un peu de miel ou de sirop d'érable. D'autres plats mettent aussi en valeur leur saveur distinctive : les soupes crémeuses, les pâtes farcies, les currys épicés et les plats mijotés.

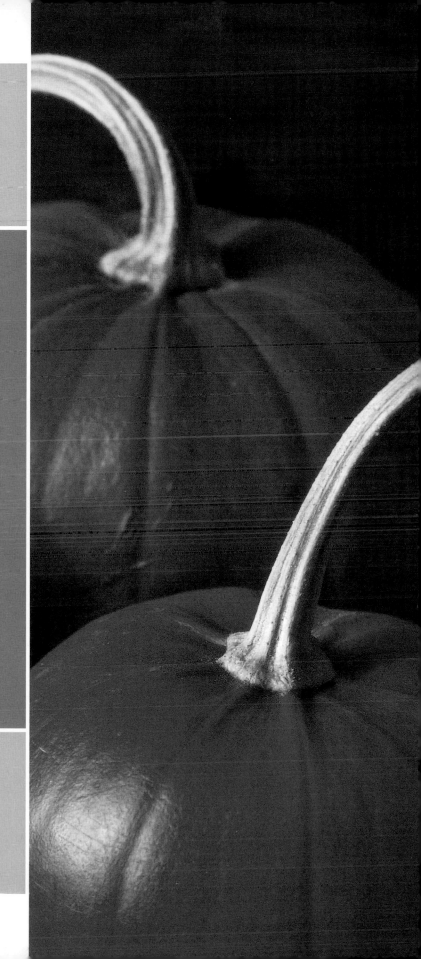

L'ACHAT D'UNE CITROUILLE

Elle doit donner l'impression d'être solide et lourde. En mûrissant, elle sèche et devient plus légère. La peau doit être dure, sans fissures ni parties molles. Cette peau dure empêche la citrouille de se gâter rapidement. Entière, elle se conservera un mois dans un endroit sec et frais. Une fois tranchée, il faut envelopper les morceaux dans de la pellicule de plastique, les réfrigérer et les consommer dans trois ou quatre jours.

La citrouille

Membre populaire du groupe botanique des cucurbitacées, la citrouille apparaît au marché à l'automne et en hiver. Sa forme va de ronde à oblongue, et sa peau se caractérise par de larges nervures. Sa couleur varie d'ivoire pâle à orange foncé, teinté de rouge. Pour la cuisson, évitez les grosses citrouilles creuses qui ont été croisées dans le but d'en faire des décorations d'Halloween. Choisissez plutôt les variétés plus petites à la peau épaisse, cultivées expressément pour la cuisine.

La citrouille revient chaque année au marché à la fin de l'automne et au début de l'hiver. Beaucoup de cuisiniers aiment en faire de la purée dont ils se serviront pour confectionner des tartes, des muffins et des gâteaux. De plus, tout comme les autres courges d'hiver, elle est délicieuse en morceaux grillés, braisés ou en soupe.

LA PRÉPARATION DE LA CITROUILLE

La plus grande difficulté, c'est de l'ouvrir. Stabilisez la citrouille sur une serviette éponge épaisse, insérez un couteau à large lame près de la tige et pratiquez une incision le long d'un côté. Veillez à toujours couper vers l'extérieur et non vers vous pour éviter de vous blesser. Retournez la citrouille et continuez de l'autre côté. Pour la peler et ôter les graines, suivez les instructions données pour les courges d'hiver ci-contre.

Potage de courge musquée pimentée

1 courge musquée de 1,25 kg (2 ½ lb)

1 c. à soupe d'huile de canola, et un peu pour huiler

2 tranches de pain de campagne, coupées en cubes de 12 mm (½ po) de côté

1 c. à thé de sauge séchée

½ oignon, haché

2 petits piments Chipotle séchés

875 ml (3 ½ tasses) de bouillon de poulet

Sel

Préchauffer le four à 180 °C (350 °F). Trancher la courge en deux. Évider. Déposer sur une plaque pâtisserie huilée. les moitiés de courge, côté coupé vers le bas, et faire cuire au four de 35 à 45 minutes. Prélever la chair à la cuillère.

Sur feu moyen-vif, faire chauffer l'huile et y faire sauter les cubes de pain avec la sauge environ 4 minutes. Transférer dans une assiette et réserver. Dans la même casserole, faire revenir l'oignon environ 5 minutes. Incorporer la courge, les piments et le bouillon de poulet. Porter à faible ébullition et faire cuire à découvert environ 30 minutes, jusqu'à tendreté.

En procédant par petites quantités, réduire la préparation en purée au mélangeur ou au robot culinaire. Saler et répartir entre des bols. Parsemer de croûtons et servir chaud.

Purée de courge grillée au gingembre

Huile d'olive pour huiler

1 courge musquée de 1,25 à 1,5 kg (2 ½ à 3 lb)

2 c. à soupe de beurre non salé, à la température ambiante

125 ml (½ tasse) de lait entier (3,25 % M.G.)

1 ½ c. à thé de gingembre frais râpé

Sel et poivre du moulin

Préchauffer le four à 200 °C (400 °F). Huiler légèrement une plaque à pâtisserie.

Trancher la courge en deux dans le sens de la longueur. Retirer et jeter les graines et les filandres. Déposer sur la plaque les moitiés de courge, le côté coupé vers le bas, et faire cuire au four de 35 à 45 minutes, jusqu'à ce que la chair se pique facilement avec un couteau. Sortir du four et laisser refroidir. Dès que les courges peuvent être manipulées, prélever la chair à la cuillère.

Dans une petite casserole, sur feu moyen, faire chauffer le beurre et le lait environ 1 minute, le temps que le beurre fonde. Retirer du feu.

Dans un mélangeur électrique ou un robot culinaire, réduire la courge en une purée lisse. Verser le lait au beurre, ajouter le gingembre, puis saler et poivrer.

Transférer dans une casserole à fond épais et bien faire chauffer sur feu doux. Répartir entre des bols et servir immédiatement.

Tourte de courge poivrée et de chorizo

Pâte à tourte (page 263), abaissée en un rond de 33 cm (13 po) de diamètre

250 g (1 lb) de courge poivrée, pelée, les graines ôtées et la chair coupée en morceaux de 12 mm (½ po) de côté

2 c. à soupe d'huile d'olive

Sel

125 g (¼ lb) de chorizo (saucisse espagnole), coupé en dés

1 oignon, haché finement

1 gousse d'ail, hachée finement

60 g (½ tasse) de monterey jack, râpé

1 gros jaune d'œuf

Placer une grille dans le tiers inférieur du four et le préchauffer à 200 °C (400 °F). Déposer le rond de pâte sur une plaque à pâtisserie tapissée de papier ciré et réfrigérer.

Mettre la courge sur une autre plaque et l'arroser de 1 c. à soupe d'huile d'olive. Remuer pour enrober. Étaler uniformément, saler et poivrer, puis faire griller environ 10 minutes. Laisser refroidir.

Dans une poêle, sur feu moyen-vif, faire chauffer 1 c. à soupe d'huile. Y faire sauter le chorizo environ 2 minutes, jusqu'à ce qu'il soit légèrement doré. Transférer sur du papier absorbant. Éliminer presque toute la graisse de la poêle pour n'en laisser que 1 ½ c. à soupe. Sur feu moyen-vif, y faire revenir l'oignon environ 5 minutes. Saler, puis ajouter l'ail et poursuivre la cuisson 1 minute. Laisser refroidir.

Sortir la pâte du réfrigérateur. Y étaler uniformément l'oignon en laissant libre un espace de 4 cm (1 1/2 po) en périphérie. Répartir la courge et le chorizo, puis parsemer de fromage. Plier le bord sur la garniture en formant des plis lâches. Fouetter le jaune d'œuf avec 1 c. à thé d'eau et en badigeonner la bordure de pâte.

Faire cuire au four environ 30 minutes, jusqu'à ce que la pâte soit dorée. Couper en parts et servir.

COURGE DELICATA

On la reconnaît à sa peau jaune à rayures vertes et à sa chair jaune orangée. Elle mesure environ 7,5 cm (3 po) de diamètre et de 15 à 20 cm (6 à 8 po) de long. Son goût est semblable à celui de la patate. Contrairement aux autres courges d'hiver, on peut consommer sa peau. Quant à sa chair, elle est délicieuse lorsqu'on la tranche et la fait griller, ou qu'on la fait cuire pour la réduire en une purée qui s'intégrera à des soupes ou à la farce de raviolis.

COURGE DELICATA À L'ÉRABLE

Trancher en deux une courge Delicata de 1 kg (2 lb). Retirer les graines et les filandres. Couper en tranches de 12 mm (½ po) de large. Déposer sur une plaque à pâtisserie et enrober de 80 ml d'huile végétale. Saler, puis faire griller au four à 230 °C (450 °F) environ 10 minutes, jusqu'à ce que la courge soit presque tendre. Arroser de 60 ml de sirop d'érable et poursuivre la cuisson environ 5 minutes, jusqu'à ce que la chair soit tendre. 4 portions.

TOURTE DE COURGE POIVRÉE ET DE CHORIZO

BOULGOUR À LA CITROUILLE ET AUX RAISINS DORÉS

Potage à la citrouille avec crème à la sauge

DE 6 À 8 PORTIONS

1 citrouille d'environ 1 kg (2 lb)

2 c. à soupe de beurre non salé

1 oignon, haché

1 carotte, pelée et hachée

1 branche de céleri, hachée

1 morceau de gingembre frais de 15 cm (6 po) de long, râpé

2 gousses d'ail, hachées

1 litre (4 tasses) de bouillon de poulet

Sel et poivre du moulin

Crème à la sauge (page 262)

Couper la chair de la citrouille en morceaux de 5 cm (2 po) de côté. Mettre dans un bol.

Sur feu moyen, faire fondre le beurre, y faire cuire environ 5 minutes l'oignon, la carotte et le céleri, en remuant souvent. Ajouter le gingembre et l'ail et poursuivre la cuisson 1 minute.

Incorporer la citrouille et le bouillon de poulet, puis porter à ébullition. Baisser le feu, couvrir partiellement et laisser mijoter environ 25 minute.

En procédant par petites quantités, réduire en purée au mélangeur ou au robot culinaire. Faire chauffer le potage sur feu moyen-doux, puis saler et poivrer au goût.

Répartir entre des bols, garnir d'un peu de crème à la sauge et servir immédiatement.

Purée de citrouille avec graines de citrouille grillées

4 PORTIONS

75 g (½ tasse) de graines de citrouille

1 citrouille d'environ 1 kg (2 lb)

1 c. à thé de cannelle moulue

½ c. à thé de clou de girofle moulu

½ c. à thé de noix de muscade râpée

Sel

Préchauffer le four à 180 °C (350 °F).

Dans une poêle, sur feu moyen, faire griller les graines de citrouille en remuant sans cesse, jusqu'à ce qu'elles commencent à devenir foncées. Les transférer dans une assiette pour qu'elles refroidissent. En raison de la chaleur résiduelle, elles vont prendre une teinte légèrement plus sombre. Réserver.

Déposer la citrouille sur une plaque à pâtisserie et la faire cuire entière au four environ 1 heure, jusqu'à ce que la peau se détache de la chair. Trancher la citrouille en deux. Retirer et jeter les graines. Prélever la chair et la réduire en purée dans un mélangeur électrique ou un robot culinaire. Ajouter la cannelle, le clou de girofle, la noix de muscade et du sel.

Répartir entre des bols et parsemer de graines de citrouille grillées. Servir.

Boulgour à la citrouille et aux raisins dorés

4 PORTIONS

60 ml (¼ tasse) d'huile d'olive

1 petite citrouille d'environ 500 g (1 lb), pelée, les graines ôtées et la chair coupée en cubes de 2 cm (¾ po) de côté

1 oignon, coupé en dés

185 g (1 tasse) de boulgour moyen

Sel

2 c. à soupe de raisins dorés

1 c. à soupe de sucre

¼ c. à thé de cannelle moulue

1 c. à thé de persil italien (plat) frais haché

Dans une poêle à fond épais, sur feu moyen-vif, faire chauffer l'huile d'olive et y faire sauter la citrouille et l'oignon environ 8 minutes, jusqu'à ce qu'ils soient tendres et bien dorés. Ajouter le boulgour et 375 ml (1 ½ tasse) d'eau. Saler et porter à ébullition sur feu vif. Baisser le feu pour obtenir une faible ébullition. Couvrir et faire cuire environ 15 minutes, jusqu'à ce que le boulgour soit tendre, et l'eau, absorbée.

Incorporer les raisins, le sucre et la cannelle ; saler. Laisser reposer 5 minutes, puis parsemer de persil haché et servir immédiatement.

COURGE KABOCHA

Cette courge qu'on appelle aussi parfois « courge japonaise » possède une peau vert foncé marquée de fines rayures vert pâle. Sa chair orange pâle a une saveur douce et une texture légère, une fois cuite. Elle pèse habituellement de 1 à 1,5 kg (2 à 3 lb) et elle peut remplacer la courge poivrée dans les recettes. On trouve la courge Kabocha toute l'année, mais sa saison est le début de l'automne.

CURRY DE BŒUF ET DE COURGE KABOCHA

Dans une casserole, mettez 60 ml d'huile d'olive et 4 oignons coupés en dés. Saler et faire sauter environ 20 minutes. Ajouter 4 gousses d'ail hachées et 3 c. à soupe de gingembre frais haché. Poursuivre la cuisson 1 minute. Parsemer de 1 c. à soupe de graines de cumin et 2 c. à soupe de graines de coriandre, les deux grillées (page 264), puis moulues ; 2 ½ c. à thé de curcuma et ½ c. à thé de piment fort en flocons. Faire sauter 15 secondes. Incorporer 1,5 kg (3 lb) de cubes de bœuf cuit, 375 g (2 tasses) de tomates en boîte et 1 litre (4 tasses) d'eau. Saler et porter à ébullition. Baisser le feu, couvrir et laisser mijoter environ 2 heures. Ajouter 500 g (1 lb) de courge Kabocha, les graines ôtées et la chair coupée en quartiers de 2,5 cm (1 po) de large. Laisser mijoter environ 30 minutes. Accompagner de *Riz blanc cuit* (page 262). 6 portions.

Les branches,
les bulbes et les tiges

CÉLERI

FENOUIL

ASPERGES

Comme leur nom l'indique, ces légumes sont des branches,
des tiges et des bulbes comestibles. Ils ont tous un goût peu
prononcé, bien que chacun ait sa saveur distinctive. À l'instar de
nombreux autres légumes, le céleri, le fenouil et les asperges ont
d'abord été récoltés dans la nature. Le céleri aurait été consommé
par les Égyptiens anciens et le fenouil aurait trouvé une place
dans les cuisines de la Rome antique avant de s'étendre bien
au-delà de l'Italie. La popularité des asperges, aussi originaires
de l'Europe, dépasse aujourd'hui les frontières du continent.

Sous d'autres aspects, cependant, ces trois légumes sont très
différents. Le céleri, dont les branches nervurées sont regroupées
en un pied attaché à la base, fait partie de la famille du persil.
Dans cette même famille, on trouve également le fenouil, qui se
distingue par sa saveur qui rappelle l'anis. Même si on utilise les
tiges, les feuilles et même les graines en cuisine, c'est vraiment le
bulbe qui est prisé. Quant à l'asperge, de la famille des liliacées,
elle pousse en tiges individuelles. Son goût qui évoque l'herbe
est très agréable.

De ce trio, les pointes d'asperges sont sans doute les préférées,
non seulement en raison de leur utilisation en cuisine, mais
encore parce qu'elles marquent le début du printemps au marché.

Le céleri

Pratiquement tous les réfrigérateurs contiennent du céleri et il fait partie de la liste des ingrédients d'innombrables recettes. Il est indispensable dans la mirepoix, un mélange aromatique à la base de plusieurs fonds et sauces. La variété vert pâle avec des branches (ou côtes) ornées de feuilles est souvent appelée céleri-branche, bien qu'il s'agisse en fait de céleri Pascal. En ce qui a trait au céleri asiatique, il est constitué de nombreuses branches minces et longues qui se ramifient en larges feuilles analogues au persil. Son goût est un peu plus affirmé et c'est pourquoi il se prête bien aux sautés et aux conserves dans le vinaigre. Le centre appelé «cœur» se limite aux côtes pâles et tendres, plus petites que les autres et dont la saveur est plus douce, et la texture, plus tendre que les branches autour.

On peut acheter du céleri toute l'année, mais son goût sera meilleur en hiver. On peut le savourer frais dans les salades ou avec de délicieuses trempettes. Haché, on l'ajoute volontiers aux salades, bouillons et soupes. Braisées, les branches constituent un hors-d'œuvre ou un accompagnement. Utilisez les feuilles de la même façon que le persil pour décorer ou pour rehausser les plats.

Optez pour des bulbes lisses et serrés sans fissures ni meurtrissures. Les gros bulbes ronds, blancs et vert pâle auront tendance à être plus savoureux que ceux qui sont étroits ou jaunes. N'achetez pas de fenouil dont les tiges sont sèches ou les feuilles fanées. Gardez le bulbe, les tiges et les feuilles intacts. Rangez-le entier dans un sac de plastique; il se conservera cinq jours au réfrigérateur.

Le fenouil

Parfois appelé à tort «anis» ou «aneth», ce légume aromatique est en fait la jeune tige enflée d'un arbuste plus grand et d'apparence légère. Les jeunes pousses de la plante se chevauchent à la base pour former un bulbe aux couches nervurées dont la couleur va de blanc à vert pâle. Originaire des pays méditerranéens, le fenouil est populaire dans les cuisines italienne et scandinave. Même si les tiges ressemblent au céleri d'un point de vue de l'apparence et de la texture, toutes les parties de la plante ont un agréable et léger goût d'anis.

Le fenouil abonde durant les mois d'automne et d'hiver. On peut le servir cru, râpé finement pour en faire une salade ou coupé en quartiers pour être dégusté avec une trempette. Pour faire ressortir toute sa douceur, faites-le braiser jusqu'à ce qu'il caramélise. Il se marie bien avec la saucisse, les charcuteries et les produits de la mer. On le prépare aussi en hors-d'œuvre, en soupe et avec les pâtes.

LA PRÉPARATION DU FENOUIL

Pour parer un fenouil, coupez les tiges vertes et les feuilles que vous utiliserez pour décorer ou aromatiser, si désiré. Retirez et jetez la couche extérieure du bulbe, éliminez toute zone décolorée, puis tranchez le bulbe en deux dans le sens de la longueur. Ôtez la base du cœur, s'il est épais et compact. Rincez bien le fenouil pour en retirer le sable et toute impureté.

Soupe au céleri et au riz

3 c. à soupe de beurre non salé

1 oignon, coupé en dés

90 g (½ tasse) de céleri haché finement

1 petite feuille de laurier

Sel

1,5 litre (6 tasses) de bouillon de poulet

75 g (⅓ tasse) de riz blanc à grains longs

2 c. à soupe de feuilles de céleri vert pâle, hachées finement

2 c. à soupe de persil italien (plat) frais, haché finement

60 ml (¼ tasse) d'huile d'olive

Dans une casserole à fond épais, sur feu moyen, faire fondre le beurre. Baisser le feu à moyen-doux et faire sauter l'oignon, le céleri, le laurier et une pincée de sel environ 15 minutes, jusqu'à ce que les légumes soient tendres. Verser le bouillon de poulet et porter à ébullition. Baisser le feu à doux, ajouter le riz et laisser mijoter environ 20 minutes, jusqu'à ce qu'il soit tendre. Saler.

Dans un bol, mélanger les feuilles de céleri et de persil ainsi que l'huile d'olive. Saler.

Répartir la soupe entre des bols chauffés préalablement, garnir du mélange à base de persil et servir immédiatement.

Salade de céleri, persil et prosciutto

6 branches de céleri, tranchées finement en biseau

1 bulbe de fenouil, tranché finement, de préférence à la mandoline

4 oignons verts, tranchés finement en biseau

30 g (1 tasse) de feuilles de persil italien (plat) frais

10 g (¼ tasse) de petites feuilles de menthe fraîche

Sel et poivre du moulin

3 c. à soupe d'huile d'olive

2 c. à soupe de jus de citron fraîchement pressé, ou au goût

6 tranches minces de prosciutto

Pecorino ou autre autre fromage de lait de brebis à pâte dure, en copeaux

Dans un saladier, mélanger le céleri, le fenouil, les oignons verts, le persil et la menthe. Saler et poivrer. Arroser d'huile d'olive et de jus de citron. Saler et arroser de jus de citron, si désiré. Disposer le prosciutto dans un plat de service et ajouter la préparation au céleri et parsemer de copeaux de fromage. Servir immédiatement.

Céleri braisé au citron

1 kg (2 lb) de céleri

375 ml (1 ½ tasse) de bouillon de poulet

60 g (¼ tasse) d'oignon coupé en dés

1 ou 2 c. à soupe de beurre non salé

Sel et poivre du moulin

60 ml (¼ tasse) de vin blanc sec

1 ou 2 c. à soupe de jus de citron fraîchement pressé

Couper la base du pied et nettoyer les branches. Retirer tout filament le long des branches de céleri. Les détailler en tronçons de 10 cm (4 po) de long. Ne pas utiliser les tiges blanches du cœur.

Dans une poêle, sur feu moyen-vif, porter à ébullition le bouillon de poulet et l'oignon. Baisser le feu à moyen-doux et faire cuire environ 5 minutes, jusqu'à ce que le liquide ait réduit de moitié. Ajouter le beurre et du sel, puis remuer pour faire fondre le beurre. Incorporer les tronçons de céleri, couvrir et laisser mijoter de 20 à 25 minutes, jusqu'à ce qu'ils soient tendres. Transférer dans un plat ; laisser le liquide dans la poêle.

Ajouter le vin et le jus de citron au liquide resté dans la poêle et faire bouillir sur feu moyen-vif de 2 à 3 minutes, jusqu'à ce qu'il épaississe. Saler et poivrer. Verser la sauce sur le céleri et servir immédiatement.

SALADE DE CÉLERI, PERSIL ET PROSCIUTTO

POISSON GRILLÉ, FARCI AU FENOUIL ET AUX FINES HERBES

Salade de fenouil avec vinaigrette à l'orange

2 c. à soupe d'huile d'olive

2 c. à soupe de jus d'orange fraîchement pressé

Sel et poivre du moulin

2 bulbes de fenouil, parés et tranchés finement dans le sens de la largeur

Parmesan ou autre fromage à pâte dure, vieilli, en copeaux

Pour obtenir une vinaigrette, dans un petit bol, fouetter l'huile d'olive, le jus d'orange, ½ c. à thé de sel et autant de poivre.

Mettre le fenouil dans un saladier, l'arroser de vinaigrette et remuer pour l'enrober. Répartir entre des assiettes creuses et garnir de copeaux de fromage. Servir immédiatement.

Fenouil braisé à l'ail et au citron

4 bulbes de fenouil, pour un poids total de 1 kg (2 lb) environ

3 c. à soupe d'huile d'olive

3 gousses d'ail, hachées

1 c. à thé de graines de fenouil moulues

Sel et poivre du moulin

1 lanière de zeste de citron, de 5 cm (2 po) de long

2 c. à soupe de jus de citron fraîchement pressé

Couper les tiges et les feuilles des bulbes. Hacher suffisamment de feuilles pour en obtenir 1 c. à soupe. Réserver. Jeter les tiges. Éliminer toute partie externe abîmée des bulbes. Trancher ces derniers en quartiers, dans le sens de la longueur, et ôter la partie dure du cœur.

Dans une casserole, sur feu moyen, faire chauffer l'huile d'olive et y faire sauter l'ail 1 minute. Ajouter les quartiers et les graines de fenouil. Saler et poivrer. Faire cuire à découvert environ 5 minutes, en remuant, jusqu'à ce que le fenouil commence à ramollir.

Baisser le feu à moyen-doux, ajouter 500 ml (2 tasses) d'eau et le zeste de citron. Couvrir et faire cuire de 20 à 25 minutes, jusqu'à ce que le fenouil soit tendre.

Avec une écumoire, transférer le fenouil dans un plat de service et garder au chaud. Augmenter le feu à vif et faire cuire le liquide environ 5 minutes, jusqu'à ce qu'il en reste environ 180 ml. Jeter le zeste de citron. Ajouter le jus de citron, puis saler et poivrer.

Arroser le fenouil de sauce et parsemer des feuilles hachées réservées. Servir immédiatement.

Poisson grillé, farci au fenouil et aux fines herbes

2 bulbes de fenouil (les feuilles réservées), tranchés finement dans le sens de la largeur, de préférence à la mandoline

2 c. à soupe de thym frais haché

Sel et poivre du moulin

Une pincée de piment fort en flocons

3 bars communs, chacun de 750 g à 1 kg (1 ½ à 2 lb), nettoyés

Huile d'olive pour arroser

Quartiers de citron pour accompagner

Préchauffer le four à 260 °C (500 °F).

Hacher grossièrement les feuilles de fenouil pour en obtenir environ 30 g (¼ tasse). Dans un bol, mélanger les tranches de fenouil, la moitié des feuilles hachées et le thym. Saler et poivrer, puis parsemer de piment fort. Bien mélanger.

Pratiquer 3 fentes à la diagonale, d'une profondeur de 12 mm (½ po), sur le flanc de chaque poisson. Saler et poivrer les bars des deux côtés. Remplir les cavités de préparation au fenouil et tenir fermées avec des cure-dents. Parsemer l'autre moitié de feuilles de fenouil sur une plaque à pâtisserie robuste, munie de rebords. Y déposer les poissons et les arroser d'huile d'olive. Faire griller au four environ 15 minutes, jusqu'à ce que la chair se détache en morceaux lorsqu'on appuie doucement sur le poisson.

Transférer dans un plat de service et arroser du jus de cuisson. Jeter les feuilles de fenouil sur la plaque. Retirer les cure-dents. Servir immédiatement. Accompagner d'huile d'olive et de quartiers de citron.

L'ACHAT DES ASPERGES

Choisissez des tiges fermes avec la pointe serrée, sèche et légèrement teintée de violet. N'achetez pas les bottes dont les tiges sont molles ou cassées. La base des tiges doit être fraîche et humide. Les asperges les plus fraîches sont les meilleures, alors consommez-les rapidement suivant l'achat. Si vous devez les ranger, éliminez 2,5 cm (1 po) à la base des tiges et placez la botte debout dans un contenant au fond duquel il y aura un peu d'eau. Elles se conserveront ainsi quatre jours.

Les asperges

Ces tiges à la fois tendres et croquantes sont en fait les pousses d'un arbuste vivace à croissance rapide. Les asperges peuvent être aussi minces qu'un crayon et aussi épaisses que le pouce. Quelle que soit leur taille, les amateurs sont légion. La plupart des asperges sont vertes comme l'herbe, avec des pointes violacées, mais les asperges blanches, prisées en Europe, gagnent en popularité. On couvre ces dernières délicatement pour protéger les pousses des rayons du soleil. Elles acquièrent ainsi un goût fin et leur teinte reste jaune ivoire pâle. Il existe aussi une variété qui est violette – mais qui devient verte à la cuisson – et dont la saveur est légèrement moins prononcée que les asperges vertes.

Au marché, les asperges, dont la saison est le début du printemps, font partie des signes avant-coureurs des beaux jours. On peut les apprêter de pratiquement toutes les façons : les faire cuire à la vapeur, les faire sauter, braiser et griller. Les asperges très fraîches se consomment même crues telles quelles ou tranchées et ajoutées à des salades.

LA PRÉPARATION DES ASPERGES

Courbez doucement la tige des asperges pour trouver l'endroit où elle se cassera naturellement, c'est-à-dire là où la partie tendre devient dure. Faites de même avec les autres asperges de la botte. Si les tiges sont épaisses et ont une peau fibreuse, pelez-les avec un couteau-éplucheur jusqu'à 2,5 cm (1 po) de la base.

Omelette aux asperges avec ail et ciboulette

4 PORTIONS

250 g (½ lb) d'asperges minces, la partie dure enlevée

4 c. à soupe d'huile d'olive

2 échalotes sèches, hachées finement

8 tiges de ciboulette, coupées finement avec des ciseaux

2 gousses d'ail, hachées

5 gros œufs

Sel et poivre du moulin

Placer une grille dans le tiers supérieur du four et le préchauffer à 160 °C (325 °F).

Couper les asperges en tronçons de 2,5 cm (1 po). Porter une casserole d'eau salée à ébullition et y blanchir les asperges 3 minutes. Égoutter, rincer sous l'eau froide, égoutter de nouveau et éponger.

Dans une poêle, sur feu doux, faire chauffer 2 c. à soupe d'huile d'olive et y faire sauter les échalotes environ 8 minutes, jusqu'à ce qu'elles ramollissent. Incorporer la ciboulette, l'ail et les asperges. Poursuivre la cuisson environ 2 minutes, jusqu'à ce que les asperges soient tendres.

Dans un bol, battre les œufs. Ajouter la préparation à base d'asperges, puis saler et poivrer.

Dans une poêle allant au four et de 20 cm (8 po) de diamètre, faire chauffer 2 c. à soupe d'huile d'olive, sur feu moyen-vif. Verser la préparation aux œufs et réduire le feu à moyen. Faire cuire de 5 à 7 minutes, jusqu'à ce que les œufs prennent en périphérie. Poursuivre ensuite la cuisson au four de 7 à 9 minutes, jusqu'à ce que l'omelette entière soit cuite. Laisser refroidir légèrement.

La renverser dans une grande assiette. Couper en parts et servir immédiatement.

Asperges grillées à l'huile aromatisée au romarin

4 PORTIONS

½ c. à thé de romarin haché

2 c. à soupe d'huile d'olive

Sel

1 à 1,25 kg (2 à 2 ½ lb) d'asperges, la partie dure enlevée

30 g (¼ tasse) de parmesan fraîchement râpé

Dans un petit bol, mélanger le romarin et l'huile d'olive. Couvrir et laisser mariner au moins 1 heure. Réserver.

Huiler la grille du barbecue et préchauffer l'appareil à intensité élevée (page 264) ou utiliser une poêle à griller.

Porter à ébullition une large casserole peu profonde remplie d'eau salée. Y blanchir les asperges de 2 à 4 minutes, jusqu'à ce qu'elles soient tendres, mais encore croquantes. Égoutter et plonger dans un bol d'eau glacée pour arrêter la cuisson. Dès qu'elles ont refroidi, les égoutter de nouveau et les éponger avec un torchon de cuisine.

Étaler les asperges sur une plaque à pâtisserie. Les arroser de l'huile aromatisée réservée ; saler.

Faire griller les asperges sur le barbecue de 1 à 2 minutes de chaque côté, jusqu'à ce qu'elles commencent à boursoufler. Veiller à les déposer de façon à ce qu'elles ne tombent pas dans la source de chaleur.

Transférer dans un plat de service et parsemer de fromage. Servir immédiatement.

Spaghettis crémeux aux asperges grillées

6 PORTIONS

250 g (½ lb) d'asperges, la partie dure enlevée

1 c. à soupe d'huile d'olive

Sel et poivre du moulin

500 g (1 lb) de spaghettis

500 ml (2 tasses) de crème champêtre (35 % M.G.)

60 g (½ tasse) de parmesan ou autre fromage à pâte dure, vieilli, râpé

Préchauffer le four à 220 °C (425 °F). Déposer les asperges sur une plaque à pâtisserie, arroser d'huile d'olive et parsemer d'une pincée de sel et d'autant de poivre. Faire griller au four de 8 à 10 minutes, jusqu'à ce qu'elles soient tendres. Dès qu'elles ont assez refroidi pour être manipulées, les couper en tronçons de 12 mm (½ po) de long. Réserver.

Porter une grande casserole d'eau salée à ébullition. Y faire cuire les spaghettis *al dente*, soit de 10 à 12 minutes ou selon les instructions sur l'emballage. Égoutter et remettre dans la casserole vide.

Pendant que les pâtes cuisent, dans une poêle, sur feu moyen, faire chauffer la crème de 8 à 10 minutes, jusqu'à ce qu'elle ait réduit de moitié et épaissi légèrement. Incorporer la moitié du fromage et 1 c. à thé de poivre. Retirer du feu.

Verser la crème dans la casserole contenant les pâtes cuites et ajouter les asperges. Faire chauffer sur feu moyen, le temps de réchauffer les pâtes.

Répartir entre des assiettes. Parsemer du reste du fromage, puis saler et poivrer. Servir immédiatement.

ASPERGES GRILLÉES À L'HUILE AROMATISÉE AU ROMARIN

Les oignons et leurs cousins

OIGNONS

OIGNONS DOUX

AIL

FLEUR D'AIL

POIREAUX

OIGNONS VERTS

Les oignons et leurs cousins sont des membres de la famille des liliacées. Ils ont tous un goût prononcé et c'est pourquoi ils servent de base à de nombreux plats délicieux. Crus, les oignons et l'ail ont un goût piquant qui s'adoucit à la cuisson. Les légumes aujourd'hui parents à la variété d'oignons qu'on connaît remontent vraisemblablement à plusieurs millénaires, bien avant le développement des civilisations égyptienne, grecque et romaine. L'ail serait antérieur aux oignons, comme en témoignent des traces trouvées sur le continent asiatique.

Il existe de nombreuses variétés d'oignons. Les ronds se déclinent en différentes couleurs, allant du blanc au rouge. Certains ont un goût très fort, d'autres sont très doux. Les oignons verts – parfois dénommés à tort « échalote » au Québec – sont en fait les jeunes pousses d'un bulbe d'oignon. En ce qui concerne l'ail, on le connaît sous deux formes principales : le bulbe constitué de nombreuses gousses et la fleur d'ail, une pousse verte qu'on récolte avant que la plante produise des gousses. Les poireaux, quant à eux, ressemblent à de gros oignons verts très dodus, mais ils sont beaucoup plus doux qu'eux.

Le printemps est le temps de l'année où la fleur d'ail fait son apparition au marché. C'est également à cette époque que les poireaux sont les plus tendres et les plus doux. Les oignons et l'ail, en revanche, seront meilleurs en été.

L'ACHAT DES OIGNONS

Achetez-les frais, c'est-à-dire avec des pelures lisses et serrées, qui sont sèches et parcheminées. Ne prenez pas ceux qui ont des parties molles ou des signes de moisissures, en particulier près de la base. Évitez aussi ceux qui ont des germes verts, ce qui signifie qu'ils sont vieux et ils manqueront de goût. Rangez les oignons dans un endroit frais, sombre et bien aéré. Ne les mettez pas dans des sacs de plastique, car ils absorberont l'humidité et se gâteront rapidement.

Les oignons

Depuis que les Égyptiens anciens ont commencé à le cultiver, ce bulbe multicouche est devenu un ingrédient de base dans pratiquement toutes les cuisines du monde. On classe les oignons en deux groupes : les frais et les secs, c'est-à-dire tous les oignons ronds. Parmi les oignons frais, on trouve les oignons verts ainsi que certains oignons doux comme les Vidalia, Walla Walla et Maui. Le plus courant des oignons secs est sans doute l'oignon jaune et rond. L'oignon rouge est aussi un oignon sec, tout comme ceux qui sont plus forts, notamment les Cipollini qui ont une forme aplatie et les petits oignons à mariner.

Les oignons ronds atteignent leur maturité tout au long de l'été, même si on en récolte plus tôt pour leurs pousses ou pour obtenir des bulbes plus petits et plus tendres. On les fait sauter dans l'huile jusqu'à ce qu'ils ramollissent ; ils servent ainsi de base à d'innombrables plats savoureux. Si on les fait cuire à feu doux pour les caraméliser, ils rehausseront les soupes, les pains plats et toutes sortes de sauces. Il est aussi possible de les paner et de les faire frire ou encore de les faire griller ou braiser.

LA PRÉPARATION DES OIGNONS

Pour atténuer l'odeur sulfureuse, pelez les oignons vers le bas, en partant de l'extrémité où était la tige, puis hachez-les avec un couteau bien affûté. Certains estiment que réfrigérer les oignons 30 minutes avant de les trancher amoindrit l'effet des vapeurs qui font larmoyer. Coupez les oignons juste avant de les faire cuire ou de les servir, car le goût se perd avec le temps tandis que leur arôme s'intensifie.

Optez pour des bulbes bien dodus, avec des gousses fermes et une peau blanc crème. Certaines variétés sont légèrement tentées de rose ou de violet. N'achetez pas de bulbes mous, avec des parties fanées ou qui ont germé. Les bulbes d'ail entiers se conservent environ deux mois dans un contenant ouvert, rangé dans un endroit frais, sombre et bien aéré.

L'ail

L'ail, tout comme l'oignon, est un membre piquant du groupe botanique des liliacées. Chaque bulbe compte de 12 à 16 gousses regroupées serrées et enveloppées dans une peau blanche parcheminée. La variété la plus courante est l'ail à gros bulbes blancs qui provient généralement d'Asie. L'ail du Québec, deux à trois fois plus cher que les importations, se vend au marché en été. En tresse, il se conservera jusqu'au printemps, contrairement à l'ail importé. Il existe également une variété à la peau rayée violette dont le goût riche est mis en valeur lorsqu'on fait braiser les gousses. Quant à l'ail des bois, aussi appelé poireau sauvage, il est rare. Au Québec, la récolte est limitée à 50 bulbes par année, car la plante est menacée de disparition. De plus, mentionnons l'ail éléphant, très gros et dont le poids peut atteindre 500 g (1 lb). Il compte généralement de quatre à six gousses. Son goût est plus doux que l'ail blanc courant.

L'ail frais et produit localement est récolté au milieu de l'été et sera évidemment plus goûteux que l'ail importé.

Si vous faites cuire un plat à feu doux ou s'il est braisé, il vaut mieux laisser les gousses entières ou tranchées en deux. L'ail haché a un goût piquant et volatile qui s'atténue rapidement. Si vous écrasez les gousses, vous libérerez ainsi beaucoup de leurs huiles aromatiques. Faire cuire l'ail dans l'huile en fera ressortir toute la saveur, mais prenez garde de ne pas le brûler, car il acquerra un goût amer fort désagréable.

Rondelles d'oignons avec aïoli

4 PORTIONS

Huile de canola pour la grande friture

1 gros oignon, en tranches de 6 mm (¼ po) d'épaisseur

105 g (⅔ tasse) de farine tout usage

105 g (1 ½ tasse) de chapelure *panko* (japonaise)

Zeste râpé de 1 lime

Gros sel

2 c. à soupe de coriandre fraîche hachée

Aïoli (page 139)

Verser 5 cm (2 po) d'huile dans une casserole profonde à fond épais. Faire chauffer l'huile pour qu'elle atteigne 190 °C (375 °F) au thermomètre. Préchauffer le four à 120 °C (250 °F). Tapisser une plaque à pâtisserie de papier absorbant.

Séparer les tranches d'oignons en rondelles. Mélanger 160 ml d'eau et la farine pour obtenir une pâte. Étaler la chapelure dans une assiette.

Lorsque l'huile a atteint la bonne température, plonger les rondelles dans la pâte, 4 ou 5 à la fois. Égoutter l'excédent de pâte au-dessus du bol, puis enrober les oignons de chapelure. Les faire frire de 1 à 2 minutes, jusqu'à ce qu'ils soient dorés ; les retourner une seule fois durant la friture. Les déposer sur la plaque et les garder au chaud dans le four.

Transférer dans un plat de service et parsemer de zeste de lime, de 1 c. à thé de gros sel et de coriandre. Accompagner d'aïoli. Servir immédiatement.

Oignons rouges grillés, vinaigrette au thym

4 PORTIONS

6 gros oignons rouges, coupés en tranches de 2 cm (¾ po) d'épaisseur

4 c. à soupe d'huile d'olive

1 ½ c. à soupe de vinaigre balsamique

1 c. à thé de thym frais haché

Sel et poivre du moulin

Huiler la grille du barbecue et préchauffer l'appareil à intensité élevée (page 264) ou utiliser une poêle à griller.

Avec 1 c. à soupe d'huile d'olive, badigeonner les tranches d'oignons des deux côtés.

Pour obtenir une vinaigrette, dans un bol, fouetter 3 c. à soupe d'huile d'olive, le vinaigre et le thym. Saler et poivrer au goût.

Faire griller les oignons d'un côté de 5 à 6 minutes, jusqu'à ce qu'ils soient dorés. Les retourner et poursuivre la cuisson de 5 à 6 minutes, jusqu'à ce que l'autre côté soit doré et que les oignons soient tendres.

Transférer dans un plat de service et arroser de vinaigrette. Servir immédiatement.

Ces oignons accompagnent très bien des steaks grillés, assaisonnés de fines herbes. Pour quatre portions, il faut 625 g (1 ¼ lb) de surlonge de bœuf, d'une épaisseur de 4 cm (1 ½ po).

Oignons aigres-doux

4 PORTIONS

500 g (1 lb) de petits oignons à mariner rouges et blancs, les tiges et les bases enlevées

2 c. à soupe d'huile d'olive

180 ml (¾ tasse) de vin rouge sec

60 ml (¼ tasse) + 2 c. à soupe de vinaigre de vin rouge

2 feuilles de laurier

1 ½ c. à soupe de sucre

Sel

¼ c. à thé de piment fort en flocons

Porter une grande casserole d'eau salée à ébullition. Y blanchir les oignons 1 minute. Égoutter et peler tandis qu'ils sont tièdes. Dans une poêle, sur feu moyen-vif, faire chauffer l'huile d'olive et y faire sauter les oignons environ 4 minutes, jusqu'à ce qu'ils soient dorés.

Dans un bol, mélanger le vin rouge, le vinaigre, le laurier, le sucre, 2 c. à thé de sel, le piment fort et 180 ml d'eau. Verser sur les oignons et porter à ébullition. Baisser le feu à doux et laisser mijoter, à découvert, environ 15 minutes, en remuant de temps à autre, jusqu'à ce que les oignons soient tendres. Transférer dans un plat de service et jeter le laurier. Servir immédiatement.

Ces oignons rehaussent bien toute viande grillée.

LES OIGNONS DOUX

Ce sont des cousins de l'oignon jaune commun ; leur teneur en eau et en sucre est toutefois plus élevée, ce qui leur donne un goût plus doux. Leur saveur unique provient également du fait qu'ils sont cultivés dans un sol fertile, pauvre en soufre. Les variétés les plus connues sont : Vidalia, Walla Walla et Maui. Grillés, frits ou cuits au four, ils sont délicieux. Au marché, vous les trouverez au printemps et en été.

CONFIT D'OIGNONS

Dans une grande poêle, sur feu moyen, faire chauffer 80 ml (⅓ tasse) d'huile d'olive. Ajouter 6 oignons doux tranchés finement, 6 gousses d'ail hachées et 75 g (⅔ tasse) de pacanes hachées. Faire cuire environ 30 minutes, en remuant, jusqu'à ce que le mélange commence à caraméliser. Verser 125 ml (½ tasse) de bouillon de poulet, 60 ml (¼ tasse) de vinaigre balsamique et 1 c. à soupe de bourbon.

Poursuivre la cuisson environ 10 minutes, jusqu'à ce que le liquide se soit évaporé. Laisser refroidir. Incorporer 90 g (¼ tasse) de miel, 60 g (½ tasse) de parmesan râpé et 3 c. à soupe de romarin frais haché. Saler et poivrer. Ce confit accompagnera toute viande grillée ou rôtie. 6 portions.

OIGNONS AIGRES-DOUX

LÉGUMES DU JARDIN AVEC AÏOLI

Légumes du jardin avec aïoli

4 PORTIONS

4 gousses d'ail, hachées grossièrement

Sel

2 gros œufs

2 c. à soupe de jus de citron

1 c. à thé de moutarde de Dijon

375 ml (1 ½ tasse) d'huile d'olive

375 g (¾ lb) d'asperges minces, la partie dure enlevée, blanchies (page 264)

250 g (½ lb) de haricots verts, parés et blanchis (page 264)

8 à 10 petites carottes, blanchies (page 264)

8 à 10 petites pommes de terre à chair ferme, tranchées en deux et blanchies (page 264)

1 botte de radis

6 œufs cuits durs, écalés et coupés en quartiers

1 baguette, coupée en tranches d'une épaisseur de 6 mm (¼ po)

Dans un mélangeur ou au robot culinaire, mélanger l'ail et ½ c. à thé de sel. Ajouter les 2 œufs crus, le jus de citron et la moutarde. Mélanger de nouveau. En faisant fonctionner l'appareil, verser l'huile en un mince filet pour obtenir une sauce de la consistance de la mayonnaise. Couvrir et réfrigérer jusqu'au moment de servir.

Dans un plat, disposer les légumes blanchis, les radis, les œufs durs et le pain. Servir l'aïoli comme trempette.

Purée de pommes de terre à l'ail grillé

4 PORTIONS

6 gousses d'ail, non pelées

3 c. à soupe d'huile d'olive

1 c. à soupe de romarin frais haché finement

3 pommes de terre à chair farineuse, pelées ou non, coupées en morceaux de 5 cm (2 po) de côté

60 g (¼ tasse) de beurre non salé

125 ml (½ tasse) de lait entier (3,25 % M.G.)

Sel et poivre du moulin

Préchauffer le four à 160 °C (325 °F). Déposer l'ail sur une plaque à pâtisserie, arroser de 2 c. à soupe d'huile et parsemer de romarin. Couvrir de papier d'aluminium et faire cuire au four de 35 à 40 minutes, jusqu'à ce que l'ail ait ramolli. Sortir du four, et dès qu'il a assez refroidi, presser pour extraire la chair des gousses et la mettre dans un bol. Écraser avec une fourchette. Incorporer 1 c. à soupe d'huile et réserver.

Dans une casserole, couvrir les pommes de terre d'eau. Porter à ébullition et faire cuire à découvert, de 10 à 12 minutes, jusqu'à ce qu'elles soient tendres. Peu avant que les pommes de terre soient cuites, dans une casserole, sur feu doux, faire chauffer le beurre et le lait. Égoutter les pommes de terre, les déposer dans un bol et les réduire en purée avec une fourchette ou un presse-purée. Verser le lait et mélanger pour obtenir une purée lisse. Incorporer l'ail réservé, puis saler et poivrer. Servir immédiatement.

Sauté de crevettes à l'huile aromatisée à l'ail et au xérès

6 PORTIONS

3 c. à soupe d'huile d'olive

6 gousses d'ail, tranchées finement

Une pincée de piment fort en flocons

625 g (1 ¼ lb) de crevettes tigrées, décortiquées et déveinées

80 ml (⅓ tasse) de xérès

Sel et poivre du moulin

1 ½ c. à thé de persil italien (plat) frais haché

Dans une grande poêle, sur feu moyen-vif, faire chauffer l'huile d'olive et y faire sauter l'ail et le piment fort 15 secondes. Ajouter les crevettes et faire cuire environ 3 minutes, en remuant. Verser le xérès et poursuivre la cuisson environ 1 minute, jusqu'à ce que le liquide ait réduit de moitié. Saler et poivrer.

Transférer dans un plat de service et parsemer de persil. Servir immédiatement.

FLEUR D'AIL

Récoltée juste avant que le plant d'ail commence à produire des bulbes, la fleur d'ail arrive au marché au printemps. Elle ressemble à un gros oignon vert avec un bulbe teinté de rose. Le goût de la fleur d'ail est moins prononcé que celui des gousses d'ail. Elle est délicieuse dans les soupes, dans les sauces et avec des légumes grillés. Rangée dans un sac de plastique, elle se conservera quatre jours au réfrigérateur.

SOUPE À LA FLEUR D'AIL

Dans une casserole à fond épais, sur feu moyen, faire fondre 1 c. à soupe de beurre non salé. Ajouter 375 g (¾ lb) de fleur d'ail fraîche hachée, 125 ml (½ tasse) de bouillon de poulet et une pincée de sel. Baisser le feu, couvrir, et laisser mijoter environ 12 minutes. Incorporer 750 g (1 ½ lb) de pommes de terre à chair ferme, pelées et coupées en quartiers, 1,9 litre (7 ½ tasses) de bouillon de poulet et une pincée de sel. Porter à ébullition. Baisser le feu à doux, couvrir et laisser mijoter environ 20 minutes. Laisser refroidir. En procédant par petites quantités, réduire en purée, puis filtrer au-dessus d'une casserole propre. Incorporer 60 ml (¼ tasse) de crème champêtre (35 % M.G.) et 1 c. à soupe de vinaigre de vin blanc. Faire chauffer. Saler. Répartir entre des bols, garnir de crème et parsemer de cerfeuil frais haché. De 6 à 8 portions.

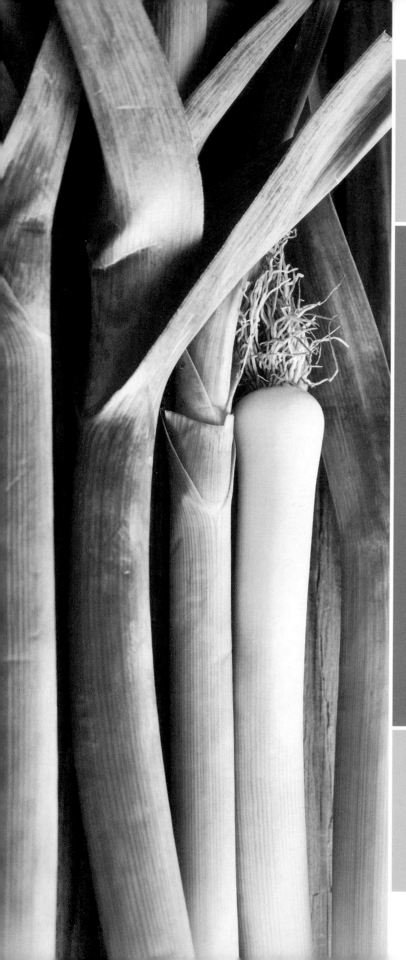

Portez votre choix sur les plus petits poireaux disponibles dont les feuilles sont vert foncé, fermes, croquantes et sans meurtrissures. Assurez-vous que les racines sont pâles et souples. Celles-ci renfermeront souvent de la terre sablonneuse qu'il s'agit de rincer avant l'utilisation. N'achetez pas de poireaux aux racines foncées et desséchées et aux feuilles plissées et flétries. Rangés dans un sac de plastique, ils se conserveront cinq jours au réfrigérateur.

Les poireaux

Semblables à de très gros oignons verts, les poireaux ont une tige cylindrique d'un beau blanc et de longues feuilles vertes qui se chevauchent. Originaire du bassin méditerranéen et courant dans la cuisine française, le poireau est l'un des membres les plus doux de la famille des oignons. Un proche parent particulièrement prisé du poireau est l'ail des bois, aussi connu sous le nom d'ail trilobé, qui goûte fortement l'oignon.

Différentes variétés de poireaux seront en saison à divers moments de l'année. Certains cultivars sont plantés au printemps dans le but d'être récoltés à l'automne, d'autres variétés, généralement plus grosses et au goût plus prononcé, hivernent et sont récoltées au printemps. La cuisson à feu doux préserve leur texture délicate et leur saveur. Ils prennent la vedette dans les quiches, les soupes, les salades et les accompagnements à base de pommes de terre et de riz. On récolte même les très jeunes pousses de poireaux pour les manger crues de la même façon que la ciboulette.

LA PRÉPARATION DES POIREAUX

Étant donné que les poireaux poussent partiellement dans la terre, du sable se loge entre les couches de feuilles et c'est pourquoi il faut bien les rincer avant de les préparer. Pour ce faire, éliminez les racines et le bout des feuilles. Tranchez le poireau en deux dans le sens de la longueur jusqu'à 2,5 cm (1 po) de la base pour le garder entier. Rincez-le sous l'eau courante en séparant les feuilles pour enlever le sable et la terre.

L'ACHAT DES OIGNONS VERTS

Le bout de ces oignons devrait être d'un beau vert vif. Ils doivent avoir l'air frais et être fermes. Le bulbe doit être blanc. Ne les achetez pas s'ils sont fanés ou gluants et si les racines sont sèches ou abîmées, ou encore si les bulbes sont mouillés. Rangés dans un sac de plastique, les oignons verts se conserveront deux semaines au réfrigérateur.

Les oignons verts

Ce sont, en fait, les pousses des oignons ronds qui n'ont pas atteint leur maturité. Les oignons verts sont dotés d'une étroite tige blanche qui n'a pas encore commencé à grossir et des feuilles vertes plutôt plates. Au marché, on trouve également la ciboule facile à confondre avec l'oignon vert. Les ciboules sont des pousses d'oignons rouges ou blancs et elles ont un bulbe rouge ou blanc de forme ronde. La ciboule et l'oignon vert ont un goût semblable et sont interchangeables dans les recettes.

Dans les régions au climat doux, les oignons verts sont récoltés toute l'année. Les recettes précisent généralement quelle partie de l'oignon on utilisera : la tige blanche, les feuilles vertes ou les deux. Le goût atténué de l'oignon vert convient bien aux plats dans lesquels l'oignon cru serait trop fort. C'est le cas des œufs brouillés, des omelettes, des garnitures pour sandwichs et des salades. En Asie, on se sert beaucoup des feuilles vertes pour décorer les soupes et les sauces d'accompagnement.

LA PRÉPARATION DES OIGNONS VERTS

Rincez-les bien pour enlever tout sable ou impureté entre les feuilles. Éliminez les deux extrémités. Avec les doigts, pelez la couche extérieure du bulbe. Veillez à utiliser les oignons verts dès que vous les coupez, car ils s'oxydent rapidement et perdent ainsi leur saveur.

Poireaux grillés, sauce romesco

6 PORTIONS

6 poireaux minces, de 2 à 2,5 cm (¾ à 1 po) de diamètre

2 c. à soupe d'huile d'olive

1 c. à soupe de thym frais haché

Sauce romesco (page 262)

Couper les extrémités des poireaux et les trancher dans le sens de la longueur jusqu'à 2,5 cm (1 po) de la base. Bien les rincer sous l'eau froide en écartant les feuilles. Éponger avec du papier absorbant. Badigeonner d'huile d'olive et parsemer de la moitié du thym.

Huiler la grille du barbecue et préchauffer l'appareil à intensité élevée (page 264) ou utiliser une poêle à griller. Déposer les poireaux le long du bord de la grille et faire cuire de 6 à 9 minutes, jusqu'à ce qu'ils soient tendres. Les retourner 2 ou 3 fois durant la cuisson. Parsemer du reste du thym et servir avec la sauce romesco.

Crêpes frites aux oignons verts

6 PORTIONS

315 g (2 tasses) de farine tout usage

250 ml (1 tasse) d'eau bouillante

3 c. à soupe d'huile de sésame grillé

Gros sel

110 g (1 ¼ tasse) d'oignons verts hachés, la partie verte seulement

Huile de canola pour la friture

Tamiser la farine au-dessus d'un bol et creuser un puits au centre. Y verser l'eau bouillante et, à l'aide d'une cuillère de bois, l'incorporer rapidement à la farine pour obtenir une pâte plutôt consistante, sans être sèche. Pétrir légèrement dans le bol pour former une boule. La sortir du bol, la badigeonner d'un peu d'huile de sésame, puis la déposer dans une assiette et déposer le bol à l'envers sur l'assiette. Laisser reposer 6 minutes.

Pétrir la pâte brièvement pour qu'elle devienne lisse et élastique. La badigeonner encore d'huile de sésame et la placer dans un sac de plastique. Laisser reposer de 30 à 60 minutes.

Avec les paumes, rouler la pâte d'avant en arrière pour former un cylindre de 25 cm (10 po) de long. Le couper en six morceaux égaux et façonner chacun en une boule. Abaisser chaque boule en un rond très mince de 18 cm (7 po) de diamètre. Badigeonner généreusement d'huile de sésame, parsemer de gros sel et couvrir d'oignons verts hachés. Rouler serré pour former des cigares. Badigeonner le dessus d'huile de sésame. Sur une surface légèrement huilée, aplatir les cigares avec un rouleau à pâtisserie pour obtenir des ronds de 13 m (5 po) de diamètre environ. Éviter que les oignons verts transpercent la pâte.

Dans une casserole peu profonde, sur feu moyen-vif, faire chauffer 2,5 cm (1 po) d'huile de canola. Lorsqu'elle est bien chaude, faire frire 2 ou 3 crêpes environ 3 minutes de chaque côté, jusqu'à ce qu'elles soient bien dorées. Les retourner une seule fois durant la cuisson. Disposer dans un plat de service et parsemer de sel. Couper en parts et servir immédiatement.

Soufflé aux poireaux et au gruyère

DE 6 À 8 PORTIONS

2 c. à soupe de beurre non salé, ramolli + 5 c. à soupe de beurre non salé, froid

250 g (2 tasses) de gruyère râpé

2 c. à soupe d'huile d'olive

4 poireaux, pour un total de 750 g (1 ½ lb), parés et hachés

1 c. à thé de thym frais haché

Sel et poivre du moulin

5 c. à soupe de farine tout usage

625 ml (2 ½ tasses) de crème (10 % M.G.) chauffée

6 gros œufs, le jaune et le blanc séparés

Placer une grille dans le tiers supérieur du four et le préchauffer à 200 °C (400 °F). Enduire de 2 c. à soupe de beurre un plat à soufflé ou à gratin de 35 cm (14 po) de long. Parsemer le bord et le fond de 65 g (½ tasse) de gruyère.

Dans une grande poêle, sur feu moyen, faire chauffer l'huile d'olive et y faire cuire les poireaux et le thym environ 12 minutes, jusqu'à ce que les poireaux soient tendres. Saler, puis laisser refroidir. Dans une casserole à fond épais, sur feu moyen, faire fondre 5 c. à soupe de beurre. Saupoudrer de farine et fouetter 1 minute pour bien mélanger. Verser la crème et poursuivre la cuisson environ 4 minutes en fouettant, jusqu'à ce que la sauce soit lisse et épaisse. Transférer dans un bol et ajouter les jaunes d'œufs, un à la fois. Bien mélanger après chaque addition. Incorporer 185 g (1 ½ tasse) de fromage et les poireaux. Saler et poivrer.

Dans un grand bol, battre les blancs d'œufs en neige ferme. Avec une spatule souple, plier le quart des blancs d'œufs dans la préparation aux poireaux. Plier le reste des blancs jusqu'à ce qu'ils ne soient plus visibles. Verser dans le plat beurré. Faire cuire au four environ 25 minutes, jusqu'à ce que le dessus soit bien doré. Servir immédiatement.

SOUFFLÉ AUX POIREAUX ET AU GRUYÈRE

Les fruits utilisés comme légumes

TOMATES

TOMATES
PATRIMONIALES

CONCOMBRES

CORNICHONS

POIVRONS

POIVRONS
DE PADRÓN

PIMENTS FORTS

PIMENTS SÉCHÉS

AVOCATS

AUBERGINES

Bien que contradictoire, il existe des aliments qui appartiennent à des groupes botaniques de fruits, mais qu'on utilise en cuisine principalement comme des légumes. Ils partagent pratiquement tous une même caractéristique : la présence de nombreuses petites graines, comestibles pour la plupart. Les avocats constituent une exception, car ils renferment un seul gros noyau qui ne se mange pas. On conçoit facilement que les tomates fraîchement cueillies, sucrées et juteuses puissent être des fruits. En revanche, ça ne va pas de soi avec les piments forts dont le goût s'échelonne de doux et sucré à fort, voire brûlant.

Certains fruits utilisés comme légumes sont originaires du Nouveau Monde. Les piments forts et des poivrons sont issus du Mexique ; les avocats, d'Amérique centrale ; les tomates, d'Amérique du Sud. L'aubergine et sans doute aussi le concombre proviennent de l'Inde. Au fil des siècles, ces fruits ont été cultivés loin de leur lieu d'origine et, de nos jours, un plat à base de tomates et d'aubergines est considéré comme une association gustative traditionnelle dans la cuisine de nombreux pays du monde.

On récolte depuis très longtemps des centaines de variétés de ces fruits utilisés comme légumes. Beaucoup de cuisiniers recherchent des spécimens patrimoniaux, en particulier dans le cas des tomates, en raison de leur goût pur et de leurs différentes formes et couleurs. Le marché est l'endroit idéal pour trouver, de l'été au début de l'automne, ces variétés ancestrales qu'on tente de maintenir.

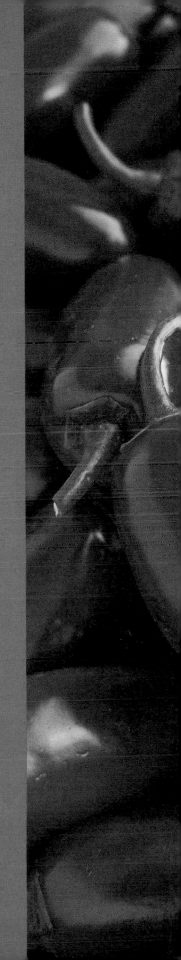

L'ACHAT DES TOMATES

C'est au cœur de l'été que la saveur des tomates est optimale. Celles qui ont meilleur goût auront mûri sur tige et seront de couleur vive. Les tomates se conservent trois jours à la température ambiante. Si elles ne sont pas tout à fait mûres, placez-les au soleil pour qu'elles le deviennent.

Les tomates

Déjà considérée comme un poison, la tomate est, d'un point de vue botanique, un fruit de la famille des solanacées. La tomate est une plante originaire de l'Amérique du Sud. Au cours des derniers siècles, elle a été introduite dans pratiquement tous les pays du monde et elle s'est adaptée. Il en existe dans une grande variété de tailles, allant des tomates groseilles à grappes pas plus grosses que des bleuets aux tomates Beefsteak dont le diamètre peut atteindre 13 cm (5 po). Quant aux variétés patrimoniales, elles se déclinent en toutes sortes de couleurs : du blanc au jaune, vert avec des rayures, du rose à l'orangé, et même violet foncé.

Les tomates les plus goûteuses arrivent au marché au milieu de l'été et elles conservent leurs excellentes qualités gustatives jusqu'au début de l'automne. Les inconditionnels l'adorent en tranches épaisses, simplement parsemées de gros sel. On peut aussi les réduire en purée pour les mettre dans des soupes, les trancher pour garnir des sandwichs, les couper en cubes pour agrémenter des salades, les faire mijoter pour rehausser des sauces destinées aux pâtes, les faire griller pour la salsa. Les tomates ajoutent toujours de la couleur et de la saveur aux plats d'une multitude de délicieuses façons.

LA PRÉPARATION DES TOMATES

Rincez-les, épongez-les et éliminez le dessus et le dessous juste avant de les utiliser. Selon la recette, on peut laisser les tomates entières, les couper en deux, en quartiers ou en cubes ou encore les hacher. Pour les épépiner afin d'obtenir des sauces plus onctueuses, tranchez les tomates en deux et pressez doucement chaque moitié au-dessus d'un bol.

L'ACHAT DES CONCOMBRES

Recherchez les concombres minces, fermes et vert foncé, sans meurtrissures ni taches jaunes. Les concombres anglais devraient mesurer de 20 à 25 cm (8 à 10 po) et de 2,5 à 4 cm (1 à 1 ½ po) de diamètre au milieu. Enveloppez-les dans du papier absorbant et rangez-les dans un sac de plastique. Ils se conserveront ainsi cinq jours au réfrigérateur.

Les concombres

Ce légume juteux et rafraîchissant ajoute du croquant aux salades et convient tout à fait aux plateaux de crudités. D'abord cultivées en Inde et dans l'ouest de l'Asie, les variétés actuelles de concombres se classent désormais en deux catégories : celles qu'on tranche pour les consommer crues et celles qu'on utilise pour les marinades, car elles resteront croquantes, même après la mise en conserve. Au marché, on trouve surtout les concombres délicats à la texture lisse, tels que les concombres anglais. Il faut éviter ceux qui sont tordus ou de taille trop grosse, car ils risquent d'avoir un goût un peu amer. Il existe aussi une variété toute petite à la peau ridée appelée concombre libanais.

La saison des concombres s'étale du début au milieu de l'été. Ils seront mis en valeur dans des salades avec une vinaigrette simple, une sauce crémeuse ou du yogourt parsemé de graines de cumin. Coupé en cubes et cuit brièvement en sauce, le concombre rehausse délicieusement le poisson et les fruits de mer. Il sera aussi très savoureux dans des soupes froides.

LA PRÉPARATION DES CONCOMBRES

Il n'y a pas lieu d'épépiner ni de peler les jeunes concombres avant de les préparer. On peut facilement épépiner les plus gros en les tranchant dans le sens de la longueur et en grattant la pulpe remplie de graines avec le bout d'une cuillère. Pour obtenir une texture plus croquante, placez des cubes de concombres dans une passoire, parsemez-les d'un peu de sel et laissez dégorger (le liquide s'écouler).

Tartinade de tomates cuites

4 PORTIONS

3 c. à soupe d'huile d'olive, un peu plus pour badigeonner et pour la conservation

2,5 kg (5 lb) de tomates, parées et coupées en morceaux

Sel

Dans une grande poêle, sur feu vif, faire chauffer l'huile. Ajouter les tomates et 1 c. à thé de sel, puis porter à ébullition et faire cuire environ 2 minutes. Passer les tomates au moulin à légumes.

Rincer la poêle, l'éponger et la faire chauffer sur feu vif, y verser les tomates, porter à ébullition, baisser le feu à doux et faire cuire environ 2 heures, en remuant souvent, jusqu'à ce que la préparation ait réduit des deux tiers.

Préchauffer le four à 120 °C (250 °F). Badigeonner légèrement d'huile une plaque à pâtisserie à rebords. Y étaler uniformément les tomates. Faire cuire au four environ 1 heure, jusqu'à ce que le liquide se soit évaporé et que les tomates se soient transformées en une pâte épaisse, brillante et de couleur brique. Retourner les tomates lorsque la surface devient foncée.

Remplir un pot de verre de cette tartinade et verser 12 mm (½ po) d'huile sur le dessus. Elle se conservera trois jours au réfrigérateur. Couvrir d'huile après chaque utilisation.

Servir cette tartinade de tomates sur des craquelins ou des tranches de pain grillées.

Spaghettini sauce aux tomates

4 PORTIONS

90 g (⅓ tasse) de beurre non salé

1 petit oignon blanc, tranché finement dans le sens de la largeur

500 g (1 lb) de tomates italiennes, pelées, épépinées et tranchées en deux

Sel

8 feuilles de basilic frais, déchirées en petits morceaux

500 g (1 lb) de spaghettini

Parmesan ou autre fromage à pâte dure, râpé

Dans une poêle, sur feu moyen, faire fondre le beurre. Ajouter l'oignon et 60 ml (¼ tasse) d'eau. Couvrir et laisser mijoter environ 10 minutes, en remuant de temps à autre.

Ajouter les tomates, couvrir partiellement, et poursuivre la cuisson environ 20 minutes sur feu doux, jusqu'à ce que la sauce soit crémeuse. Si elle commence à sécher, verser un peu d'eau.

Saler au goût et parsemer de basilic. Retirer du feu et laisser reposer 2 minutes sans retirer le couvercle.

Porter une casserole d'eau salée à ébullition. Y faire cuire les spaghettinis *al dente*, soit de 7 à 9 minutes ou selon les indications sur l'emballage. Égoutter, puis déposer dans un grand plat peu profond. Verser la sauce et mélanger. Parsemer de fromage et servir immédiatement.

Tourte aux tomates et à la mozzarella

DE 6 À 8 PORTIONS

2 ou 3 tomates rouges et jaunes, pour un poids total d'environ 250 g (1 lb), parées et coupées en tranches de 3 mm (⅛ po) d'épaisseur

Sel

1 gousse d'ail, hachée finement

1 c. à soupe de beurre non salé, fondu

Pâte feuilletée surgelée, décongelée au réfrigérateur, abaissée en un rectangle de 20 x 25 cm (8 x 10 po), coupé en deux

90 g (¾ tasse) de mozzarella râpée

4 c. à soupe de parmesan râpé ou autre fromage à pâte dure, vieilli

2 c. à soupe de basilic frais haché

Huile d'olive pour arroser

Placer une grille dans le tiers supérieur du four et le préchauffer à 200 °C (400 °F). Déposer les tranches de tomates sur du papier absorbant, les saler et les laisser dégorger (le liquide s'écouler) de 30 à 60 minutes.

Dans un petit bol, mélanger l'ail et le beurre. Mettre les morceaux de pâte sur une plaque à pâtisserie tapissée de papier ciré. Badigeonner de beurre à l'ail, puis saler. En laissant libre un espace de 6 mm (¼ po) tout autour, parsemer la pâte de mozzarella et de 2 c. à soupe de parmesan râpé. Garnir de tranches de tomates, puis parsemer de nouveau de 2 c. à soupe de parmesan râpé. Faire cuire au four de 25 à 30 minutes, jusqu'à ce que la pâte soit dorée et feuilletée. Parsemer de basilic et arroser d'huile d'olive. Servir immédiatement.

TOMATES PATRIMONIALES

Il s'agit de variétés anciennes qui ont été réintroduites par des fermiers et des jardiniers. Bien qu'elles soient très savoureuses, elles ne se conservent pas aussi longtemps que les variétés qu'on trouve dans les supermarchés. Leur peau est souvent plus fine, et c'est pourquoi elles ne conviennent pas vraiment à la distribution commerciale. De nombreuses nouvelles variétés ont également été classées comme patrimoniales.

TOMATES PATRIMONIALES, VINAIGRETTE AUX ÉCHALOTES

Dans un petit bol, fouetter 3 c. à soupe d'huile d'olive, 1 c. à soupe de vinaigre balsamique et 1 grosse échalote sèche hachée. Saler et poivrer. Laisser reposer 30 minutes. Parer de 500 à 625 g (1 à 1 ¼ lb) de tomates patrimoniales. Les couper en minces quartiers et les disposer dans un plat de service. Arroser de vinaigrette et servir. 4 portions.

TOURTE AUX TOMATES ET À LA MOZZARELLA

MORUE CHARBONNIÈRE GRILLÉE AVEC SALADE DE CONCOMBRE

Salade de concombre au yogourt et à l'aneth

4 PORTIONS

4 concombres anglais, pelés et tranchés finement

Sel et poivre du moulin

3 gousses d'ail

150 g (⅔ tasse) de yogourt nature

1 c. à soupe de jus de citron frais

2 c. à soupe d'aneth frais haché

3 c. à soupe d'huile d'olive

Dans un plat, disposer les tranches de concombre en une seule couche. Saler légèrement et laisser dégorger (le liquide s'écouler) environ 1 heure. Égoutter l'excédent de liquide.

Trancher l'ail et le mettre dans un petit bol. Ajouter le yogourt, le jus de citron et l'aneth. Saler et poivrer au goût. Arroser d'huile d'olive et bien mélanger pour obtenir une sauce.

Transférer les tranches de concombre dégorgées dans un saladier, verser la sauce et remuer délicatement. Réfrigérer 1 heure avant de servir.

Gazpacho piquant au concombre

4 PORTIONS

690 g (4 ½ tasses) de concombres anglais, pelés, épépinés et hachés grossièrement

180 ml (¾ tasse) + 1 c. à soupe d'huile d'olive

125 ml (½ tasse) d'eau glacée

1 petite gousse d'ail

60 ml (¼ tasse) + 2 c. à thé de vinaigre de vin blanc

1 c. à soupe de jus de citron

Sel

1 petite échalote sèche, coupée en dés

1 petit piment Jalapeño, épépiné et haché finement

1 c. à soupe de basilic frais haché finement

Dans un mélangeur électrique ou un robot culinaire, réduire en purée 625 g de concombres, 180 ml d'huile, l'eau glacée, l'ail, 60 ml de vinaigre et le jus de citron. Verser dans un plat de service et saler. Couvrir et réfrigérer 1 heure, voire jusqu'au lendemain, avant de servir.

Mélanger l'échalote, 2 c. à thé de vinaigre et une pincée de sel. Laisser reposer 10 minutes. Incorporer 30 g de concombres, le piment Jalapeño, le basilic et 1 c. à soupe d'huile. Saler.

Répartir la soupe froide entre des bols préalablement refroidis. Garnir de préparation à base de piment fort et arroser d'huile. Servir immédiatement.

Morue charbonnière grillée avec salade de concombre

4 PORTIONS

2 concombres anglais, tranchés finement

105 g (1 tasse) d'oignons rouges, tranchés finement

Sel et poivre du moulin

3 c. à soupe de gingembre mariné haché

1 c. à soupe de vinaigre de riz

3 c. à soupe d'huile de canola, un peu plus pour huiler

4 filets de morue charbonnière, pour un poids total d'environ 750 g (1 ½ lb)

Huiler la grille du barbecue et préchauffer l'appareil à intensité élevée (page 264) ou utiliser une poêle à griller.

Dans un bol, mélanger le concombre, l'oignon rouge et 1 ½ c. à thé de sel. Laisser reposer 15 minutes. Incorporer le gingembre, le vinaigre de riz et 2 c. à soupe d'huile de canola.

Badigeonner les filets de 1 c. à soupe d'huile de canola des deux côtés. Saler et poivrer aussi les deux côtés.

Déposer le poisson sur le barbecue, la peau contre la grille, et faire griller environ 8 minutes, jusqu'à ce que la chair soit opaque jusqu'au centre. Retourner une seule fois durant la cuisson.

Disposer les filets dans un plat de service et accompagner de salade de concombre. Servir immédiatement.

CORNICHONS

Petits et de la longueur d'un doigt, les cornichons font leur apparition au marché pendant l'été. En raison de leur goût sucré et de leur texture croquante, ils se prêtent parfaitement à la saumure et se conservent bien en marinade. On peut aussi les manger crus tels quels ou les ajouter à des plats, selon la recette.

SALADE DE CORNICHONS AIGRES-DOUX

Peler 1 kg (2 lb) de cornichons et les couper dans le sens de la longueur. Gratter les graines, puis couper les moitiés en tranches de 6 mm (¼ po) d'épaisseur. Déposer dans une passoire, parsemer de 1 c. à thé de sel, puis remuer et laisser dégorger (le liquide s'écouler) pendant 1 heure. Dans une petite casserole, porter à faible ébullition, sur feu moyen, 125 ml de vinaigre de riz, 2 c. à soupe de sucre et 1 c. à thé de sel. Remuer pour dissoudre le sucre. Laisser refroidir. Éponger le concombre avec du papier absorbant. Dans un grand bol, mélanger le concombre, 4 échalotes sèches, tranchées finement, 1 piment fort épépiné et coupé en fines rondelles et 2 c. à soupe de coriandre fraîche hachée. Verser le vinaigre et mélanger. Couvrir et réfrigérer 2 heures, voire jusqu'au lendemain. Servir froid. De 4 à 6 portions.

Les poivrons

Tout comme leurs cousins les piments, les poivrons
sont originaires de l'Amérique du Sud. Souvent appelés
à tort « piments », les poivrons se distinguent de ces
derniers par leur goût. Les poivrons sont gros et toujours
doux, tandis que les piments sont plutôt petits et forts,
bien que leur intensité varie d'une sorte à l'autre. Les
poivrons verts ont généralement un goût plus prononcé
et légèrement végétal. Les rouges – qui sont en fait
des poivrons qui ont mûri – proviennent de la même
plante que les verts. Il en existe d'autres couleurs : jaune,
orange, brun et violet. Ils ont cependant le même goût
que les poivrons rouges et ajoutent de l'éclat aux plats.

Les poivrons croquants et juteux regorgent de saveur et
abondent au marché, du milieu à la fin de l'été. On peut
les trancher et les consommer crus dans des salades. Ils
peuvent aussi être coupés en cubes, sautés pour rendre
leur texture plus soyeuse et leur goût plus sucré, grillés
et servis en antipasti ou dans des sandwichs, ou encore
cuits au four, entiers et délicieusement farcis.

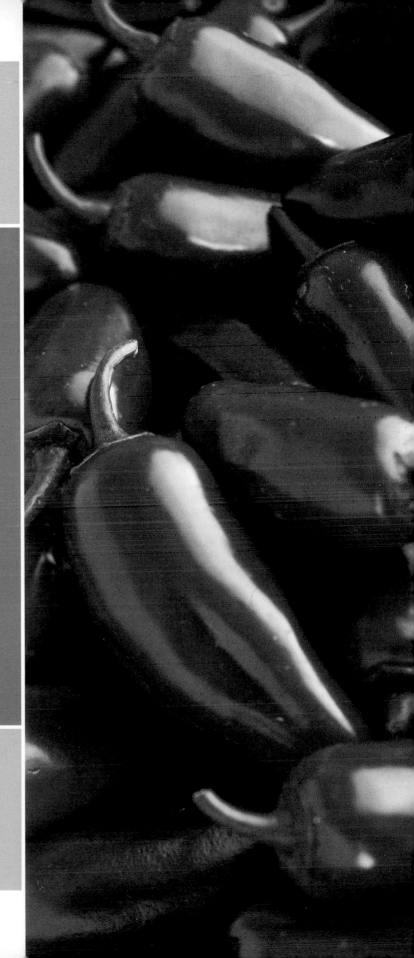

L'ACHAT DES PIMENTS

Optez pour des piments fermes à la peau brillante et non fripée, exempte de meurtrissures et de parties molles. Les tiges ne doivent pas présenter de moisissures. En règle générale, plus un piment est petit et pointu, plus il est fort. Les habaneros ronds et les piments Scotch Bonnet (ils ressemblent aux poivrons, mais en plus petits) sont des exceptions. Ils font partie des variétés les plus fortes. Rangez les piments, peu importe la sorte, dans un sac de plastique. Ils se conserveront une semaine au réfrigérateur.

Les piments

Des centaines de variétés de piments ont été cultivées et croisées au fil des siècles qui ont suivi la découverte des premiers plants que les Européens ont trouvés en Amérique du Sud. Les piments ont besoin de chaleur pour pousser et c'est pourquoi ils conviennent bien aux régions tropicales. Parmi les variétés les moins fortes et les plus populaires, on trouve le piment Poblano de forme triangulaire et vert foncé ; le piment banane, étroit et jaune ainsi que le piment thaïlandais, long et très étroit, vert ou rouge. Dans les salsas et les sauces, on utilise des variétés plus fortes comme le piment Habanero, petit et en forme de cloche, le piment Serrano, mince et en forme de fusée, sans oublier l'omniprésent piment Jalapeño photographié ci-contre.

La saison des piments s'étend de la fin de l'été au début de l'automne. En plus de donner du piquant et de la saveur aux sauces et aux salsas, les piments peuvent être farcis de fromage, de viande ou de légumes, puis cuits à la poêle ou au four. Grillées et tranchées en lanières, les variétés les moins fortes rehausseront les soupes. Mélangées à de la viande hachée, elles agrémenteront aussi des plats mexicains ou à base d'œufs ainsi que des sandwichs.

LA PRÉPARATION DES PIMENTS

C'est la capsicine, un composé chimique présent dans les piments, qui leur donne leur intensité. Elle est concentrée à l'intérieur des piments. Pour l'atténuer, enlevez la membrane blanche ainsi que les graines en les grattant. Étant donné que la capsicine est irritante et que son effet peut se faire sentir pendant plusieurs heures sur la peau, portez des gants minces lorsque vous manipulez les piments ou lavez-vous bien les mains et savonnez la planche à découper et le couteau dès que vous avez terminé de les parer.

Salade de poivrons et ricotta salata, vinaigrette au xérès

4 PORTIONS

3 poivrons rouges, épépinés

2 c. à soupe d'huile d'olive

2 c. à soupe de vinaigre de xérès

Sel et poivre du moulin

125 g (¼ lb) de ricotta salata
(ricotta pressée, salée et séchée)

Couper les poivrons en lanières de 5 à
7,5 cm (2 à 3 po) de long et 3 mm
(⅛ po) de large.

Dans un saladier, fouetter l'huile d'olive
et le vinaigre de xérès pour obtenir une
vinaigrette. Ajouter les poivrons, saler et
poivrer, puis mélanger. Laisser mariner
10 minutes, voire 1 heure.

Répartir la salade entre des assiettes
et garnir de ricotta salata râpée. Servir
immédiatement.

Piperade de poivrons

4 PORTIONS

80 ml (⅓ tasse) + 2 c. à soupe d'huile
d'olive

6 gousses d'ail, tranchées finement

2 gros oignons, coupés en tranches
de 6 mm (¼ po) de large

1 poivron jaune, épépiné et haché

2 poivrons rouges, épépinés et hachés

1 ½ c. à soupe de poudre de chili

2 grosses tomates, épépinées et hachées

Sel et poivre du moulin

Dans une petite casserole, sur feu doux, faire
chauffer 80 ml d'huile d'olive et la moitié
de l'ail. Faire cuire environ 5 minutes, jusqu'à
ce que l'ail ramollisse. Retirer du feu. Dès
que le contenu de la casserole a refroidi,
écraser l'ail contre la paroi avec une
fourchette.

Dans une poêle, sur feu moyen, faire
chauffer 2 c. à soupe d'huile d'olive et y faire
sauter les oignons, les poivrons et l'autre
moitié de l'ail environ 6 minutes, jusqu'à
ce que les légumes commencent à ramollir.
Parsemer de poudre de chili et poursuivre la
cuisson 1 minute. Ajouter les tomates et faire
sauter environ 3 minutes, jusqu'à ce qu'elles
aient ramolli. Saler et poivrer. Servir
immédiatement.

*On peut transformer cette recette en
un plat principal en servant la piperade
avec des filets de thon saisis à la poêle
et coupés en tranches minces.*

Poivrons marinés et mozzarella fraîche

8 PORTIONS

6 poivrons rouges, pour un poids total
d'environ 1,5 kg (3 lb)

2 gousses d'ail

Sel

2 c. à soupe de petites câpres, bien rincées

2 c. à soupe de marjolaine fraîche hachée
ou de basilic frais haché

2 ou 3 c. à soupe d'huile d'olive

Une pincée de piment de Cayenne

1 ½ c. à thé de vinaigre de vin rouge,
ou au goût

500 g (1 lb) de mozzarella fraîche
(*di buffala*) ou de bocconcinis

Trancher les poivrons en deux, puis retirer
le pédoncule, les graines et la membrane
blanche. Couper la chair en lanières de
12 mm (½ po) de large et les mettre
dans un bol.

Écraser l'ail avec une pincée de sel pour
obtenir une pâte et l'ajouter aux poivrons,
ainsi que les câpres, la marjolaine et l'huile
d'olive. Saler et parsemer de piment de
Cayenne. Arroser de vinaigre, puis mélanger.
Laisser mariner à la température ambiante
de 10 à 20 minutes, voire plusieurs heures.
Juste avant de servir, saler et ajouter du
vinaigre, si désiré. Transférer dans un plat
de service. Parsemer de morceaux de
mozzarella et servir immédiatement.

*Ce plat constitue une entrée de choix à un
repas dont le thème est la cuisine italienne.*

POIVRONS DE PADRÓN

Ils doivent leur nom à la ville espagnole
d'où proviennent originalement leurs graines.
Petits et verts, le goût est habituellement doux,
mais il peut aussi être vif et transformer chaque
bouchée en une surprise. On sert idéalement
ces poivrons crus, parsemés de gros sel ou
encore sautés ou grillés. Ils arrivent au marché
en été, en même temps que les autres poivrons
et piments.

POIVRONS DE PADRÓN GRILLÉS AVEC GROS SEL

Préchauffer le barbecue à intensité élevée
(page 264) ou utiliser une poêle à griller. Dans
un bol, mélanger 500 g (1 lb) de poivrons de
Padrón et 1 c. à soupe d'huile d'olive. Faire
griller les poivrons de 3 à 4 minutes, en les
retournant avec des pinces, jusqu'à ce que
leur peau boursoufle sur tous les côtés. Saler
et servir immédiatement. 4 portions.

PIPERADE DE POIVRONS

PIMENTS JALAPEÑOS FARCIS DE SAUCISSE ET DE FROMAGE

Quesadillas pimentées au *queso fresco*

6 PORTIONS

4 piments Poblanos, grillés (page 264)

5 c. à soupe d'huile de canola

1 gros oignon, coupé en deux et tranché finement

1 grosse gousse d'ail, hachée

Sel et poivre du moulin

6 tortillas de 25 cm (10 po) de diamètre

375 g (3 tasses) de *queso fresco* (fromage à émietter) ou, à défaut, de la feta

6 c. à soupe de coriandre fraîche hachée

Trancher les piments dans le sens de la longueur et jeter le cœur et les graines. Couper ensuite en lanières de 6 mm (¼ po) de large.

Dans une poêle, sur feu moyen-doux, faire chauffer 1 c. à soupe d'huile de canola et y faire sauter l'oignon environ 15 minutes, jusqu'à ce qu'il ramollisse. Ajouter l'ail et poursuivre la cuisson 1 minute. Incorporer les piments, puis saler et poivrer. Faire cuire 5 minutes en remuant. Retirer du feu. Si les légumes ont libéré du liquide, les égoutter dans une passoire.

Dans une grande poêle, sur feu moyen-vif, faire chauffer 2 c. à thé d'huile de canola. Y déposer une tortilla et baisser le feu à moyen. Parsemer la moitié de sa surface de 60 g (½ tasse) de fromage émietté. Ne pas en mettre trop près du bord. Garnir du sixième de la préparation à l'oignon et au piment et parsemer de 1 c. à soupe de coriandre. Replier la partie vide sur la garniture et déplacer la quesadilla au milieu de la poêle. Appuyer doucement pour souder les moitiés. Faire cuire environ 1 minute, jusqu'à ce que le dessous soit bien doré. Retourner et poursuivre la cuisson 1 minute, jusqu'à ce que l'autre côté soit bien doré aussi. Répéter avec les autres tortillas et le reste des ingrédients. Servir immédiatement.

Œufs poêlés, sauce au piment

DE 2 À 4 PORTIONS

250 g (½ lb) de piments Poblanos, grillés (page 264)

3 c. à soupe d'huile d'olive

1 petit oignon blanc, coupé en tranches de 6 mm (¼ po) d'épaisseur

2 gousses d'ail, hachées finement

½ c. à thé d'origan séché

Sel et poivre du moulin

125 ml (½ tasse) de crème (35 % M.G.)

3 c. à soupe de coriandre fraîche hachée

4 gros œufs, cuits à la poêle

Trancher les piments dans le sens de la longueur et jeter le cœur et les graines. Couper ensuite en lanières de 6 mm (¼ po) de large.

Dans une poêle, sur feu moyen-vif, faire chauffer 1 c. à soupe d'huile et y faire sauter l'oignon environ 5 minutes. Parsemer d'ail et d'origan, puis poursuivre la cuisson 30 secondes. Ajouter les piments, saler et faire chauffer environ 1 minute. Transférer dans le bol d'un mélangeur ou d'un robot culinaire. Verser la moitié de la crème dans la poêle et faire cuire 1 minute sur feu moyen en grattant le fond de la poêle avec une cuillère pour décoller les particules caramélisées. Ajouter au bol du mélangeur, ainsi que le reste de la crème et la coriandre. Réduire en purée. Saler et poivrer. Répartir les œufs cuits entre des assiettes et accompagner de sauce. Servir immédiatement.

Piments Jalapeños farcis de saucisse et de fromage

DE 6 À 8 PORTIONS

250 g (½ lb) de saucisse italienne douce, le boyau retiré

155 g (1 tasse) de fromage teleme ou feta râpé

½ c. à thé de graines de fenouil, moulues grossièrement

1 c. à soupe de persil italien (plat) frais haché

Sel

12 piments Jalapeños dodus, tranchés en deux dans le sens de la longueur et épépinés

Préchauffer le four à 200 °C (400 °F).

Émietter la chair de saucisse dans un bol. Mélanger avec le fromage, les graines de fenouil et le persil. Saler.

Saler l'intérieur des piments et farcir chaque moitié d'environ 1 c. à soupe de préparation à la saucisse.

Disposer les piments farcis côte à côte sur une plaque à pâtisserie et les faire cuire environ 20 minutes, jusqu'à ce que le dessus de la farce soit doré. Servir immédiatement.

PIMENTS SÉCHÉS

Après la saison des poivrons et des piments frais, les piments séchés font leur apparition au marché à la fin de l'automne. Choisissez-les avec des tiges flexibles, plutôt que cassantes. Ils seront fripés et peut-être aussi un peu tordus, mais leur couleur devrait être uniforme. Rangez les piments séchés dans un contenant hermétique à l'abri de la lumière et de l'humidité. Ils se conserveront six mois.

CHOCOLAT CHAUD PIMENTÉ

Dans une casserole, déposer les graines d'un piment Ancho (séché), 6 c. à soupe de poudre de cacao amer, 3 c. à soupe de sucre et 80 ml d'eau. Faire chauffer sur feu doux et remuer pour obtenir une pâte. Verser 625 ml de lait entier (3,25 % M.G.) et remuer pour diluer la pâte. Bien faire chauffer environ 2 minutes. Filtrer au-dessus de quatre tasses et ajouter dans chacune un bâton de cannelle. 4 portions.

Si vous achetez des avocats Hass, prenez ceux qui ont la peau presque noire. Les autres variétés restent vertes pendant qu'elles mûrissent. Si l'avocat est mûr, il cédera à une légère pression du doigt. Évitez ceux qui donnent l'impression qu'ils sont mous à l'intérieur ou qui montrent des signes de moisissures. Ils se conservent deux jours à la température ambiante si elle est plutôt fraîche ou une semaine au réfrigérateur.

Les avocats

Sous l'épaisse peau sombre, l'avocat de forme ovoïde cache une chair vert doré de texture veloutée et au léger goût de noisette. Dans les supermarchés, on trouve généralement deux variétés principales. L'avocat Hass du Guatemala possède une peau vert foncé et rugueuse. Il est reconnu pour sa longue saison et sa teneur élevée en huile. L'avocat Fuerte, quant à lui, se distingue par sa peau lisse et verte. Sa teneur en huile est plus faible.

La saison des avocats est longue. On les trouve au marché du début du printemps jusqu'à la fin de l'automne. Manger ce fruit cru en fait ressortir toute la saveur. On peut aussi le faire chauffer légèrement, mais il faut éviter de le faire cuire. Les avocats Hass très mûrs sont très populaires en guacamole et en tartinade pour sandwichs. Coupés en cubes ou en tranches, les avocats Fuerte se prêtent parfaitement aux salsas et aux salades.

LA PRÉPARATION DES AVOCATS

Pour accélérer le mûrissement, placez-les dans un sac de papier avec une pomme, une banane ou une tomate. Étant donné que la chair de l'avocat s'oxyde rapidement au contact de l'air, coupez-le juste avant de le préparer ou arrosez la chair de jus de citron. Pour le parer, tranchez-le en deux dans le sens de la longueur, puis faites tourner les moitiés en direction opposée pour les séparer. Retirez le noyau à l'aide d'une cuillère et jetez-le.

Choisissez des aubergines à la peau lisse, ferme et brillante.
Le pédoncule doit être bien vert. Qu'elle soit violette, blanche, verte
ou d'une autre couleur, l'aubergine dont la peau est fripée, déchirée,
meurtrie, cicatrisée ne vaut pas l'achat ; et si le pédoncule est brun ou
desséché, non plus. Rangées dans un sac de plastique, les aubergines
se conserveront cinq jours au réfrigérateur.

Les aubergines

L'aubergine provient originalement de l'Afrique et de
l'Asie. Aujourd'hui, on la cultive partout dans le monde.
Bien qu'il en existe plusieurs variétés, la plus connue
et la plus courante est violet foncé et de la forme d'une
grosse poire allongée souvent qualifiée d'italienne. Elle
est d'ailleurs très prisée dans toutes les cuisines du
bassin méditerranéen. En ce qui a trait aux aubergines
japonaises, elles sont plus petites et plus minces, leur
chair est plus dense et la couleur de leur peau fine va du
rose au violet foncé en passant par le lavande. Certaines
variétés moins courantes sont ivoire, roses, rayées ou
même vertes, comme c'est le cas des petites aubergines
rondes dites thaïlandaises.

Les aubergines abondent au marché à la fin de l'été.
Elles seront délicieuses grillées ou cuites au four, après
quoi on peut réduire la chair en purée pour en faire des
tartinades et des antipasti froids ainsi que des sauces
pour accompagner les pâtes. Les aubergines orientales
(japonaises et thaïlandaises) seront de préférence sautées
ou braisées dans les currys, ou encore marinées.

LA PRÉPARATION DES AUBERGINES

Rincez-les, puis avec un grand couteau, éliminez la partie verte.
Si l'aubergine est grosse et renferme beaucoup de graines ou si la
chair semble foncée et saturée d'eau, faites-la dégorger. Pour ce faire,
tranchez-la en deux, placez les moitiés dans une passoire posée dans
l'évier et parsemez la chair de sel. Laissez reposer 30 minutes. Cette
étape prépare également l'aubergine pour la grande friture. Il n'est pas
nécessaire de faire dégorger ni de peler les jeunes aubergines ou les
variétés orientales avant de les apprêter.

Guacamole

4 PORTIONS

1 avocat Hass, mûr

2 c. à soupe de jus de lime ou de citron fraîchement pressé

10 g (¼ tasse) de coriandre fraîche hachée

1 oignon vert, haché

1 piment Serrano, épépiné et haché

1 gousse d'ail, hachée

Sel

Croustilles de maïs (tortillas)

Trancher l'avocat en deux dans le sens de la longueur, autour du noyau. Faire tourner les moitiés en direction opposée pour les séparer. Retirer le noyau. Prélever la chair et la mettre dans un bol.

Écraser l'avocat avec une fourchette. Ajouter le jus de lime, la coriandre, l'oignon vert, le piment et l'ail. Bien mélanger pour que le guacamole devienne assez lisse. Saler au goût.

Servir immédiatement avec des croustilles de maïs.

Rouleaux de printemps à l'avocat et aux crevettes

6 PORTIONS

6 galettes de riz de 20 cm (8 po) de diamètre

6 feuilles de laitue frisée rouge ou de laitue Boston

1 avocat, dénoyauté, pelé et coupé en tranches de 6 mm (¼ po) d'épaisseur

½ petit concombre, épépiné et râpé

60 g (2 oz) de vermicelles de soya, trempés 15 minutes dans l'eau bouillante, puis égouttée

9 crevettes tigrées décortiquées, déveinées et cuites, tranchées en deux dans le sens de la longueur

18 feuilles de menthe fraîche

18 feuilles de coriandre fraîche

Sauce orientale (page 262)

Remplir d'eau tiède un large bol peu profond. Y faire tremper une galette de riz à la fois, environ 10 secondes, jusqu'à ce qu'elle devienne souple. Secouer l'excédent d'eau et déposer sur une surface de travail. Déposer une feuille de laitue à plat sur la moitié inférieure de la galette. Aligner ensuite sur la laitue 1 ½ tranche d'avocat, 1 c. à thé de concombre râpé et une petite quantité de vermicelles. Ne pas trop remplir les rouleaux. Soulever la partie inférieure de la galette, puis rouler serré en un cylindre jusqu'au milieu. Sur la moitié restante, le long du cylindre, aligner 3 demi-crevettes, 3 feuilles de menthe et 3 feuilles de coriandre. Replier la galette sur cette garniture. Terminer de former le rouleau. Badigeonner un peu d'eau sur le bord pour qu'il reste bien fermé. Répéter avec les autres galettes de riz et le reste des ingrédients.

Couper les rouleaux en deux et les déposer dans un plat de service de façon à éviter qu'ils se déroulent. Servir immédiatement avec la sauce orientale.

Crostini à l'avocat, au bacon et à la tomate

4 PORTIONS

4 tranches de baguette de blé entier, de 12 mm (½ po) d'épaisseur

125 g (½ tasse) d'*Aïoli* (page 139)

2 tomates, coupées en tranches de 6 mm (¼ po) d'épaisseur

Sel

8 tranches minces de bacon, cuites

1 avocat, coupé en tranches fines

Préchauffer le gril du four.

Disposer les tranches de pain sur une plaque à pâtisserie et les faire griller légèrement au four de 2 à 3 minutes.

Tartiner le pain d'aïoli et garnir de quelques tranches de tomates. Enfoncer légèrement les tomates dans le pain. Saler, puis ajouter des tranches de bacon et d'avocat. Parsemer de sel. Servir immédiatement.

CROSTINI À L'AVOCAT, AU BACON ET À LA TOMATE

ROULEAUX D'AUBERGINE FARCIS EN SAUCE TOMATE

Ratatouille au four

DE 6 À 8 PORTIONS

500 g (1 lb) de tomates italiennes, tranchées en deux

4 gousses d'ail, tranchées

1 gros oignon, coupé en deux dans le sens de la largeur, puis en tranches de 6 mm (¼ po) d'épaisseur

1 petite aubergine, parée et coupée en cubes de 2,5 cm (1 po) de côté

1 petite courgette, parée et coupée en rondelles de 12 mm (½ po) d'épaisseur

1 petite courge jaune à cou tors, parée et coupée en rondelles de 12 mm (½ po) d'épaisseur

1 poivron vert, épépiné et coupé en morceaux de 4 cm (1 ½ po) de côté

5 c. à soupe d'huile d'olive

Sel et poivre du moulin

10 g (¼ tasse) de basilic frais finement déchiqueté

2 c. à soupe de thym frais haché

Préchauffer le four à 220 °C (425 °F). Dans un bol, mélanger les tomates, l'ail, l'oignon, l'aubergine, la courgette, la courge jaune, le poivron, l'huile d'olive et du sel. Étaler uniformément les légumes sur une plaque à pâtisserie munie de bords verticaux.

Faire griller les légumes environ 20 minutes, en les retournant 1 ou 2 fois durant la cuisson. Sortir du four et parsemer de basilic et de thym. Faire griller encore, de 5 à 10 minutes, en retournant les légumes 1 ou 2 fois, jusqu'à ce qu'ils soient tendres lorsqu'on les perce avec une fourchette. Sortir du four, puis saler et poivrer.

Transférer dans un plat de service. Servir chaud ou à la température ambiante.

Rouleaux d'aubergine farcis, sauce tomate

4 PORTIONS

750 g (1 ½ lb) d'aubergines italiennes ou japonaises, parées et coupées en tranches de 6 mm (¼ po) d'épaisseur

60 ml (¼ tasse) + 2 c. à soupe d'huile d'olive

Sel et poivre du moulin

155 g (5 oz) de saucisse italienne, le boyau retiré

500 ml (2 tasses) de sauce tomate

250 g (1 tasse) de ricotta

125 g de mozzarella fraîche (*di buffala*) ou de bocconcinis, coupée en petits morceaux

4 c. à soupe de parmesan ou autre fromage à pâte dure, vieilli, râpé

1 c. à soupe de persil italien (plat) frais haché

Préchauffer le four à 235 °C (450 °F). Badigeonner d'huile d'olive (60 ml) les tranches d'aubergine des deux côtés. Saler. Les déposer sur une plaque à pâtisserie en une seule couche et les faire griller au four environ 10 minutes, jusqu'à ce que le dessous soit légèrement doré. Retourner les tranches et les faire griller de 5 à 7 minutes, jusqu'à ce qu'elles soient tendres. Sortir du four et régler la température à 180 °C (350 °F).

Dans une poêle, sur feu moyen-vif, faire chauffer 2 c. à soupe d'huile d'olive et y faire revenir la chair de saucisse environ 3 minutes, jusqu'à ce qu'elle soit bien cuite. Incorporer la sauce tomate et porter à ébullition. Baisser le feu à doux et laisser mijoter 5 minutes.

Verser la moitié de la sauce dans un plat allant au four de 23 cm (9 po) de diamètre. Dans un bol, mélanger la ricotta, la mozzarella, 2 c. à soupe de parmesan et le persil. Saler et poivrer. En déposer une bonne cuillerée au bout de la partie la plus large de chaque tranche d'aubergine. Rouler et placer debout dans la sauce. À la cuillère, répartir le reste de la sauce autour des rouleaux. Parsemer de 2 c. à soupe de parmesan. Faire cuire au four environ 20 minutes, jusqu'à ce que la sauce bouillonne. Servir immédiatement.

Aubergines glacées à l'orientale

4 PORTIONS

2 c. à soupe d'huile d'olive, et un peu pour huiler

60 ml (¼ tasse) de miso blanc

2 c. à soupe de vinaigre de vin de riz

1 c. à soupe de sauce soya

1 c. à soupe de sucre

1 c. à thé de gingembre frais râpé

4 aubergines japonaises

2 c. à soupe de basilic frais haché

Préchauffer le gril du four. Enduire d'un peu d'huile d'olive une grande plaque à pâtisserie.

Dans un petit bol, fouetter le miso, le vinaigre de vin de riz, la sauce soya, 1 c. à soupe d'eau, le sucre et le gingembre pour obtenir une glace.

Trancher les aubergines en deux dans le sens de la longueur et déposer les moitiés, le côté coupé vers le haut, sur la plaque. Badigeonner la chair de 2 c. à soupe d'huile. Faire griller environ 5 minutes, jusqu'à ce que les aubergines commencent à ramollir et à dorer. Sortir du four et badigeonner la chair de glace. Faire griller 2 minutes supplémentaires. Sortir du four et tourner la plaque à 180°. Remettre au four et faire griller environ 5 minutes, jusqu'à ce que l'aubergine soit tendre, et la glace, bien dorée.

Disposer les aubergines dans un plat de service et parsemer de basilic haché. Servir immédiatement.

D'autres légumes

CHAMPIGNONS

MAÏS SUCRÉ

ARTICHAUTS

ARTICHAUTS
NOUVEAUX

Parmi les légumes qu'on se procure au marché, certains ont très peu de parenté avec les autres groupes alimentaires et possèdent plutôt des caractéristiques qui leur sont propres. C'est le cas des champignons qui, en fait, ne sont pas des végétaux. Le maïs, une culture importante dans le monde entier, est une sorte d'herbe qui produit des grains sur des épis assez gros. Quant aux artichauts, ce sont les boutons d'une espèce de chardon. Les champignons se distinguent par leur goût sauvage. Le maïs frais est si sucré et juteux que les grains se mangent crus. Les artichauts sont prisés pour leur subtil goût de noisette.

Chacun de ces trois légumes a sa propre ascendance. Les historiens de l'alimentation émettent l'hypothèse que les premiers champignons comestibles remontent à la préhistoire. Les Grecs et les Romains de l'Antiquité auraient été les premiers à les cultiver. De nos jours, des milliers de variétés existent dans le monde, bien qu'un petit nombre d'entre elles soit commercialisé. Le maïs est une culture du Nouveau Monde. Les artichauts, quant à eux sont originaires de la région de la Méditerranée et étaient considérés comme un délice par les Romains.

Les différentes variétés de champignons, tant sauvages que cultivées, sont récoltées à longueur d'année. Ne manquez pas les récoltes d'été de maïs sucré. Les grains seront plus goûteux le jour même où l'épi aura été cueilli. Au marché, au début du printemps, soyez attentif pour profiter des premiers arrivages d'artichauts.

L'ACHAT DES CHAMPIGNONS

Les champignons frais doivent être fermes; et leur chapeau, lisse et sans meurtrissures. Ne les achetez pas s'ils sont abîmés, mous, plissés, imbibés d'eau ou moisis. Des tiges dont l'extrémité est grise et sèche dénotent que les champignons sont vieux. En vieillissant, ces derniers sèchent; c'est pourquoi les plus lourds sont les plus frais. Rangez les champignons, peu importe la variété, dans un sac de papier; ils se conserveront quatre jours au réfrigérateur.

Les champignons

Près de 40 000 variétés de champignons poussent dans la nature. Seule une fraction d'entre elles se fraient un chemin jusqu'à la table. Les champignons ont la cote en raison de leur riche goût sauvage. À des fins culinaires, on les classe en deux catégories : cultivés ou sauvages. Beaucoup sont cultivés, comme le champignon de Paris (ou champignon blanc) bien connu et le portobello à large chapeau foncé. Parmi les champignons sauvages, on retrouve le populaire shiitake, les bolets très aromatiques, aussi connus sous leur nom italien *porcini*, la très recherchée morelle avec son chapeau allongé et sillonné de plis, le fin pleurote pâle et les chanterelles au chapeau évasé et au goût qui rappelle l'abricot. On remarque facilement ces derniers à leur couleur très frappante : orange doré ou noire.

Les champignons les plus goûteux sont toujours ramassés par des cueilleurs expérimentés pendant les jours frais et humides du printemps et de l'automne. Les faire sauter, griller, cuire au four et sécher concentrera leur riche saveur des bois.

LA PRÉPARATION DES CHAMPIGNONS

Il faut éviter de les faire tremper, car ils absorbent l'eau facilement, s'imbibent et perdent leur saveur. Il convient de les frotter délicatement avec un linge humide ou une brosse à poil doux. Au besoin, rincez les champignons brièvement et épongez-les bien avec du papier absorbant avant de les faire cuire. Éliminez la partie sèche des tiges. Les tiges dures, comme celles des shiitakes, devraient être retirées en entier.

Soupe crémeuse aux champignons avec xérès

30 g de bolets (*porcinis*) séchés

6 c. à soupe de beurre non salé

2 oignons, hachés

1 kg (2 lb) de champignons de Paris frais, nettoyés et tranchés finement

1,25 l (5 tasses) de bouillon de poulet

60 ml (¼ tasse) de xérès

250 ml (1 tasse) de crème champêtre (35 % M.G.)

Sel et poivre du moulin

Rincer les bolets et les mettre dans un bol. Verser 250 ml d'eau chaude et laisser reposer 1 heure. Sortir les bolets de l'eau, les presser au-dessus du bol pour en exprimer le liquide, puis les hacher finement. Filtrer le liquide de trempage au travers d'une passoire tapissée de mousseline.

Dans une casserole à fond épais, sur feu doux, faire fondre 2 c. à soupe de beurre et y faire cuire les oignons environ 10 minutes, en remuant de temps à autre, jusqu'à ce qu'ils soient translucides. Retirer du feu.

Dans une grande poêle, sur feu moyen, faire fondre 4 c. à soupe de beurre et y faire sauter les champignons de Paris, de 10 à 15 minutes, en remuant doucement, jusqu'à ce qu'ils ramollissent.

Dans la casserole contenant les oignons, mélanger les champignons cuits, les bolets hachés et le liquide filtré. Verser le bouillon de poulet et porter à ébullition sur feu moyen-vif. Baisser le feu à doux et laisser mijoter, à découvert, environ 20 minutes.

En procédant par petites quantités, transférer, à l'aide d'une écumoire, les champignons et les oignons dans le bol d'un mélangeur électrique ou d'un robot culinaire. Verser un peu de liquide de cuisson et réduire en purée. Transférer dans une casserole propre. Diluer la purée avec la quantité nécessaire de liquide de cuisson. Ajouter le xérès et la crème, puis saler et poivrer. Bien faire chauffer sur feu doux. Ne pas faire bouillir. Servir immédiatement.

Pilaf de riz sauvage aux champignons

1 c. à soupe de beurre non salé

1 petit poireau, la partie blanche seulement, hachée

500 g (1 lb) de champignons frais variés : champignons blancs, shiitakes, morilles et oreilles-de-Judas, nettoyés

185 g (1 tasse) de riz sauvage

10 g (¼ tasse) de persil italien (plat) frais haché

Sel et poivre du moulin

Dans une grande casserole, sur feu moyen, faire fondre le beurre et y faire sauter le poireau et les champignons environ 8 minutes, jusqu'à ce que le poireau ait ramolli et soit translucide et que les champignons commencent à dorer.

Ajouter le riz sauvage et le persil, puis saler et poivrer. Couvrir de 2,5 cm (1 po) d'eau. Porter à ébullition, puis baisser le feu à doux. Couvrir et faire cuire environ 45 minutes, jusqu'à ce que le riz soit tendre. Égoutter l'excédent de liquide. Le temps de cuisson variera en fonction des différents lots de riz sauvage. Il est prêt lorsque les grains gonflent et que la partie intérieure plus pâle est visible.

Transférer dans un plat de service préalablement chauffé et servir immédiatement.

Flétan accompagné de ragoût de champignons

250 ml (1 tasse) de bouillon de poulet

2 c. à thé de beurre non salé

2 c. à thé + 1 c. à soupe d'huile d'olive

500 g (1 lb) de champignons de Paris, nettoyés et tranchés en deux

500 g (1 lb) de champignons variés : morelles, pleurotes et shiitakes, nettoyés et coupés en morceaux de la taille d'un demi-champignon de Paris

60 ml (¼ tasse) de crème champêtre (35 % M.G.)

2 gousses d'ail, hachées

2 c. à soupe de persil italien (plat) frais haché

Sel et poivre du moulin

4 filets de flétan sans la peau, chacun d'environ 185 g (6 oz)

Dans une petite casserole, porter le bouillon de poulet à ébullition et faire bouillir de 3 à 5 minutes, jusqu'à ce qu'il ait réduit de moitié. Retirer du feu.

Dans une grande poêle, sur feu moyen-vif, faire chauffer le beurre et 2 c. à thé d'huile d'olive. Y faire sauter les champignons de 5 à 6 minutes, jusqu'à ce qu'ils soient dorés. Verser le bouillon réduit et la crème ; ajouter l'ail et le persil. Laisser mijoter sur feu moyen de 3 à 4 minutes, jusqu'à ce que le contenu ait réduit de moitié. Saler et poivrer. Couvrir et baisser le feu à doux.

Faire chauffer une grande poêle à revêtement antiadhésif sur feu moyen-vif de 2 à 3 minutes. Ajouter ensuite 1 c. à soupe d'huile d'olive et y faire cuire les filets de flétan environ 8 minutes, jusqu'à ce qu'ils soient bien dorés des deux côtés et opaques jusqu'au centre lorsqu'on les perce avec un couteau. Les retourner une seule fois durant la cuisson. Déposer les filets dans des assiettes, garnir de champignons et servir immédiatement.

PILAF DE RIZ SAUVAGE AUX CHAMPIGNONS

L'ACHAT DU MAÏS SUCRÉ

Choisissez des épis enveloppés de feuilles bien vertes, sans parties brunes ni sèches. Au toucher, ils doivent être frais, jamais chauds. Les filaments soyeux devraient être jaune pâle et humides. Recherchez les épis aux grains dodus et juteux, alignés en rangs réguliers. Rangez les épis non épluchés dans un sac de plastique; ils se conserveront 24 heures au réfrigérateur.

Le maïs

Il s'agit d'une céréale dont les gros grains charnus se consomment comme un légume. Le maïs a d'abord été cultivé en Amérique centrale, il y a près de 7 000 ans. On l'appelle aussi blé d'Inde, car les premiers Européens arrivés en Amérique croyaient s'être rendus en Inde. Le maïs est l'une des denrées les plus importantes dans le monde.

Au marché, la plupart des épis ont de petits grains jaunes, tendres et très sucrés. Recherchez les cultures de spécialité : à grains blancs, les mélanges de grains blancs, jaunes et rouges, et le maïs violet. Ce dernier est une variété hybride cultivée dans le Sud-Ouest des États-Unis et au Mexique.

En été, les amateurs de maïs attendent avec impatience son arrivée au marché. D'après les puristes, la meilleure façon de préserver le goût sucré et la texture croquante du maïs consiste à le faire bouillir jusqu'à ce que les épis soient chauds jusqu'au centre. On peut ajouter les grains frais, prélevés crus de l'épi, à des salades et des salsas. On peut aussi les faire cuire jusqu'à ce qu'ils soient crémeux pour les incorporer à des soupes et des *chowders*, les faire frire en beignets ou encore les mélanger à de la pâte à muffins ou à pain et à des garnitures de toutes sortes.

LA PRÉPARATION DU MAÏS

Épluchez les épis. Pour ce faire, cassez les feuilles à la base avec toute partie résiduelle de la tige ou repliez les feuilles vers le bas autour de la tige pour former une poignée qui permettra de servir l'épi entier. Ôtez les filaments qui adhèrent au maïs en frottant l'épi sous l'eau froide à l'aide d'une brosse à légumes.

MAÏS GRILLÉ ÉPICÉ

Maïs grillé épicé

6 épis de maïs, les enveloppes intactes

Sel et poivre noir du moulin

1 c. à thé de poudre de chili

½ c. à thé de cumin moulu

⅛ c. à thé de piment de Cayenne

2 c. à soupe de beurre non salé, fondu

Replier les feuilles de chaque épi vers le bas de façon à ce qu'elles restent attachées à la tige. Retirer et jeter les filaments soyeux. Rincer les épis sous l'eau froide, les mettre dans un bol rempli d'eau froide et couvrir. Faire tremper 20 minutes.

Placer la grille du barbecue à 10 cm (4 po) de la source de chaleur. Huiler la grille et préchauffer l'appareil à intensité moyenne-élevée (page 264) ou utiliser une poêle à griller.

Dans un petit bol, mélanger ½ c. à thé de sel, ¼ c. à thé de poivre noir, la poudre de chili, le cumin, le piment de Cayenne et le beurre. Sortir les épis de l'eau, les éponger et enduire le maïs du mélange épicé. Refermer les feuilles sur les épis et envelopper chacun d'eux dans du papier d'aluminium.

Déposer les épis enveloppés sur la grille et les faire cuire environ 15 minutes, en les retournant de temps à autre, jusqu'à ce que les grains soient tendres.

Retirer le papier d'aluminium, disposer les épis dans un plat de service et servir immédiatement.

Purée de maïs à la ciboulette

8 épis de maïs, épluchés, les filaments enlevés

Sel et poivre du moulin

2 c. à soupe de ciboulette fraîche hachée

1 c. à soupe de beurre non salé

Tenir un épi par la pointe et en stabiliser la tige sur une planche à découper. Avec un couteau bien affûté, trancher l'épi dans un mouvement du haut vers le bas de façon à en détacher les grains. Faire pivoter l'épi après chaque découpe. Ensuite, placer l'épi debout dans une assiette ou un bol peu profond et le gratter avec une cuillère du haut vers le bas pour récupérer la pulpe et le jus, mais pas la peau des graines. Les 8 épis devraient donner 560 g (3 tasses) de maïs.

Mettre le maïs et ¼ c. à thé de sel dans une casserole à revêtement antiadhésif, sur feu moyen, et porter à faible ébullition. Faire cuire de 8 à 10 minutes, en remuant souvent avec une cuillère de bois, jusqu'à ce que le tiers du liquide se soit évaporé et que la consistance ait épaissi. Le maïs bouillonnera et éclaboussera un peu, mais il ne doit pas bouillir à gros bouillons. Si la casserole n'a pas de revêtement antiadhésif, une croûte dorée se formera au fond et sur la paroi. Ne pas tenter de le gratter pour la mélanger avec le maïs. Continuer tout simplement à remuer le maïs sans briser la croûte.

Incorporer la ciboulette et le beurre. Saler et poivrer.

Répartir entre des bols et servir immédiatement.

Risotto au maïs et à l'huile aromatisée au basilic

2 ou 3 épis de maïs, épluchés, les filaments enlevés

3 c. à soupe de beurre non salé

90 g (1 tasse) de poireau, les parties blanche et verte, tranchées finement

500 ml (2 tasses) de bouillon de poulet

330 g (1 ½ tasse) de riz à grains courts (Arborio, Carnaroli ou Vialone Nano)

Sel et poivre du moulin

2 c. à soupe de ciboulette fraîche coupée avec des ciseaux

4 c. à soupe d'*Huile d'olive aromatisée au basilic* (page 262)

Tenir un épi par la pointe et en stabiliser la tige sur une planche à découper. Avec un couteau bien affûté, trancher l'épi dans un mouvement du haut vers le bas de façon à en détacher les grains. Faire pivoter l'épi après chaque découpe. Réserver le maïs.

Dans une casserole, sur feu moyen, faire fondre le beurre, puis en enrober le poireau. Couvrir, baisser le feu à moyen-doux et faire cuire environ 5 minutes, jusqu'à ce que le légume soit translucide.

Dans une autre casserole, sur feu moyen, verser le bouillon de poulet et 750 ml (3 tasses) d'eau. Au besoin, ajuster la température pour garder le liquide chaud sans qu'il frémisse.

Augmenter à moyen le feu sur lequel cuit le poireau. Ajouter le riz et le faire cuire environ 3 minutes, en remuant, jusqu'à ce que les grains deviennent translucides. Verser 125 ml de liquide chaud à la fois, sans cesser de remuer ; en ajouter seulement lorsque la dernière quantité de liquide a été tout absorbée. Au bout de 10 minutes, incorporer le maïs réservé. Il faut compter environ 20 minutes pour que le riz absorbe tout le liquide et devienne à la fois crémeux croquant. S'il manque de liquide, ajouter de l'eau bouillante. Saler et poivrer.

Retirer du feu. Incorporer la ciboulette et 2 c. à soupe d'huile d'olive aromatisée au basilic. Répartir entre des bols et arroser de 2 c. à soupe d'huile d'olive aromatisée. Servir immédiatement.

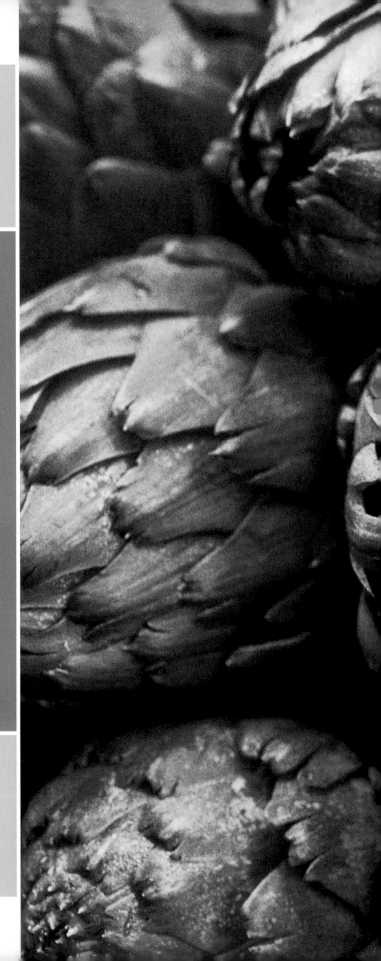

L'ACHAT D'ARTICHAUTS

Ils devraient sembler lourds par rapport à leur taille. Recherchez les artichauts aux feuilles vert olive serrées et à la tige humide et en bon état. Certains pourraient présenter des lignes noires, une indication de gel, mais elles n'ont aucune incidence sur la saveur du légume. Arrosez légèrement les artichauts et rangez-les dans un sac de plastique dans la partie la plus froide du réfrigérateur. Ils se conserveront ainsi une semaine.

Les artichauts

Peu de légumes ont l'air aussi rebutant et peu renferment autant de matière non comestible. Sous ses feuilles piquantes et fibreuses, ce bouton de chardon disgracieux révèle un trésor culinaire : un cœur tendre, d'une saveur délicieuse. Plante originaire des pays de la Méditerranée, l'artichaut est particulièrement populaire en Italie, en France et en Espagne.

La première saison des artichauts a lieu au début du printemps ; et la seconde, plus courte, à la fin de l'automne ou au début de l'hiver. Au marché, on en trouve de toutes les tailles, allant de l'artichaut nouveau si tendre qu'on peut le consommer en entier aux énormes globes qui atteignent près de 500 g (1 lb). La façon la plus facile de les déguster consiste à les faire cuire à la vapeur ou à les faire bouillir, puis à les accompagner d'une vinaigrette aux fines herbes ou d'un aïoli. On peut trancher les cœurs et les ajouter à des salades, à des pâtes ou à des soupes. En purée, ils servent de tartinades. Entiers, les cœurs formeront une base qu'on peut garnir d'œufs pochés ou d'une savoureuse petite salade de fruits de mer.

LA PRÉPARATION DES ARTICHAUTS

Pour parer un artichaut, retirez et jetez les feuilles extérieures les plus coriaces. Raccourcir ensuite les feuilles restantes de 2,5 à 5 cm (1 à 2 po) avec des ciseaux de cuisine. À l'aide d'un couteau dentelé, éliminez la base pour révéler le foin indigeste qu'il faut enlever avec une cuillère. Afin que les artichauts ne se décolorent pas après qu'ils ont été coupés, frottez le dessous avec du jus de citron frais.

Salade d'artichauts au fromage bleu

4 PORTIONS

2 citrons, tranchés en deux

8 artichauts, petits ou de taille moyenne

4 c. à soupe d'huile d'olive

15 g (¼ tasse) de laitue frisée

Sel et poivre du moulin

2 c. à soupe de fromage bleu émietté

60 g (⅓ tasse) d'amandes, grillées (page 264) et hachées

Au-dessus d'un bol rempli d'eau froide, presser le jus de 2 demi-citrons et ajouter les écorces. Retirer les feuilles extérieures de chaque artichaut pour ne garder que les feuilles intérieures vert pâle. Avec un petit couteau, enlever les parties vert foncé de la tige et de la base, puis couper la tige. Raccourcir les feuilles de 2,5 cm (1 po). Trancher les artichauts en deux dans le sens de la longueur et ôter le foin avec une petite cuillère. Déposer les artichauts dans l'eau citronnée au fur et à mesure qu'ils sont parés.

Trancher finement les artichauts dans le sens de la longueur. Mettre dans un saladier. Arroser de 2 c. à soupe d'huile d'olive et mélanger. Ajouter la laitue, saler et poivrer, puis arroser encore de 2 c. à soupe d'huile d'olive et du jus d'un demi-citron. Remuer délicatement, saler et ajouter du jus de citron, au goût. Parsemer de fromage émietté et d'amandes hachées. Servir immédiatement.

Artichauts à la vapeur, mayonnaise à l'aneth

4 PORTIONS

4 artichauts, de taille moyenne ou grosse

1 gros jaune d'œuf

250 ml (1 tasse) d'huile d'olive

2 c. à soupe d'aneth frais haché

1 ou 2 c. à thé de jus de citron

Sel

Retirer les feuilles extérieures coriaces à la base de la tige de chaque artichaut. Couper la tige à égalité avec la base. Placer les artichauts, le dessous vers le haut et en une seule couche, dans le panier d'un bain-marie. Dans la casserole, verser 2,5 cm (1 po) d'eau. Poser le panier sur le dessus, couvrir hermétiquement et porter à ébullition. Faire cuire à la vapeur de 30 à 40 minutes, jusqu'à ce qu'on puisse enfoncer facilement un couteau dans la base des artichauts. Vérifier régulièrement le niveau de l'eau.

Pendant que les artichauts cuisent, dans un petit bol, fouetter le jaune d'œuf avec ½ c. à thé d'eau. Dès que le mélange épaissit et devient opaque, verser l'huile d'olive en un mince filet tout en continuant de fouetter. Incorporer l'aneth et le jus de citron. Saler. Si la mayonnaise est trop épaisse, ajouter un peu d'eau.

Déposer les artichauts dans un plat de service et accompagner de la mayonnaise. Servir immédiatement.

Ragoût d'artichauts au citron et à l'ail

6 PORTIONS

2 citrons

18 petits artichauts

10 gousses d'ail, tranchées en deux

5 brins de thym frais

2 feuilles de laurier

½ c. à thé de sel

60 ml (¼ tasse) d'huile d'olive

1 c. à thé de persil italien (plat) frais haché

Avec un couteau-éplucheur, prélever le zeste des citrons et réserver.

Remplir à moitié un grand bol d'eau froide. Trancher 1 citron en deux et en presser le jus au-dessus du bol d'eau. Parer les artichauts, un à la fois. Retirer les feuilles extérieures de chacun d'eux pour ne garder que les feuilles intérieures vert pâle. Avec un petit couteau, enlever les parties vert foncé de la tige et de la base, puis couper la tige. Raccourcir les feuilles de 2,5 cm (1 po). Trancher les artichauts en deux dans le sens de la longueur et ôter le foin avec une petite cuillère. Déposer les demi-artichauts dans l'eau citronnée au fur et à mesure qu'ils sont parés.

Égoutter les artichauts et les mettre dans une casserole. Trancher 1 citron en deux et en presser le jus au-dessus de la casserole. Ajouter le zeste réservé, l'ail, les brins de thym, le laurier, du sel et l'huile d'olive. Verser suffisamment d'eau pour couvrir les artichauts et déposer sur la surface un disque de papier ciré dont le diamètre sera le même que celui de la casserole. Placer une assiette allant au four sur le papier ciré. Porter à ébullition sur feu moyen-vif, baisser le feu à moyen, puis laisser mijoter 5 minutes. Retirer du feu et laisser les artichauts refroidir dans la casserole pendant environ 1 heure, ou jusqu'à ce qu'ils soient tendres lorsqu'on les perce avec un couteau. Parsemer de persil et servir immédiatement.

ARTICHAUTS NOUVEAUX

Ces petits spécimens poussent sur la plante plus bas que les artichauts ronds. Ils sont vert olive et les feuilles se chevauchent étroitement. Ils peuvent être aussi petits qu'une noix et ne pas avoir encore de foin, mais il faudra néanmoins couper les tiges, retirer les feuilles extérieures foncées et éliminer les pointes piquantes avant de les faire cuire.

ARTICHAUTS NOUVEAUX SAUTÉS AVEC AÏOLI

Retirer les feuilles extérieures des artichauts (12 à 16). Éliminer le quart supérieur des feuilles restantes ainsi que la tige. Couper en tranches de 6 mm (¼ po) d'épaisseur et mettre dans un bol rempli d'eau citronnée. Sur feu moyen-vif, faire chauffer 4 c. à soupe d'huile d'olive et y faire sauter les artichauts de 3 à 4 minutes. Transférer sur du papier absorbant et parsemer de 1 c. à thé de sel. Accompagner d'*Aïoli* (page 139).

RAGOÛT D'ARTICHAUTS AU CITRON ET À L'AIL

Les baies

FRAISES

FRAISES DES BOIS

MÛRES

FRAMBOISES

FRAMBOISES
JAUNES

BLEUETS

AIRELLES NOIRES

CANNEBERGES

Contrairement aux fruits qui contiennent un seul gros noyau
ou encore une concentration de graines au centre, les baies se
caractérisent par de minuscules graines comestibles dispersées
dans la chair. Plusieurs variétés poussent sur des tiges minces,
souvent épineuses, ou sur des tuteurs. Certaines baies, telles que
les bleuets et les airelles noires, sont les fruits d'arbustes. Parmi
ces fruits, les rouges et brillantes canneberges font bande à part.
Elles sont les fruits de plantes rampantes cultivées dans des
tourbières ou dans des bassins spécialement aménagés. On les
inonde à l'automne pour que les baies puissent être recueillies.
Le côté très sucré et exquis de nombreuses baies compense leur
petite taille. Ainsi, lorsque les fraises, les framboises et les mûres
sont à point, elles exhalent souvent un merveilleux parfum.

Plusieurs petits fruits, notamment les framboises, les fraises et
les mûres, proviennent tant du vieux continent que du Nouveau
Monde et on en trouve aussi en Asie. Deux variétés, cependant,
les airelles noires et les canneberges, sont des plantes indigènes
de l'Amérique du Nord. Dans les temps anciens, les gens
cueillaient des baies dans la nature, et bien que cette coutume
existe encore aujourd'hui, la plupart des baies offertes au marché
sont pour la plupart issues de cultures.

Étant donné que les baies sont particulièrement délicates, elles
sont récoltées avec soin à la main lorsqu'elles arrivent à maturité
au printemps et en été.

Les fraises

Débordantes de saveur et caractérisées par un parfum enivrant, les fraises d'un beau rouge font partie d'un grand groupe botanique qui comprend également les pommes, les poires, les framboises et les mûres. Il faut éviter de consommer les fraises vertes, car elles sont susceptibles d'irriter l'estomac.

Au marché, les fraises sont parmi les premiers fruits locaux à faire leur apparition au début de l'été. Ne les laissez pas à la température ambiante ou au soleil, car elles risquent de mûrir trop vite. Au Québec, on trouve aussi des fraises des champs, dont la taille est beaucoup plus petite que les fraises cultivées. En Europe, la fraise des bois est une variété alpine, petite et juteuse. Il est possible de cultiver des fraises chez soi, mais les plants ne durent que deux ou trois ans, après quoi ils s'épuisent et ne produisent plus de fruits.

Les fraises sont parmi les fruits les plus populaires qu'on adore déguster tels quels, à même le casseau. On peut également en faire de la confiture, des tartes, des garnitures pour des gâteaux. On aime aussi les étaler sur des crêpes ou des gaufres et les arroser de sirop d'érable.

LA PRÉPARATION DES FRAISES

Rincez-les doucement sous l'eau froide juste avant de les manger, sinon l'humidité favorisera l'apparition de moisissure. Pour les équeuter, retirez la tige et le pédoncule à l'aide d'une petite cuillère ou d'un petit couteau de cuisine. Il existe aussi des pinces à équeuter. Pour faire ressortir leur côté juteux pour le déjeuner ou pour garnir des desserts, mélangez des fraises coupées avec du sucre (environ 1 c. à soupe pour 4 tasses de fruits). Laissez-les reposer 30 minutes.

Les mûres
et les framboises

Lorsqu'on aperçoit la première production locale de mûres charnues, allongées et aux teintes sombres, ainsi que les délicates framboises en forme de petites coupes, c'est que l'été est bel et bien arrivé! La saveur des framboises a tendance à être acidulée. Ce fruit est généralement écarlate, mais on trouve maintenant une variété jaune. Les mûres et les framboises poussent dans les arbustes épineux et indisciplinés. Ces plants affectionnent tout particulièrement les champs et les prés ensoleillés de l'Amérique du Nord et de l'Europe. On peut se procurer ces deux fruits au marché du début de l'été au début de l'automne. Leur goût sera, cependant, incomparable au milieu de l'été.

Les framboises et les mûres peuvent se remplacer l'une l'autre ou se combiner dans les recettes. Fraîches, elles sont délicieuses nature, mais on peut aussi les ajouter sur de la crème glacée ou dans de la salade de fruits, les faire cuire dans des tartes feuilletées ou les transformer en confitures divines.

Salade de fraises et d'épinards

6 PORTIONS

60 ml (¼ tasse) de vinaigre de riz

2 c. à soupe de sucre

2 c. à thé de graines de pavot

½ c. à thé de moutarde sèche

Sel et poivre du moulin

180 ml (¾ tasse) d'huile de canola

185 g (6 tasses) de bébés épinards

250 g (2 tasses) de fraises, équeutées et tranchées

30 g (¼ tasse) d'oignon rouge tranché finement

30 g (¼ tasse) de pacanes, grillées (page 264) et hachées grossièrement

Dans un petit bol, fouetter le vinaigre de riz, le sucre, les graines de pavot, la moutarde sèche, une pincée de sel et autant de poivre. Tout en fouettant, verser l'huile en un mince filet pour obtenir une consistance lisse.

Dans un saladier, mélanger les épinards, les fraises, l'oignon rouge et les pacanes. Arroser de la moitié de la vinaigrette et remuer délicatement. Ajouter de la vinaigrette, s'il y a lieu, de sorte que les ingrédients soient légèrement enrobés. Servir immédiatement.

Crème glacée à la fraise

6 PORTIONS

1 gousse de vanille, fendue dans le sens de la longueur

250 ml (1 tasse) de crème (35 % M.G.)

250 ml (1 tasse) de lait entier (3,25 % M.G.)

185 g (¾ tasse) de sucre

Une pincée de sel

4 gros jaunes d'œufs

250 g (2 tasses) de fraises, coupées en morceaux de 12 mm (½ po)

1 c. à thé de jus de citron

250 ml (1 tasse) de crème (35 % M.G.)

Dans une casserole, porter à ébullition la gousse de vanille, la crème, le lait, 125 g (½ tasse) de sucre et le sel. Remuer jusqu'à ce que le sucre soit dissous. Éteindre le feu. Dans un bol, fouetter les jaunes d'œufs et y incorporer, tout en fouettant, 250 ml du mélange. Verser dans la casserole et faire cuire sur feu doux, en remuant, jusqu'à ce que la préparation nappe le dos d'une cuillère. Filtrer au-dessus d'un bol qui résiste à la chaleur, puis déposer ce bol sur un autre, rempli d'eau glacée. Remuer jusqu'à ce que la préparation ait refroidi, environ 30 minutes.

Au robot, réduire en purée la moitié des fraises, 60 g (¼ tasse) de sucre et le jus de citron. Incorporer la purée et la crème à la préparation refroidie. Congeler dans une sorbetière. Juste avant que la crème glacée soit prête, ajouter le reste des fraises et terminer le processus de congélation.

Gâteau sablé aux fraises

6 PORTIONS

375 g (3 tasses) de fraises, équeutées et tranchées en deux

4 c. à soupe de sucre, ou au goût

Jus de citron fraîchement pressé

250 ml (1 tasse) de crème (35 % M.G.)

¼ c. à thé d'extrait de vanille pure

Gâteau sablé à la farine de maïs (page 263), cuit dans un plat de 23 cm (9 po) de diamètre ou dans six moules rectangulaires de 5 cm (2 po) de long

Dans un grand bol, mélanger les fraises et 3 c. à soupe de sucre, ou plus au goût. Laisser reposer 15 minutes. Arroser ensuite de jus de citron, au goût.

Dans un autre bol, battre la crème, 1 c. à soupe de sucre et la vanille pour obtenir des pics fermes.

Avec une cuillère, disposer les fraises sur le gâteau sablé. Arroser du jus de fraises accumulé dans le bol. Garnir de crème fouettée et servir immédiatement.

FRAISES DES BOIS

Ces petites fraises alpines, originaires de France, possèdent un parfum intense qui commence à s'atténuer dès qu'on les cueille. Ces fraises font des présentations très attrayantes lorsqu'on les utilise dans des tartes, des parfaits ou comme décoration, tout simplement. On peut les remplacer par des fraises des champs.

PARFAITS AUX FRAISES DES BOIS

Dans un grand bol, fouetter pour obtenir une consistance lisse 125 ml (½ tasse) de crème champêtre (35 % M.G.), froide, 30 g (¼ tasse) de sucre glace, 500 g (2 tasses) de ricotta et 1 c. à thé d'extrait de vanille pure. Répartir la moitié de 125 g (1 ½ tasse) de fraises des bois au fond de 4 verres à parfait. Répartir ensuite la moitié de la préparation à la ricotta entre ces verres. Les parsemer de 155 g (1 tasse) d'amandes grillées (page 264) et hachées. Garnir d'une couche de fraises des bois, puis couvrir du reste de la préparation à la ricotta. Parsemer les parfaits des fraises et des amandes restantes. 4 portions.

GÂTEAU SABLÉ AUX FRAISES

SALADE DE JEUNE ROQUETTE AUX FRAMBOISES ET AU GORGONZOLA

Polenta avec mûres pour le déjeuner

4 PORTIONS

125 ml (½ tasse) de sirop d'érable

155 g (1 tasse) de polenta, mouture grossière

250 ml (1 tasse) de lait entier (3,25 % M.G.)

125 g (½ tasse) de mascarpone

120 g (1 tasse) de mûres

Dans une petite casserole, sur feu doux, faire chauffer le sirop d'érable ; le garder au chaud.

Dans une grande casserole à fond épais, porter 750 ml (3 tasses) d'eau salée à ébullition. Dans un petit bol, mélanger la polenta et le lait. Incorporer peu à peu à l'eau bouillante. En remuant sans cesse, porter la préparation à ébullition de nouveau et faire cuire environ 2 minutes. Baisser le feu à moyen-doux, et poursuivre la cuisson environ 25 minutes, en remuant souvent, jusqu'à ce que la polenta soit épaisse et crémeuse. Ajouter jusqu'à 125 ml (½ tasse) d'eau, 1 c. à soupe à la fois si la polenta commence à coller au fond de la casserole. Attention : la polenta chaude risque de bouillonner et de projeter des éclaboussures.

Répartir la polenta entre quatre assiettes creuses. Arroser chacune de 2 c. à soupe de sirop d'érable chaud et garnir de 2 c. à soupe de mascarpone. Répartir les mûres entre les assiettes et servir immédiatement.

Salade de jeune roquette aux framboises et au gorgonzola

DE 4 À 6 PORTIONS

3 c. à soupe d'huile d'olive

2 c. à soupe de vinaigre balsamique

Sel et poivre du moulin

185 g (6 tasses) de jeune roquette

250 g (½ lb) de gorgonzola ou autre fromage bleu, émietté

125 g (1 tasse) de framboises ou de mûres fraîches

Dans un petit bol, fouetter l'huile d'olive et le vinaigre balsamique, puis saler et poivrer au goût.

Dans un saladier, mélanger la roquette et le fromage. Arroser de vinaigre et remuer pour enrober les ingrédients. Répartir entre des assiettes, garnir de framboises et servir immédiatement.

Pour transformer cette salade en un repas principal, la servir avec des tranches minces de steak grillé et des oignons rouges grillés avec Vinaigrette au thym *(page 136).*

Pavé aux baies à la cannelle

DE 4 À 6 PORTIONS

750 g (6 tasses) de mûres et de framboises mélangées

125 g (½ tasse) + 2 c. à soupe de sucre

2 c. à soupe de farine tout usage

1 c. à soupe de jus de citron fraîchement pressé

¼ c. à thé de cannelle moulue

Croûte pour pavé aux fruits (page 263)

Préchauffer le four à 220 °C (425 °F). Beurrer légèrement un plat peu profond, allant au four, d'une capacité de 2 litres (8 tasses).

Dans une grande casserole, sur feu moyen-vif, faire chauffer les baies, 125 g (½ tasse) de sucre, la farine, le jus de citron et la cannelle, jusqu'à ce que le liquide commence à bouillir. Laisser refroidir.

Verser ensuite dans le plat allant au four. Étaler uniformément. Déposer le pavé sur la préparation aux baies et parsemer de 2 c. à soupe de sucre.

Faire cuire environ 25 minutes, jusqu'à ce que la garniture bouillonne et que le dessus soit bien doré. Laisser refroidir et servir à la température ambiante.

FRAMBOISES JAUNES

Plus difficiles à trouver que les rouges, les framboises jaunes sont identiques à ces dernières, sauf en ce qui a trait à la couleur : elle varie de jaune pâle à doré vif. Leur goût est aussi un peu plus sucré et évoque le miel. La saison des framboises jaunes ne dure que quelques semaines en été, alors si vous en voyez au marché, n'hésitez pas et prenez-les sur-le-champ.

TARTES AUX FRAMBOISES JAUNES

Au mélangeur ou au robot culinaire, moudre finement 8 biscuits graham. Ajouter 125 g (½ tasse) de beurre non salé, fondu, et 2 c. à soupe de cassonade. Bien mélanger. Étaler au fond d'un moule à charnière de 23 cm (9 po) de diamètre. Tasser la préparation au fond et sur le bord du moule. Faire cuire au four à 180 °C (350 °F) environ 10 minutes, jusqu'à ce que la croûte soit ferme. Laisser refroidir complètement sur une grille. Dans un bol,

battre 250 g (1 tasse) de mascarpone à la température ambiante, 1 c. à thé d'extrait de vanille pure et 45 g (⅓ tasse) de sucre glace pour obtenir une préparation mousseuse. Étaler uniformément sur la croûte refroidie. Garnir de 500 g (4 tasses) de framboises jaunes. Faire chauffer 75 g (¼ tasse) de gelée d'abricots avec 1 c. à thé d'eau. En badigeonner les fruits. De 6 à 8 portions.

Les plus frais seront fermes, à la peau lisse et sèche, couverte d'un fini velouté et blanc poudreux. On peut les ranger dans un contenant hermétique pour les conserver au réfrigérateur une semaine. Il est également possible de les congeler pour les déguster hors-saison. Étalez-les en une seule couche sur une plaque à pâtisserie, puis transférez-les dans un contenant hermétique dès qu'ils sont congelés.

Les bleuets

Le diamètre de la sphère lisse et bleu foncé des bleuets oscille entre celui d'un pois et celui d'une bille. Les plus petites variétés, bien que les plus intenses au goût, poussent dans la nature dans de petits arbustes bas adaptés aux climats froids. Les bleuets sauvages du Lac Saint-Jean sont légendaires auprès des cuisiniers qui en apprécient la complexité et la richesse dans les tartes, les pavés et les confitures. Certains fermiers ont réussi à cultiver de proches cousins de ces variétés sauvages. Ces bleuets plus petits et plus foncés sont disponibles au marché au milieu de l'été. L'équilibre entre leur acidité et leur sucrosité est remarquable.

Les bleuets sont particulièrement populaires au déjeuner. On peut les ajouter facilement à des pâtes à crêpes, à muffins ou à gâteaux pour accompagner le café. On peut aussi les utiliser pour agrémenter des gaufres, du yogourt ou des céréales. Comme la plupart des fruits de la famille des baies, les bleuets prennent la vedette dans les tartes, la crème glacée et tout autre dessert coloré.

LA PRÉPARATION DES BLEUETS

Les bleuets mûrs sont fragiles; c'est pourquoi il faut les manipuler avec soin. S'il reste des tiges, retirez-les et jetez-les. Rincez les bleuets sous l'eau froide juste avant de les utiliser. Laissez-les sécher sur du papier absorbant. Pour qu'ils se répartissent plus uniformément dans la pâte à gâteau ou à muffins, passez-les dans une petite quantité de farine tandis qu'ils sont encore humides, juste avant de les ajouter à la pâte.

L'ACHAT DE CANNEBERGES

De rouge pâle à écarlate, les canneberges devraient être dodues,
fermes, luisantes et sèches. N'achetez pas de fruits ratatinés
ou dont la peau est terne. Ils se conserveront au moins un mois
au réfrigérateur dans un contenant hermétique. On peut également
les congeler pour une période de 10 mois.

Les canneberges

L'un des rares fruits indigènes de l'Amérique du Nord,
la ronde canneberge rouge vif fait partie intégrante de
la cuisine d'ici. Les « atocas » comme on les appelle aussi
accompagnent traditionnellement la dinde de Noël. Leur
acidité rafraîchissante offre un contrepoids agréable aux
plats d'automne et d'hiver. Poussant dans les milieux
humides du nord du continent, les canneberges sont
récoltées d'une façon bien particulière : on inonde des
bassins prévus à cette fin pour qu'elles remontent à la
surface. Les cultures sont désormais mécanisées pour
une plus grande efficacité.

Recherchez les canneberges entières et fraîches en
automne. Pour obtenir des préparations sucrées et
savoureuses, mariez-les à des noix, à des céréales et à
des fruits d'automne comme les pommes et les poires.
Elles sont toutefois trop sures et trop astringentes pour
être mangées crues. On les associe généralement à
des ingrédients sucrés pour équilibrer leur saveur bien
affirmée. Les canneberges séchées gagnent aussi en
popularité et on peut les substituer aux raisins secs
dans les pilafs, les farces, les pains et les desserts.

LA PRÉPARATION DES CANNEBERGES

Rincez-les sous l'eau froide juste avant de les préparer. Jetez
toutes celles qui présentent des taches brunes ou qui sont molles.
Hachez-les, lorsqu'elles sont fraîches, pour les faire cuire dans des
pilafs et des farces. Pour obtenir une texture plus lisse, faites mijoter
les canneberges fraîches dans du bouillon, du vin, de la liqueur
alcoolisée, du jus d'orange ou de l'eau jusqu'à ce qu'elles éclatent.
Il est inutile de décongeler les canneberges congelées avant de les
faire cuire.

Crêpes au babeurre et aux bleuets

DE 6 À 8 PORTIONS

315 g (2 tasses) de farine tout usage

2 c. à thé de poudre à pâte

1 c. à thé de bicarbonate de soude

1 c. à thé de sel

2 gros œufs

500 ml (2 tasses) de babeurre

4 c. à soupe de beurre non salé, fondu et refroidi, et un peu pour graisser

250 g (2 tasses) de bleuets

Dans un bol, tamiser la farine, la poudre à pâte, le bicarbonate de soude et le sel. Dans un autre bol, battre les œufs et le babeurre. Verser dans les ingrédients secs et mélanger avec une cuillère de bois pour obtenir une pâte lisse. Incorporer 4 c. à soupe de beurre fondu ainsi que les bleuets.

Faire chauffer une poêle sur feu moyen-vif. Lorsqu'elle est chaude, la badigeonner d'un peu de beurre fondu. Pour chaque crêpe, verser 2 c. à soupe de pâte dans la poêle et l'étaler pour obtenir un rond de 10 à 13 cm (4 à 5 po) de diamètre. Faire cuire environ 3 minutes, jusqu'à ce que le dessous soit doré et que des bulles se forment en surface. Retourner la crêpe et poursuivre la cuisson environ 3 minutes. Transférer dans un plat et garder au chaud dans le four à basse température. Badigeonner la poêle de beurre au besoin, entre les nouvelles crêpes. Servir immédiatement.

Panna cotta à la vanille et aux bleuets

4 PORTIONS

60 ml (¼ tasse) de lait entier (3,25 % M.G.)

2 ½ c. à thé (1 enveloppe) de gélatine sans saveur

500 ml (2 tasses) de crème champêtre (35 % M.G.)

60 g (¼ tasse) de sucre

1 gousse de vanille

1 c. à thé d'extrait de vanille pure

250 g (2 tasses) de bleuets, et un peu pour décorer

Dans un bol, parsemer le lait de gélatine. Laisser reposer environ 2 minutes. Dans une casserole, sur feu moyen, mélanger la crème et le sucre. Fendre la gousse de vanille dans le sens de la longueur, récupérer les graines et les ajouter à la crème, avec la gousse. Faire chauffer, en remuant, jusqu'à ce que de petites bulles éclatent le long du bord de la casserole. Laisser refroidir brièvement.

Retirer la gousse de vanille. Verser lentement la crème chaude dans le lait et la gélatine, en remuant sans cesse pour la dissoudre. Ajouter l'extrait de vanille et les bleuets. Répartir entre quatre ramequins ou verrines d'une capacité de 180 ml (¾ tasse). Couvrir et réfrigérer 4 heures, voire jusqu'au lendemain.

Faire courir la lame d'un couteau contre le bord intérieur des ramequins et renverser le contenu dans des assiettes à dessert. Décorer de bleuets et servir.

Pudding estival aux bleuets

DE 6 À 8 PORTIONS

750 g (6 tasses) de bleuets

125 g (½ tasse) de sucre

1 c. à soupe de jus de citron fraîchement pressé

2 c. à thé de zeste de citron râpé finement

Une pincée de sel

1 c. à thé d'extrait de vanille pure

12 tranches de pain brioché torsadé d'environ 12 mm (½ po) d'épaisseur

250 ml (1 tasse) de crème à fouetter (35 % M.G.)

2 c. à soupe de sucre glace

½ c. à thé de cannelle moulue

Dans une grande casserole, porter à ébullition, sur feu vif, 250 g (2 tasses) de bleuets, le sucre, le jus et le zeste de citron ainsi que le sel. Baisser le feu à moyen et faire cuire de 6 à 8 minutes, en remuant de temps à autre, tout en écrasant doucement quelques bleuets au fur et à mesure qu'ils ramollissent, jusqu'à ce qu'ils soient juteux et épais. Retirer du feu; incorporer 500 g (4 tasses) de bleuets et la vanille.

Tapisser de pellicule de plastique un bol d'une capacité de 1,5 l (6 tasses), en laissant pendre du bord 7,5 cm (3 po) de pellicule. Tapisser ensuite entièrement le bol de pain, en le coupant pour le disposer en une seule couche. Verser la préparation aux bleuets et couvrir complètement du reste de pain. Rabattre sur le dessus la pellicule de plastique qui pend. Y déposer une assiette dont le diamètre est légèrement plus petit que celui du bol. Lester l'assiette d'une boîte de conserve. Réfrigérer jusqu'au lendemain ou 24 heures.

Pour servir, dans un bol, fouetter ensemble la crème, le sucre glace et la cannelle pour obtenir des pics fermes. Retirer la conserve, l'assiette et la pellicule de plastique du pudding. Démouler dans une assiette. Couper en parts et servir immédiatement. Accompagner de crème fouettée.

AIRELLES NOIRES

Proche parente du bleuet, l'airelle noire renferme toutefois plus de graines et est un peu plus acide que ce dernier. L'airelle est aussi connue sous le nom de «myrtille américaine». Ces baies noires bleutées poussent dans l'est des États-Unis. Il en existe une autre variété qu'on retrouve sur la côte ouest. Les airelles peuvent remplacer les bleuets dans les recettes ou dans les sauces qui accompagnent le gibier.

CROUSTILLANT AUX AIRELLES

Mélanger 155 g (⅔ tasse) de sucre, 45 g (¼ tasse) de farine, ⅛ c. à thé de sel, 1 c. à soupe de zeste d'orange et 1 c. à thé d'extrait de vanille. Incorporer délicatement 750 g (6 tasses) d'airelles. Verser dans un plat allant au four de 25 cm (10 po) de long, beurré. Répartir sur la surface la *Garniture croustillante* (page 263). Faire cuire au four à 180 °C (350 °F) de 25 à 30 minutes, jusqu'à ce que le dessus soit bien doré. 4 portions.

PANNA COTTA À LA VANILLE ET AUX BLEUETS

SORBET AUX CANNEBERGES

Scones aux canneberges fraîches

235 g (1 ½ tasse) de farine tout usage

1 ½ c. à soupe de sucre

½ c. à thé de poudre à pâte

½ c. à thé de sel

7 c. à soupe de beurre non salé, très froid, coupé en petits morceaux

125 g (1 tasse) de canneberges fraîches

1 œuf, battu légèrement

2 c. à soupe de jus d'orange fraîchement pressé

Préchauffer le four à 200 °C (400 °F).

Dans un bol, fouetter la farine, le sucre, la poudre à pâte et le sel. Incorporer le beurre en le coupant avec un coupe-pâte ou à l'aide de deux couteaux, jusqu'à ce que la préparation ressemble à des flocons d'avoine. Ajouter les canneberges. Avec une fourchette, incorporer l'œuf et le jus d'orange pour obtenir une pâte souple.

Sur une surface farinée, abaisser la pâte en un rond de 12 mm (½ po) d'épaisseur. Avec un emporte-pièce de 5 cm (2 po) de diamètre, détailler autant de ronds que possible. Former une boule avec les restes de pâte, l'abaisser et détailler d'autres ronds. Les déposer sur une plaque à pâtisserie non graissée.

Faire cuire au four environ 15 minutes, jusqu'à ce que les scones soient légèrement dorés. Bien surveiller le dessous des scones pour éviter qu'il brûle. Transférer sur une grille et laisser refroidir de 2 à 3 minutes. Servir tiède.

Condiment aux canneberges et à l'orange

1 orange à peau mince, avec l'écorce intacte, coupée en huit quartiers

375 g (3 tasses) de canneberges fraîches

185 g (¾ tasse) de sucre, ou au goût

Retirer tout pépin des quartiers d'orange. Trancher chaque quartier en deux, dans le sens de la largeur. Dans un robot culinaire, mélanger la moitié des morceaux d'orange, la moitié des canneberges et la moitié du sucre. Transférer dans un bol. Répéter avec le reste des fruits et du sucre. Verser dans le bol. Goûter et ajouter du sucre, si le condiment est trop acide. Couvrir et réfrigérer jusqu'à ce qu'il soit bien froid.

Ce condiment rehaussera des escalopes de dinde ou des poitrines de poulet à la poêle. Il peut aussi accompagner la traditionnelle dinde rôtie.

Sorbet aux canneberges

250 g (2 tasses) de canneberges fraîches

125 ml (½ tasse) de jus de canneberges

330 g (1 ½ tasse) de sucre en poudre

Dans une petite casserole, sur feu moyen-doux, faire chauffer les canneberges et le jus de canneberges de 5 à 7 minutes, en remuant de temps à autre, jusqu'à ce que les baies éclatent. Incorporer le sucre et remuer pour le dissoudre. Laisser refroidir. Couvrir ensuite et réfrigérer environ 2 heures, jusqu'à ce que la préparation soit bien froide.

Verser dans une sorbetière et congeler selon les instructions du fabricant. Servir immédiatement.

Pour obtenir une texture plus dense, tasser la préparation dans des contenants allant au congélateur et congeler environ 3 heures, jusqu'à ce que le sorbet soit ferme.

Les agrumes

CITRONS

CITRONS MEYER

LIMES

LIMETTES

ORANGES

SANGUINES

TANGERINES

MANDARINES

MANDARINES
SATSUMA

PAMPLEMOUSSES

POMELOS

La famille des plantes à fleurs classifiées sous le nom d'agrumes se caractérise par des fruits à la chair pulpeuse et une peau un peu bosselée dans les tons de jaune, orange et rouge. Ils poussent dans des arbres ou de grands arbrisseaux dotés de feuilles persistantes, qui produisent également des fleurs blanches au parfum intense. Presque toutes les parties d'un agrume – la chair, le jus et le zeste – se consomment ou s'utilisent en cuisine. La chair est tantôt acide, comme celle de la plupart des citrons et des pamplemousses, tantôt sucrée, comme celle des oranges et des tangerines. Même certaines variétés de fruits, telles que le pomelo, peuvent être soit sucrées, soit agréablement acides.

L'analyse de documents scientifiques traitant de fossiles suggère que les agrumes comptent parmi les fruits les plus anciens qu'on connaisse. La plupart de ceux qui nous sont familiers aujourd'hui proviennent de l'Asie et se sont répandus graduellement vers l'Europe et les Amériques. Les arbres qui les portent poussent bien dans les climats tropical ou tempéré, comme dans certaines régions de la Chine, autour de la Méditerranée, en Amérique du Sud et aux États-Unis, notamment en Floride et en Californie. Plusieurs hybrides d'agrumes ont été découverts ou intentionnellement multipliés. Le citron Meyer, par exemple, serait un croisement entre un citron et une mandarine.

Dans les régions au climat favorable aux agrumes, chaque saison en apporte un type particulier à récolter.

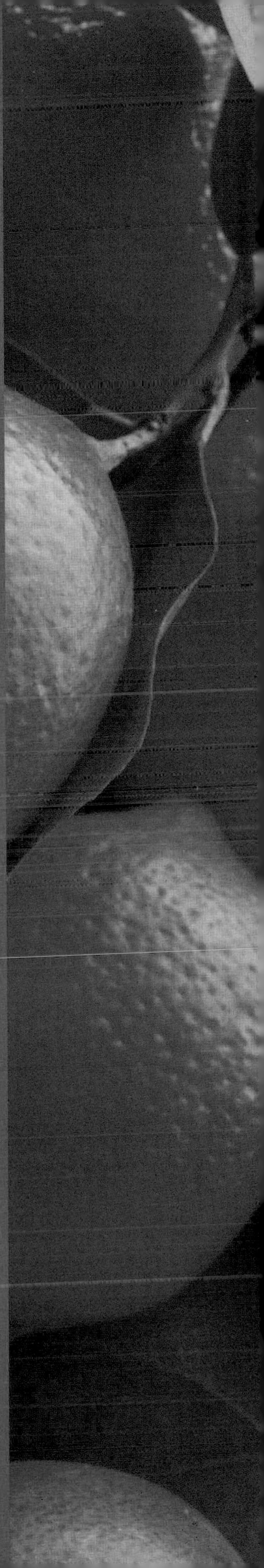

L'ACHAT DES CITRONS

Choisissez des citrons qui semblent lourds pour leur taille et qui ne présentent pas de parties molles. Les citrons à l'écorce lisse et luisante seront les plus juteux, tandis que les fruits à l'écorce épaisse donneront plus de zeste. Rangez-les dans des paniers à la température ambiante pendant une semaine. Ils se conservent également dans un sac de plastique pendant un mois au réfrigérateur. On peut congeler six mois le jus de citron fraîchement pressé.

Les citrons

Les citrons occupent une place importante dans les cuisines du monde entier et ils jouent un rôle fondamental dans les cuisines des pays qui bordent la Méditerranée. Le jus acide du fruit et le zeste aromatique rehaussent la saveur d'innombrables plats. Petit et de forme ovale, le citron a d'abord été cultivé dans les régions tropicales de l'Asie. Les deux variétés les plus populaires actuellement chez les producteurs sont le citron Lisbon et l'Eureka, en raison de la taille des fruits, de leur goût distinctif et de leur épaisse membrane blanche protectrice. Le citron Meyer, plus petit, plus rond et plus fragile, dégage un parfum floral et possède un goût moins acidulé.

Bien qu'on les trouve toute l'année, les citrons sont en saison pendant l'hiver et le début du printemps dans les climats doux où ils poussent. Ce fruit ajoute une touche intéressante aux soupes et aux sauces; il sert aussi à mariner la viande, à décorer les légumes et à donner du goût à des boissons rafraîchissantes et à plusieurs cocktails classiques. En raison de son acidité fruitée, le citron est la saveur la plus populaire utilisée dans les bonbons et les desserts.

LA PRÉPARATION DES CITRONS

Pour en extraire le maximum de jus, amenez le citron à la température ambiante, roulez-le sur une surface dure, puis servez-vous d'un presse-agrumes pour récupérer jusqu'à la dernière goutte de jus. Un zesteur est l'outil idéal pour obtenir des lanières d'écorce fine, exempte de toute membrane blanche. Un couteau-éplucheur convient bien pour créer des bandes de zeste. Utilisez un couteau bien affûté pour couper le citron en tranches ou en quartiers.

L'ACHAT DES LIMES

Achetez des limes lisses, luisantes et dodues, à l'écorce vert foncé, qui semblent lourdes pour leur taille. Évitez celles qui ont la peau terne et des parties molles. À la température ambiante, elles se conserveront de 3 à 5 jours ; dans un sac de plastique au réfrigérateur, un mois. On peut congeler six mois le jus de lime fraîchement pressé.

Les limes

Plus petits que les citrons, les fruits du limettier à feuilles persistantes ont une douceur caractéristique qui tempère leur acidité. Du zeste vert émane un parfum quasi floral. Les limes sont le principal ingrédient acidifiant des mets latino-américains, africains, indiens et de la cuisine de l'Asie du Sud-Est et des îles du Pacifique. La variété la plus courante vendue en Amérique du Nord et en Europe est la lime persane ronde et vert foncé (aussi connue sous le nom de lime tahitienne) qui pousse dans les zones tropicales. La limette, vedette de la célèbre *key lime pie* de Floride, ainsi que la lime mexicaine sont plus petites et plus délicates que la lime persane. Quant aux calamansis, ce sont des limes à la chair orange odoriférante, et dont le jus aigre rappelle la tangerine en raison tant de l'odeur que du goût.

La saison des limes s'étend de la fin de l'été au début de l'automne. Leur jus sur, légèrement amer, se défend bien dans de savoureux plats comme le ceviche, et dans des desserts tels que les barres à la tartinade de lime. Il entre également dans la composition d'innombrables boissons et de cocktails.

LA PRÉPARATION DES LIMES

On extrait leur jus de la même façon que les citrons : amenez le fruit à la température ambiante, puis roulez-le fermement sur une surface plane. Les limes donnent généralement moins de jus que les citrons. Utilisez un presse-agrumes pour en récupérer le plus possible et éliminez les pépins avant l'utilisation. Étant donné que la peau du fruit est très fine, un zesteur est essentiel pour obtenir des lanières dépourvues de la membrane blanche amère.

Fusillis au zeste de citron et à la ricotta

6 PORTIONS

1 c. à soupe d'huile d'olive

1 c. à soupe d'ail haché

250 g (1 tasse) de ricotta

250 ml (1 tasse) de crème champêtre (35 % M.G.)

1 c. à soupe de zeste de citron Meyer, et un peu pour décorer

2 c. à thé de jus de citron fraîchement pressé

Sel et poivre du moulin

500 g (1 lb) de fusillis secs

Porter une grande casserole d'eau salée à ébullition sur feu vif.

Dans une petite poêle, sur feu moyen, faire chauffer l'huile d'olive et y faire sauter l'ail de 2 à 3 minutes, jusqu'à ce qu'il soit doré. Transférer dans un grand bol.

Y ajouter la ricotta, la crème, le zeste et le jus de citron, une pincée de sel et 1 c. à thé de poivre.

Dans l'eau bouillante salée, faire cuire les fusillis *al dente*, soit de 8 à 10 minutes ou selon les instructions sur l'emballage. Égoutter et remettre dans la casserole. Incorporer la préparation à la ricotta et faire chauffer, sur feu moyen, de 1 à 2 minutes. Répartir entre des assiettes creuses, décorer de zeste de citron et servir immédiatement.

Filets de vivaneau sautés avec citrons caramélisés

4 PORTIONS

Sel et poivre du moulin

4 filets de vivaneau, chacun de 180 g (6 oz) environ, la peau retirée

2 c. à soupe de beurre non salé

3 c. à soupe d'huile d'olive

1 bulbe de fenouil, paré, le trognon ôté, tranché finement

1 citron, coupé en tranches de 3 mm (⅛ po) d'épaisseur

½ c. à thé de sucre

2 c. à thé d'aneth frais haché

Saler et poivrer les filets de poisson. Dans une grande poêle, sur feu moyen-vif, faire chauffer 1 c. à soupe de beurre et d'huile. Ajouter le fenouil, saler et poivrer. Faire cuire environ 5 minutes, en remuant, jusqu'à ce qu'il soit à peine tendre. Transférer dans un plat de service et couvrir de papier d'aluminium. Dans la même poêle, faire chauffer 1 c. à soupe de beurre et d'huile. Déposer les filets côté peau contre le fond, et cuire de 2 à 3 minutes de chaque côté, jusqu'à ce que la chair soit opaque. Retourner les filets une seule fois durant la cuisson. disposer sur le fenouil.

Faire dorer les tranches de citron dans 1 c. à soupe d'huile, ajouter le sucre et cuire 2 à 3 minutes, En garnir le poisson et le fenouil. Arroser du jus contenu dans la poêle. Parsemer d'aneth et servir.

Sorbet citron-basilic

6 PORTIONS

375 g (1 ½ tasse) de sucre

15 g (½ tasse) de feuilles de basilic frais

250 ml (1 tasse) de jus de citron fraîchement pressé

Une pincée de sel

Dans une casserole, sur feu moyen-vif, faire chauffer de 3 à 4 minutes, en remuant, 625 ml (2 ½ tasses) d'eau, le sucre et la moitié des feuilles de basilic, jusqu'à ce que le sucre soit dissous. Laisser refroidir complètement. Filtrer le sirop de sucre au-dessus d'un bol ; jeter les feuilles de basilic. Incorporer le jus de citron et le sel.

Transférer dans une sorbetière et congeler selon les instructions du fabricant. Environ 10 minutes avant que le sorbet soit prêt, couper l'autre moitié des feuilles de basilic en fines lanières. Les ajouter à la sorbetière et terminer le processus de congélation.

Pour obtenir une texture plus dense, tasser la préparation dans des contenants allant au congélateur et congeler environ 3 heures, jusqu'à ce que le sorbet soit ferme.

CITRON MEYER

Ce citron hybride importé de Chine a été découvert en 1908. Il prolifère maintenant en Californie et autour de la Méditerranée. On pense qu'il est le résultat d'un croisement entre le citron Eureka et la mandarine, comme le laissent croire sa forme ronde, sa couleur jaune orangée, son goût plus sucré et son parfum floral. Les saisons du citron Meyer sont l'hiver et le printemps. Utilisez-le pour rehausser tout plat ou dessert savoureux.

TARTINADE AU CITRON MEYER

Dans un bol en acier inoxydable, fouetter 3 gros œufs, 3 jaunes d'œufs, 180 ml de jus de citron filtré et 250 g (1 tasse) de sucre, jusqu'à ce que ce dernier soit dissous. Placer le bol au-dessus d'une casserole remplie d'eau frémissante. Y ajouter 6 c. à soupe de beurre non salé, coupé en cubes. Avec une cuillère de bois, remuer pendant environ 12 minutes, jusqu'à ce que le beurre ait fondu et que la sauce nappe le dos d'une cuillère. Filtrer le contenu au travers d'une passoire à mailles fines, placée au-dessus d'un bol propre. Laisser refroidir, puis couvrir et réfrigérer de 3 à 5 heures, le temps qu'elle épaississe. Elle se conservera au réfrigérateur trois jours. À tartiner sur des scones et des muffins ou à incorporer à de la crème fouettée accompagnée de fraises fraîches. Donne 280 g (1 tasse).

FUSILLIS AU ZESTE DE CITRON ET À LA RICOTTA

CARRÉS À LA TARTINADE DE LIME ET À LA NOIX DE COCO

Ceviche à la lime et aux fines herbes

6 PORTIONS

500 g (1 lb) de poisson à chair blanche et ferme, sans arêtes (vivaneau, flétan, tilapia), coupé en morceaux de 12 mm (½ po) de côté

330 ml (1 ⅓ tasse) de jus de lime fraîchement pressé

45 g (¼ tasse) d'oignon blanc haché

1 piment Jalapeño rouge, haché

1 avocat, pelé, dénoyauté et coupé en cubes

10 g (¼ tasse) de coriandre fraîche hachée

2 c. à soupe de menthe fraîche hachée

Sel et poivre du moulin

Croustilles de maïs pour accompagner

Dans un bol, mélanger le poisson, le jus de lime, l'oignon et le piment. Couvrir et réfrigérer de 30 à 60 minutes, jusqu'à ce que la chair soit opaque jusqu'au centre.

Avec une écumoire, transférer le poisson, l'oignon et le piment dans un second bol en laissant le liquide dans le premier. Au poisson, incorporer l'avocat, la coriandre, la menthe, une pincée de sel et une pincée de poivre. Goûter et, s'il y a lieu, ajouter un peu de liquide du premier bol pour augmenter l'acidité du plat. Servir immédiatement. Accompagner de croustilles de maïs.

Mousse au chocolat blanc et à la lime

6 PORTIONS

250 g (8 oz) de chocolat blanc de qualité, haché finement

125 g (½ tasse) de sucre

2 c. à soupe de jus de lime fraîchement pressé

1 ½ c. à soupe de zeste de lime râpé finement

Une pincée de sel de mer

375 ml (1 ½ tasse) de crème champêtre (35 % M.G.)

Déposer le chocolat dans un grand bol en acier inoxydable.

Dans une petite casserole, sur feu moyen-vif, faire chauffer de 2 à 3 minutes, en remuant de temps à autre, le sucre, 3 c. à soupe d'eau, le jus de lime, la moitié du zeste de lime et le sel, jusqu'à ce que le sucre soit dissous. Verser sur le chocolat et laisser reposer 1 minute. Ensuite remuer pour obtenir une consistance lisse. Laisser reposer environ 15 minutes à la température ambiante.

Dans un bol, fouetter la crème en pics fermes. La plier doucement dans la préparation au chocolat. Répartir entre six coupes à dessert. Parsemer du reste du zeste de lime et servir immédiatement. (Pour une mousse plus épaisse et dense, couvrir et réfrigérer de 4 à 6 heures avant d'ajouter le zeste de lime et de servir.)

Carrés à la tartinade de lime et à la noix de coco

2 DOUZAINES

250 g (1 tasse) de beurre non salé, ramolli

75 g (⅓ tasse) de cassonade

315 g (2 tasses) de farine tout usage

Zeste râpé de 1 lime, et un peu pour décorer

60 g (½ tasse) de flocons de noix de coco

¼ c. à thé de sel

440 g (1 ¾ tasse) de sucre

1 c. à soupe de fécule de maïs

1 c. à thé de poudre à pâte

4 gros œufs

180 ml (¾ tasse) de jus de lime

Sucre glace pour saupoudrer

Préchauffer le four à 180 °C (350 °F). Tapisser de papier d'aluminium un plat allant au four de 33 x 23 cm (13 x 9 po), en laissant pendre 2,5 cm (1 po) de papier du bord. Dans un robot muni d'un batteur, battre le beurre et la cassonade en crème, de 3 à 4 minutes. Ajouter la farine, la moitié du zeste de lime et du sel, la noix de coco. Mélanger jusqu'à ce qu'une pâte se forme. La tasser au fond du plat, piquer avec une fourchette et cuire de 20 à 25 minutes.

Dans le bol du robot, mélanger le sucre, la fécule, la poudre à pâte, le reste du zeste de lime et du sel. Incorporer les œufs, un à la fois, tout en battant, et ensuite le jus de lime. Verser sur la croûte. Faire cuire de 20 à 25 minutes. Laisser refroidir, puis réfrigérer de 1 à 2 heures. Détailler en 24 carrés et saupoudrer de sucre glace et de zeste de lime.

LIMETTES

Ces limettes, sont cultivées dans le sud de la Floride et au Mexique. Petites et rondes, leur peau est mince et jaunâtre ; la chair, verte et remplie de pépins. Très acides, les limettes sont l'ingrédient phare de la célèbre *key lime pie*, une spécialité de la Floride. On peut les utiliser dans d'autres desserts, comme dans les carrés à la tartinade de lime et noix de coco ci-dessus. Recherchez-les pendant l'été.

TARTE À LA LIMETTE *(KEY LIME PIE)*

Au robot, moudre 8 biscuits secs au gingembre. Ajouter 125 g (½ tasse) de beurre non salé, fondu, et 2 c. à soupe de cassonade. Bien mélanger. Tasser au fond et contre la paroi d'un moule à tarte de 23 cm (9 po) de diamètre. Faire cuire environ 10 minutes dans le four préchauffé à 180 °C (350 °F), jusqu'à ce que la croûte soit ferme. Laisser refroidir complètement sur une grille. Ne pas éteindre le four. Dans un bol, fouetter 7 gros jaunes d'œufs et 4 c. à thé de zeste de limette. Ajouter deux boîtes (de 430 ml chacune) de lait condensé sucré et 250 ml de jus de limettes fraîchement pressé et filtré (environ 24 limettes). Fouetter pour bien mélanger. Verser sur la croûte. Faire cuire au four de 20 à 24 minutes, jusqu'à ce que le centre de la garniture soit ferme. Déposer sur une grille et laisser refroidir. Réfrigérer de 2 à 3 heures pour rendre plus ferme. Servir avec de la crème fouettée. 8 portions.

L'ACHAT DES ORANGES

Les oranges les plus juteuses sont lourdes pour leur taille et possèdent une peau lisse et ferme, exemptes de meurtrissures, d'humidité, de rides profondes ou de parties molles. Les oranges de Valence peuvent présenter des taches teintes de vert, mais celles-ci n'auront pas d'incidence sur la saveur du fruit. Les oranges Navels de meilleure qualité auront un renflement ou «nombril» petit et compact. Les oranges se conservent à la température ambiante plusieurs jours ou trois semaines dans un sac de plastique au réfrigérateur.

Les oranges

D'abord cultivés en Chine il y a plus de 2 000 ans, les orangers poussent dans les climats chauds partout dans le monde. Plusieurs variétés du fruit se classent selon deux grandes catégories : les oranges sucrées ou amères. Parmi les premières, les plus populaires sont les oranges de Valence, considérées comme les meilleures pour faire du jus en raison de leur peau mince et de leur pulpe juteuse. Les Navels sont sucrées, faciles à peler et idéales pour être mangées nature. Les sanguines se distinguent par leur chair rouge foncé et leur goût sucré. Quant aux oranges amères, les oranges de Séville et les bergamotes sont les plus courantes.

La fin de l'hiver et le début de printemps sont les meilleurs moments pour consommer les oranges. En Amérique latine, le jus d'orange est utilisé dans les marinades pour la viande et les fruits de mer. En Europe, on fait confire les pelures pour les ajouter à des desserts et à des pains, tandis que dans toute l'Asie, les oranges sont offertes en cadeau pour porter chance. Les oranges amères ont un côté mordant qui se marie bien au sucre. C'est pourquoi leurs pelures sont utilisées dans la marmelade ainsi que dans la fabrication de certaines liqueurs et la confection de pâtisseries.

LA PRÉPARATION DES ORANGES

Avant de peler une orange, pressez-la entre vos mains ou faites-la rouler sur une surface plane en appuyant fermement sur le fruit. Cette opération le rend plus juteux et plus facile à peler. Pour extraire le jus, tranchez l'orange en deux et utilisez un extracteur à jus ou un presse-agrumes. Pour prélever le zeste ou pour séparer l'orange en segments, consultez la page 264.

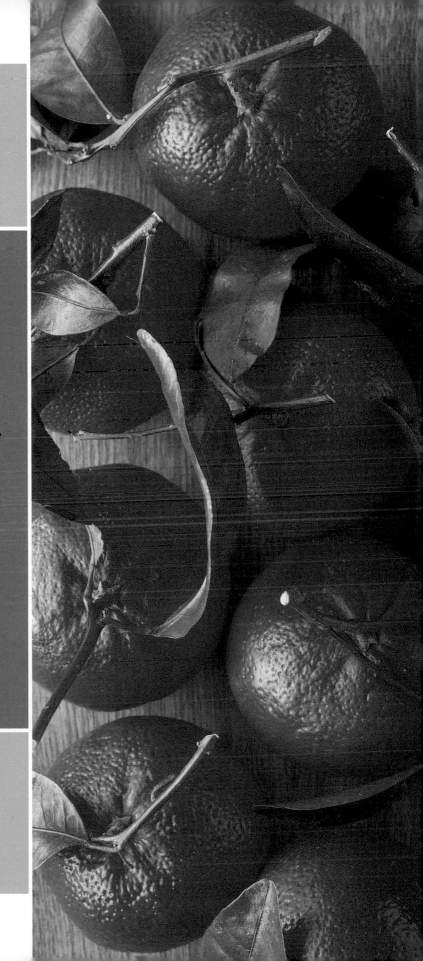

L'ACHAT DES TANGERINES ET DES MANDARINES

Choisissez ces fruits de couleur foncée et lourds pour leur taille. Ils devront être exempts de taches ternes ou de parties molles. Bien que certains aient une peau qui semble se détacher de la chair, n'achetez pas ceux qui ont l'air très bosselé, ce qui révèle que le fruit est trop mûr. Ces fruits se conservent une semaine à la température ambiante ou un mois dans un sac de plastique au réfrigérateur.

Les tangerines et les mandarines

Dénommées d'après les hauts fonctionnaires de la cour impériale chinoise qui, à une époque, portaient des toges orange et des coiffures ornées de gros boutons, les mandarines sont généralement plus petites et d'une forme légèrement plus aplatie que les oranges. Les tangerines sont, au sein de la famille des mandarines, la classe la plus facile à reconnaître en raison de leur écorce rougeâtre. Cette famille comprend d'autres membres : la mandarine Satsuma, qui provient à l'origine du Japon ; les clémentines sans pépins et à la peau lisse qui sont largement cultivées dans le Maghreb et en Espagne ; les tangelos, tels que les Minneola au goût de miel.

Comme les autres agrumes, ces fruits abondent au marché du début de l'hiver au début du printemps. On s'en sert volontiers pour ajouter du goût à des desserts ou pour les garnir : crèmes glacées, sorbets, crèmes anglaises, gâteaux garnis de crème ou pâtisseries fourrées à la crème. Les mandarines rehaussent également à merveille les sauces destinées au poisson, au porc, au poulet et au canard.

LA PRÉPARATION DES TANGERINES ET DES MANDARINES

On extrait le jus des mandarines de la même façon que celui des autres agrumes : amenez-les à la température ambiante, tranchez-les en deux et servez-vous d'un presse-agrumes. Filtrez ensuite les pépins et la membrane blanche avant d'ajouter la pulpe à votre recette. Incorporez les segments en fin de cuisson et faites-les chauffer brièvement pour préserver leur texture délicate. Pour séparer ce fruit en segments, consultez la page 264.

Salade d'oranges et d'oignons rouges

6 PORTIONS

6 oranges Navels, séparées en segments (page 264), le jus réservé

½ c. à thé de moutarde à l'ancienne

Sel et poivre du moulin

3 c. à soupe d'huile d'olive

2 cœurs de laitues romaines, déchiquetées en morceaux de 12 mm (½ po) de côté

1 petit oignon rouge, tranché finement

Un morceau de pecorino, ou autre fromage à pâte dure, vieilli

2 c. à soupe de ciboulette fraîche hachée

Dans un petit bol, mettre 2 c. à soupe du jus d'orange réservé, la moutarde, une généreuse pincée de sel et autant de poivre. Tout en fouettant, verser l'huile en un mince filet pour obtenir une vinaigrette.

Dans un saladier, déposer les segments d'oranges, la laitue et l'oignon. Arroser de la moitié de la vinaigrette et remuer délicatement pour enrober légèrement les ingrédients. Ajouter de la vinaigrette, au besoin. À l'aide d'un couteau-éplucheur, peler le fromage au-dessus de la salade pour la garnir de copeaux. Parsemer de ciboulette et servir immédiatement.

Pétoncles poêlés avec oranges sautées

4 PORTIONS

1 orange Navel, le jus réservé

1 orange sanguine, le jus réservé

Sel et poivre du moulin

½ c. à thé de cumin moulu

500 g (1 lb) de gros pétoncles

1 c. à soupe d'huile d'olive

2 c. à thé de vinaigre de xérès

1 c. à soupe de beurre non salé

2 c. à thé de coriandre fraîche hachée

Couper les oranges, dans le sens de la largeur, en fines rondelles. Dans un petit bol, mélanger une pincée de sel, autant de poivre et le cumin. En parsemer les pétoncles. Dans une poêle, sur feu moyen-vif, faire chauffer l'huile d'olive et y faire cuire les pétoncles de 1 à 2 minutes d'un côté, jusqu'à ce que le dessous soit doré. Retourner et poursuivre la cuisson de 1 à 2 minutes, jusqu'à ce qu'ils soient fermes au toucher et toujours translucides au centre. Transférer dans une assiette et garder au chaud.

Dans la même poêle, verser le vinaigre de xérès et le jus d'orange réservé. Faire réduire de moitié, ce qui devrait prendre de 1 à 2 minutes. Ajouter les tranches d'oranges et faire cuire 1 minute. Retirer la poêle du feu et incorporer le beurre. Remettre les pétoncles et leur jus dans la poêle et remuer pour les enrober de sauce. Répartir entre quatre assiettes, arroser de sauce, garnir d'oranges et parsemer de coriandre. Servir immédiatement.

Crème à l'orange avec oranges caramélisées

6 PORTIONS

185 g (¾ tasse) de sucre

30 g (¼ tasse) de fécule de maïs

1 gousse de vanille, fendue dans le sens de la longueur

500 ml (2 tasses) de lait (3,25 % M.G.)

125 ml (½ tasse) de crème (35 % M.G.)

3 gros jaunes d'œufs

125 ml (½ tasse) de jus d'orange fraîchement pressé

2 c. à soupe de beurre non salé

Une pincée de sel

1 orange Navel

½ c. à thé de cannelle moulue

Dans une casserole, fouetter 125 g (½ tasse) de sucre et la fécule de maïs. Récupérer à la cuillère les graines de vanille qui se trouvent dans la gousse. Les ajouter à la casserole, avec la gousse. Incorporer le lait et la crème en fouettant. Porter à ébullition sur feu moyen-vif. Baisser ensuite le feu à moyen-doux.

Dans un petit bol, fouetter les jaunes d'œufs. Incorporer en fouettant 125 ml de la préparation chaude au lait. Verser le tout dans la casserole et remuer de 2 à 3 minutes, jusqu'à ce que la préparation épaississe. Retirer du feu et ajouter le jus d'orange, 1 c. à soupe de beurre et le sel.

Répartir entre six coupes à dessert et laisser refroidir. Couvrir de pellicule de plastique et réfrigérer 4 heures, voire jusqu'au lendemain. Sortir du réfrigérateur 30 minutes avant de servir.

Avant de servir, peler l'orange et retirer la membrane blanche (page 264). Couper en six tranches. Dans une poêle, sur feu moyen, faire chauffer 1 c. à soupe de beurre et y faire cuire 60 g (¼ tasse) de sucre et la cannelle, en remuant, jusqu'à ce que le sucre commence à caraméliser. Ajouter les tranches d'orange et les faire caraméliser de 2 à 3 minutes. Déposer une tranche sur chaque portion de crème à l'orange et servir immédiatement.

SANGUINES

Originaires de la Sicile, les sanguines ont une peau et du jus rouges caractéristiques et un goût qui rappelle celui des baies. Il en existe plusieurs variétés. Les sanguines sont très polyvalentes et on peut certes les manger telles quelles, mais elles conviennent également très bien à des salades, à des sauces, à des desserts et à des boissons.

COCKTAIL MIMOSA

Extraire le jus de 2 à 4 sanguines pour en obtenir 125 ml. Réserver le reste pour une utilisation ultérieure. Dans un petit pichet, mélanger le jus et 60 ml de liqueur d'orange. Répartir entre quatre flûtes à champagne. Ajouter du champagne ou du prosecco et mélanger. Décorer chaque flûte d'une tranche de sanguine et servir immédiatement. 4 portions.

PÉTONCLES POÊLÉS AVEC ORANGES SAUTÉES

QUATRE-QUARTS GRILLÉ AVEC CLÉMENTINES ÉPICÉES

Salade de tangerine, fenouil et olive

2 c. à soupe d'huile d'olive

4 tangerines sans pépins, séparées en segments (page 264), le jus réservé

Sel et poivre du moulin

2 bulbes de fenouil, les feuilles réservées

15 g (½ tasse) de feuilles de persil italien (plat) frais

90 g (⅔ tasse) d'olives Kalamata, dénoyautées et tranchées en deux

Dans un petit bol, pour obtenir une vinaigrette, fouetter l'huile d'olive avec le jus de tangerines réservé, une pincée de sel et autant de poivre.

Avec un couteau affûté, couper le fenouil en tranches fines. Déposer dans un saladier, arroser de 1 c. à soupe de vinaigrette. Enrober les segments de tangerines dans un peu de vinaigrette. Les disposer sur le fenouil. Parsemer de persil et d'olive. Arroser du reste de la vinaigrette. Hacher grossièrement 2 c. à soupe de feuilles de fenouil et en parsemer la salade. Servir immédiatement.

Condiment à la tangerine, aux échalotes et à la menthe

4 PORTIONS

2 tangerines sans pépins, séparées en segments (page 264), le jus réservé

2 c. à thé d'échalote sèche hachée

2 c. à thé de menthe fraîche hachée

1 c. à thé de vinaigre balsamique

1 c. à thé de persil italien (plat) frais, haché

Sel et poivre du moulin

1 c. à soupe d'huile d'olive

Couper les segments de tangerines en morceaux de 6 mm (¼ po) de côté et les mettre dans un bol. Ajouter l'échalote, la menthe, le vinaigre balsamique, le persil et 1 c. à soupe de jus de tangerines réservé. Mélanger. Parsemer d'une pincée de sel et d'autant de poivre. Arroser d'huile d'olive. Servir immédiatement.

Ce condiment se sert avec des magrets de canard poêlés ou du filet de porc rôti.

Quatre-quarts grillé avec clémentines épicées

6 PORTIONS

125 g (½ tasse) de sucre

4 grains de piment de la Jamaïque

2 bâtons de cannelle

2 grains de poivre

1 étoile d'anis

1 gousse de vanille, fendue dans le sens de la longueur

6 clémentines

6 tranches de quatre-quarts du commerce, chacune de 12 mm (½ po) d'épaisseur

10 g (¼ tasse) de feuilles de menthe fraîche, coupées en lanières

Dans une casserole, porter à ébullition le sucre, le piment de la Jamaïque, la cannelle, le poivre, l'anis, les graines de vanille, la gousse vide ainsi que 125 ml d'eau. Remuer jusqu'à ce que le sucre soit dissous. Retirer du feu et laisser macérer 30 minutes. Filtrer au-dessus d'un bol.

Peler les clémentines à vif (page 264). Les trancher finement dans le sens de la largeur. Les déposer dans le sirop. Couvrir et réfrigérer jusqu'au lendemain. Amener à la température ambiante. Servir.

Faire cuire 5 à 6 minutes les tranches de quatre-quarts déposées sur une plaque dans le four préchauffé à 200 °C (400 °F). Répartir les clémentines et le sirop entre six coupes à dessert. Parsemer de menthe. Servir immédiatement avec les tranches de quatre-quarts grillées.

MANDARINES SATSUMA

Ces mandarines sont originaires du Japon. Il s'agit d'une variété sucrée et sans pépins qu'on reconnaît à sa peau mince et lâche qui la rend facile à peler. Optez pour des mandarines Satsuma qui sont un peu molles, néanmoins lourdes pour leur taille. N'achetez pas celles qui sont très molles ou qui présentent des taches brunes, si petites soient-elles. Mangez-les nature ou utilisez-les pour agrémenter salades et desserts.

DESSERT À LA MANDARINE ET AUX DATTES

Dans une casserole, sur feu moyen, faire chauffer 250 ml d'eau et 250 g (1 tasse) de sucre. Remuer souvent, de 6 à 7 minutes, jusqu'à ce que le sucre soit dissous et qu'un sirop fluide se forme. Ajouter 1 c. à soupe de zeste d'orange râpé, baisser le feu à doux et laisser mijoter, à découvert, environ 30 minutes pour que les saveurs se marient. Peler 6 mandarines Satsuma et éliminer la membrane blanche le plus possible (page 264). Couper, dans le sens de la largeur, en tranches de 6 mm (¼ po) d'épaisseur. Déposer dans un bol qui résiste à la chaleur et verser le sirop. Laisser reposer 1 heure à la température ambiante. Répartir les tranches de mandarines et le sirop entre quatre bols et garnir chacun de 2 dattes dénoyautées et tranchées en deux. 4 portions.

Recherchez les pamplemousses à la peau lisse ; ils doivent être fermes et lourds pour leur taille. Ne les achetez pas s'ils ont des meurtrissures et des parties molles. Les petites taches superficielles ne révèlent pas forcément une mauvaise qualité. La couleur de l'écorce n'est pas non plus une indication de la sucrosité ni de la maturité du fruit. Les pamplemousses se conservent une semaine à la température ambiante et trois semaines dans un sac de plastique au réfrigérateur.

Les pamplemousses

Le pamplemousse est apparu au 18e siècle. Il est le résultat d'un croisement entre l'orange et le pomelo. Ce fruit pousse en grosses grappes dans l'arbre, un peu comme le raisin sur la vigne. Le pamplemousse recèle beaucoup de jus, dont la saveur acide et rafraîchissante varie selon la sorte. Certaines sont très sucrées, tandis que d'autres sont agréablement amères. Tous les pamplemousses ont la peau jaune ; certains présentent en surface diverses intensités de tons de roses ou de rouges. La pulpe, en revanche, sera blanche, rose pâle ou rouge-vermeille. Dans ce dernier cas, c'est la variété Ruby Red qui est la plus courante.

Cultivés dans les climats chauds, les pamplemousses atteignent leur maturité pendant l'hiver. Omniprésent sur les tables au déjeuner, ou simplement tranché en deux pour en extraire le jus, ce fruit apparaît aussi dans des plats savoureux comme les sauces à base de beurre destinées au poisson. En salade, il se marie particulièrement bien aux avocats et aux épinards.

LA PRÉPARATION DES PAMPLEMOUSSES

Pour trancher un pamplemousse en deux, coupez-le dans le sens de la largeur, entre ses deux extrémités. Pour le déguster plus facilement, détachez les segments en passant un couteau affûté le long de la paroi des membranes, tout en évitant la partie blanche. Pour séparer le fruit en segments, sans peau ni membrane blanche, consultez la page 264.

Pamplemousse grillé à la cassonade

6 PORTIONS

3 pamplemousses

6 c. à soupe de cassonade

Placer une grille du four à 10 cm (4 po) de l'élément chauffant du haut. Préchauffer le gril du four. Tapisser une plaque à pâtisserie de papier d'aluminium.

Trancher les pamplemousses en deux, dans le sens de la largeur. Déposer les moitiés sur la plaque, le côté coupé vers le haut. Parsemer chacune de 1 c. à soupe de cassonade. Faire griller au four de 2 à 3 minutes, jusqu'à ce que la cassonade fonde et bouillonne. Transférer dans un plat de service et servir immédiatement.

Toutes les variétés de pamplemousses se prêtent à cette recette. Si désiré, utiliser un couteau dentelé pour détacher la chair de la membrane, avant de faire griller les fruits.

Salade de pamplemousses, avocats et crabe

6 PORTIONS

2 pamplemousses roses, séparés en segments (page 264) et le jus réservé

2 c. à thé de vinaigre de vin blanc

1 c. à soupe d'échalote sèche hachée

1 c. à soupe de ciboulette fraîche hachée

Sel et poivre du moulin

3 c. à soupe d'huile d'olive

1 laitue Boston, les feuilles déchiquetées en petits morceaux

2 avocats fermes, mais mûrs, coupés en tranches de 12 mm (½ po) d'épaisseur

250 g (½ lb) de chair de crabe des neiges fraîche

Dans un petit bol, fouetter 2 c. à thé du jus de pamplemousse réservé, le vinaigre de vin, l'échalote, la ciboulette, une pincée de sel et autant de poivre. Tout en fouettant, verser l'huile d'olive en un mince filet pour obtenir une vinaigrette.

Dans un bol, mélanger la laitue et 1 c. à soupe de vinaigrette. Répartir entre six assiettes creuses. Dans le même bol, mélanger délicatement les avocats et 1 c. à soupe de vinaigrette. Les disposer sur les lits de laitue. Répartir ensuite équitablement les segments de pamplemousse et le crabe. Arroser d'un peu de vinaigrette et remuer délicatement pour enrober légèrement les ingrédients. Saler et poivrer, puis servir immédiatement.

Sorbet pamplemousse-menthe

6 PORTIONS

250 g (1 tasse) de sucre

15 g (½ tasse) de feuilles de menthe fraîche

375 ml (1 ½ tasse) de jus de pamplemousse fraîchement pressé

Une pincée de sel

Dans une casserole, faire chauffer, sur feu moyen-vif, 500 ml (2 tasses) d'eau, le sucre et la moitié des feuilles de menthe. Remuer de 3 à 4 minutes, jusqu'à ce que le sucre soit bien dissous. Laisser refroidir complètement. Filtrer le sirop de sucre au-dessus d'un bol et jeter la menthe. Incorporer le jus de pamplemousse et le sel. Transférer dans une sorbetière et congeler selon les instructions du fabricant. Environ 10 minutes avant que le sorbet soit prêt, couper le reste de la menthe en fines lanières. Les ajouter à la sorbetière et terminer le processus de congélation.

Pour obtenir une texture plus dense, tasser la préparation dans des contenants allant au congélateur et congeler environ 3 heures, jusqu'à ce que le sorbet soit ferme.

POMELOS

Le pomelo est l'ancêtre du pamplemousse; on pense qu'il provient de Malaisie, à l'origine. Jaune ou rose pâle, le pomelo est plus gros que le pamplemousse et il possède un goût aigre-doux. On le trouve principalement en hiver. Choisissez des fruits qui sont lourds pour leur taille, exempts de meurtrissures et qui sentent bon. Utilisez-les de la même façon que les pamplemousses.

SALADE DE POMELOS, CORIANDRE ET NOIX DE CAJOU

Séparer 2 pomelos en segments (page 264). Les placer dans un bol, puis ajouter 1 piment Jalapeño rouge haché et 10 g (¼ tasse) de coriandre hachée. Mélanger 1 c. à soupe de sauce de poisson, 1 c. à thé de cassonade ainsi que le zeste et le jus de 1 lime. Verser sur les pomelos et remuer. Incorporer 60 g (½ tasse) de noix de cajou grillées et hachées grossièrement. 6 portions.

SALADE DE PAMPLEMOUSSES, AVOCATS ET CRABE

Les melons

CANTALOUPS

MELONS MIEL

MELONS GALIA

MELON D'EAU

Le terme « melon » fait référence à un gros fruit rond ou ovale dont l'épaisseur de la peau varie de mince à très épaisse et qui contient une chair juteuse qui entoure un centre rempli de graines. Avant même qu'on les tranche, la plupart des melons dégagent un parfum attrayant, révélateur de la chair sucrée et savoureuse qu'ils renferment.

On dégustait déjà les premières variétés de melons, sans doute cueillies dans la nature, à l'époque de l'Égypte ancienne. Ces fruits ont plus tard été cultivés au Moyen-Orient avant d'être transportés en Europe et dans les Amériques. Le melon d'eau, cependant, provient de l'Afrique.

Les nombreuses variétés de melons se classent selon deux catégories : les melons brodés et les melons d'eau. Les premiers comptent une grande variété de fruits. Parmi eux, citons le cantaloup avec sa peau texturée, le melon miel à la peau lisse et les récents hybrides comme le melon Galia qui ressemble à un cantaloup, mais dont la chair est vert pâle. En ce qui a trait aux melons d'eau, ils occupent une catégorie qui leur est propre. Ils peuvent être ronds et de la taille des melons miel, ou encore ovales et être si lourds qu'il faut les saisir à deux mains. Les graines sont souvent éparpillées dans la chair.

Certains melons sont récoltés à longueur d'année, mais on trouve la plupart des variétés au marché pendant les mois d'été.

Les cantaloups et les melons miel

Tant le cantaloup à la chair orangée que le melon miel juteux et vert pâle font partie des melons brodés, de gros fruits odoriférants qui poussent dans des plantes rampantes, originaires de l'Asie. Selon la variété, la peau protectrice va de blanc crème à jaune pâle, de vert grisâtre à vert foncé. Elle peut aussi afficher une combinaison rayée ou tachetée de toutes ces teintes. La chair des melons brodés est ivoire, jaune, orange ou verte. Les variétés patrimoniales, comme le melon de Montréal redécouvert récemment, sont très prisées pour leur parfum floral intense et leurs saveurs complexes. La chair du melon de Montréal, par exemple, est vert pâle et son goût rappelle celui de la muscade.

Au milieu et à la fin de l'été, c'est la saison des melons brodés. Ils sont populaires en salade et on les sert volontiers comme antipasti avec du prosciutto. Réduits en purée, ils entrent dans la composition de boissons et, tranchés en quartiers, ils constituent une collation rafraîchissante pendant les plus chaudes journées d'été.

L'ACHAT DU MELON D'EAU

Recherchez une grosse tache jaune pâle sur un côté du melon d'eau : cela indique qu'il a mûri sur le plant. Les plus juteux laisseront entendre une profonde résonance lorsqu'on frappe sur la peau. Un melon d'eau entier se garde trois jours à la température ambiante. Dès qu'on le coupe, il faut ranger le fruit dans un contenant hermétique au réfrigérateur où il se conservera une semaine.

Le melon d'eau

Le melon d'eau, qui provient du sud de l'Afrique, représente le fruit d'été par excellence. On aime sa chair croquante et sucrée qui offre du jus rafraîchissant. La variété la plus courante arbore des rayures vert pâle et vert foncé sur la peau et renferme une chair rouge brillante. Certaines personnes récupèrent les graines noires, quoique les variétés sans graines sont devenues plus populaires. Bien que les melons d'eau peuvent atteindre 45 kg (100 lb), ceux qu'on trouve au marché pèsent habituellement entre 4 et 7 kg (10 et 15 lb). De nouvelles variétés ont commencé à faire leur apparition : leur chair est jaune, orange ou rose foncé. Certaines sont oblongues tandis que d'autres sont rondes et petites comme le cantaloup.

Le goût des melons d'eau sera meilleur en été. Tranché en quartiers, il accompagne les pique-niques et les barbecues. Il se prête également à merveille aux sorbets et aux salades de fruits. Comme entrée, on le sert avec de la feta ou on l'arrose simplement de vinaigre balsamique.

LA PRÉPARATION DU MELON D'EAU

À l'aide d'un long couteau affûté, tranchez avec précaution le melon en deux, dans le sens de la longueur ou de la largeur. Grattez les graines et jetez-les. Les melons dits sans graines peuvent en contenir des petites et blanches. Même si elles sont comestibles, beaucoup de cuisiniers les enlèvent avant d'utiliser la chair dans les recettes. Si vous servez seulement une partie du melon, emballez hermétiquement de pellicule de plastique la chair exposée et réfrigérez le fruit trois jours.

Cubes de cantaloup avec sirop épicé

4 PORTIONS

125 g (½ tasse) de sucre

2 c. à soupe de gingembre frais râpé

1 étoile d'anis

1 c. à thé de zeste de citron râpé

2 c. à soupe de jus de citron fraîchement pressé

1 cantaloup, la peau et les graines ôtées, la chair coupée en cubes

Dans une casserole, sur feu moyen, faire chauffer le sucre et 125 ml (½ tasse) d'eau, en remuant, jusqu'à ce que le sucre soit dissous. Ajouter le gingembre, l'anis, le zeste et le jus de citron, puis laisser mijoter doucement 10 minutes pour obtenir un sirop. Laisser refroidir, puis filtrer.

Répartir les cubes de cantaloup entre quatre coupes à dessert. Arroser de sirop épicé et servir immédiatement.

Saumon grillé, salsa de melon

4 PORTIONS

90 g (½ tasse) chacun, de chair de cantaloup, haché, de chair de melon miel, haché, de chair de melon d'eau, haché

1 piment Serrano, épépiné et haché

2 c. à soupe de coriandre fraîche hachée

1 c. à soupe de miel

2 c. à thé de zeste de lime râpé

1 c. à thé de jus de lime, ou au goût

Sel et poivre du moulin

4 filets de saumon, chacun de 185 g (6 oz), sans la peau

1 c. à soupe d'huile de canola, et un peu pour le barbecue

Dans un bol, mélanger les melons, le piment, la coriandre, le miel, le zeste et le jus de lime. Saler et poivrer. Laisser reposer de 15 à 30 minutes à la température ambiante.

Huiler la grille du barbecue et préchauffer l'appareil à intensité moyenne-élevée (page 264) ou utiliser une poêle à griller. Saler et poivrer le saumon, puis l'arroser d'huile de canola. Déposer le poisson sur la grille chaude et cuire de 3 à 4 minutes d'un côté, jusqu'à ce que le dessous soit grillé. Retourner et poursuivre la cuisson de 3 à 4 minutes, jusqu'à ce que l'autre côté soit grillé et que la chair soit à peine opaque au centre.

Transférer le poisson dans un plat de service. Servir immédiatement avec la salsa de melon.

Bâtonnets glacés au melon miel et à la lime

6 PORTIONS

125 g (½ tasse) de sucre

1 lime

750 g (4 tasses) de cubes de chair de melon miel, soit environ 1 melon miel

Une pincée de sel

Dans une petite casserole, porter à ébullition le sucre et 125 ml (½ tasse) d'eau. Avec un couteau-éplucheur, prélever deux lanières de zeste de lime et l'ajouter à la casserole. Faire cuire de 3 à 4 minutes, en remuant, jusqu'à ce que le sucre soit dissous, refroidir, puis le filtrer.

Dans le bol d'un mélangeur ou d'un robot culinaire, réduire en purée le sirop de sucre, le melon et le sel. Si désiré, filtrer la purée au travers d'une passoire à mailles fines. Goûter et ajouter du jus de lime, s'il y a lieu, pour rendre la purée moins sucrée.

Répartir entre des moules à bâtonnets glacés d'une capacité de 125 ml. Ajouter un bâton de bois dans chacun et congeler de 6 à 8 heures pour que la purée se solidifie. (On peut aussi verser la purée dans des petites tasses de papier et les congeler jusqu'à ce que la purée soit à peine ferme ; planter les bâtons de bois, puis congeler pour bien solidifier. Peler le papier avant de servir.)

MELON GALIA

Il s'agit d'un melon brodé, un fruit hybride créé en Israël mais cultivé maintenant partout où le climat est favorable au melon. En raison de sa peau brodée, il ressemble à un cantaloup. Il est toutefois un peu plus gros et sa chair est d'un vert jaunâtre, très sucrée et juteuse. La meilleure façon de le choisir consiste à humer son parfum à l'extrémité qui était rattachée à la tige. Le melon Galia se trouve au marché en été. Utilisez-le de la même façon qu'un cantaloup.

MARGARITA AU MELON

À l'aide d'un robot et en procédant par petites quantités, réduire en purée 420 g (3 tasses) de melon Galia. Verser dans un bol. Incorporer 125 g (½ tasse) de sucre et le jus de 2 limes. Pour chaque tiers de préparation, remplir un mélangeur de 625 g (2 ½ tasses) de glaçons, 250 ml de purée de melon, 125 ml de tequila et 60 ml de triple sec. Mélanger pour concasser les glaçons et verser dans des verres au bord préalablement salé. 8 portions.

BÂTONNETS GLACÉS AU MELON MIEL ET À LA LIME

SALADE DE MELON D'EAU, FETA ET MENTHE

Salade de melon d'eau, feta et menthe

6 PORTIONS

20 g (¾ tasse) de feuilles de menthe fraîche

1 c. à soupe de sucre

1 piment Serrano, épépiné et haché

2 c. à soupe de vinaigre de riz

1 c. à soupe de jus de lime fraîchement pressé

3 c. à soupe d'huile d'olive

Sel et poivre du moulin

1 petit melon d'eau sans graines, d'environ 1,5 kg (3 lb), les graines ôtées, coupé en cubes de 2,5 cm (1 po) de côté

185 g (6 oz) de feta, émiettée

Dans le bol d'un robot culinaire, bien mélanger 15 g (½ tasse) de feuilles de menthe et le sucre. Ajouter le piment, le vinaigre de riz et le jus de lime, puis mélanger de nouveau. Tout en faisant fonctionner l'appareil, verser l'huile d'olive en un mince filet. Transférer la vinaigrette dans un bol, puis saler et poivrer.

Répartir le melon et la feta entre six bols à dessert. Arroser de vinaigrette et décorer des feuilles de menthe restantes. Servir immédiatement.

Granité au melon d'eau

4 PORTIONS

125 g (½ tasse) de sucre

125 ml (½ tasse) de jus de raisin vert

1 petit melon d'eau sans graines, d'environ 1,5 kg (3 lb), les graines ôtées, coupé en cubes de 2,5 cm (1 po) de côté

1 c. à soupe de jus de citron

Dans une casserole, faire bouillir le sucre et le jus de raisin de 3 à 4 minutes, en remuant souvent. Faire cuire de 1 à 2 minutes, jusqu'à ce que le sucre soit dissous. Verser le sirop obtenu dans un bol qui résiste à la chaleur et laisser refroidir. Couvrir ensuite et réfrigérer environ 1 heure.

Dans le bol d'un robot culinaire, réduire le melon en une purée fluide et un peu granuleuse.

Dans un bol, mélanger le sirop de sucre, le jus de citron et la purée de melon. Verser dans un plat allant au congélateur de 33 x 23 cm (13 x 9 po). Couvrir de papier d'aluminium et congeler jusqu'à ce qu'une pellicule se forme en surface et que la préparation commence à durcir sur 12 mm (½ po) le long des bords, ce qui devrait prendre environ 1 heure.

Retirer le plat du congélateur et, à l'aide d'une fourchette robuste, briser toute la préparation en morceaux. Couvrir et congeler encore 30 minutes, puis concasser de nouveau. Répéter l'opération trois ou quatre fois, pour une durée de congélation totale d'environ 2 h 30. Le granité devrait être glacé et granuleux. Servir dans des coupes à dessert.

Quartiers de melon d'eau avec sel pimenté

6 PORTIONS

2 c. à thé de piment fort en flocons

2 c. à thé de zeste de lime râpé

3 c. à soupe de sel de mer

6 quartiers de melon d'eau

Pour obtenir du sel pimenté, dans un bol, mélanger le piment, le zeste de lime et le sel. (Ce sel se conservera cinq jours dans un contenant hermétique.)

Parsemer les quartiers de melon d'eau de sel pimenté et servir immédiatement.

Le melon proposé de cette façon convient parfaitement à une pause rafraîchissante au cours d'un pique-nique ou d'une excursion estivale.

Les fruits à noyau

ABRICOTS

PLUMOTS

CERISES

GRIOTTES

NECTARINES

PÊCHES

PÊCHES
BLANCHES

PRUNES

APRIUMS

Les fruits à noyau sont désignés ainsi en raison du noyau qu'ils contiennent au milieu de leur chair. Peu importe leur taille, ces fruits poussent tous dans des arbres, qu'il s'agisse des plus petites cerises ou des plus grosses pêches. Lorsqu'il atteint sa maturité, chacun des fruits de ce groupe a sa propre saveur et une chair juteuse qui donne l'impression de fondre dans la bouche.

La plupart des fruits à noyau sont originaires d'Asie. Les pêches, par exemple, sont mentionnées dans la littérature chinoise ancienne. Selon des historiens de l'alimentation, des commerçants ont sans doute apporté ces fruits en Europe et, de là, ils ont été transportés vers le Nouveau Monde. De nos jours, les producteurs ont mis au point de nombreuses variétés de ces fruits populaires, ainsi que des hybrides comme le plumot et l'aprium – tous les deux des croisements entre la prune et l'abricot. Des douzaines de variétés de pêches et de nectarines ont été créées pour faire ressortir la couleur, la saveur ou toute autre caractéristique désirée. En été, le marché regorge de ces fruits.

Selon la région, les fruits à noyau sont cueillis au printemps, à commencer par les cerises. Les prunes ainsi que les dernières pêches de la saison seront présentes au marché pendant tout le mois de septembre.

Recherchez des abricots frais, jaune foncé, et qui sentent bon. Ils doivent être assez mous pour céder légèrement à une faible pression. Évitez les abricots durs, car ils ne mûriront jamais complètement dans la cuisine. Les fruits à peine teintés de vert deviendront plus sucrés si vous les laissez à la température ambiante dans un sac de papier pendant un ou deux jours. Les abricots mûrs doivent être consommés le plus tôt possible.

Les abricots

Comme sa cousine la pêche, l'abricot a d'abord été cultivé en Chine il y a des milliers d'années, où il pousse toujours à l'état sauvage. Étant donné que ce fruit délicat supporte mal le transport, les meilleurs abricots du marché seront ceux de producteurs locaux. Ces derniers les laisseront mûrir plus longtemps dans les arbres et les manipuleront avec soin. Certaines variétés sont dorées, tandis que d'autres ont une peau teintée de rose. En raison de son parfum de chèvrefeuille et de sa saveur aigre-douce, la variété Blenheim, aussi connue sous l'appellation «abricot royal», est légendaire parmi les pâtissiers et ceux qui aiment faire des confitures.

La saison des abricots est courte ; elle va du début au milieu de l'été. Ces fruits renferment un petit noyau facile à retirer et, dans la plupart des recettes, il n'est pas nécessaire de peler leur peau fine. Les abricots sont particulièrement prisés pour leur jolie couleur et leur texture délicate dans les tartes, les garnitures pour les gâteaux ou en purée destinée à des sauces. On peut en faire des condiments, des compotes, des glaces scintillantes. Ce fruit rehausse également la volaille et les viandes grillées telles que le porc et l'agneau.

Il faut les manipuler avec grand soin, car il se tale facilement. Pour les peler, ôtez la tige, puis à cette extrémité, tracez une croix avec un couteau. Plongez les fruits dans l'eau bouillante de 20 à 60 secondes, selon le degré de maturité, jusqu'à ce que la peau se détache. Avec une écumoire, transférez les abricots dans un bol d'eau glacée. Égouttez-les, puis pelez-les avec les doigts ou un petit couteau de cuisine.

L'ACHAT DES CERISES

Assurez-vous qu'elles sont grosses, dodues et lisses, que leur tige est toujours attachée et que les feuilles sont fermes et vertes. Ne les achetez pas si elles sont humides, collantes, abîmées, très molles ou si les tiges sont sèches. Il est préférable de consommer les cerises le plus tôt possible suivant l'achat. Sinon, il est possible de les conserver cinq jours au réfrigérateur, dans un contenant peu profond, couvert d'un torchon de cuisine propre ou de papier absorbant.

Les cerises

Lorsqu'elles sont mûres à point, le goût des cerises est incomparable. Les déguster est un grand plaisir gustatif. Il en existe de deux types : les cerises douces et les cerises acidulées. Les premières se mangent fraîches, telles quelles. C'est le cas des cerises Bing, rouge foncé et charnues. On en trouve aussi des variétés dorées légèrement teintées de rose ou de rouge. Quant aux cerises acidulées, aussi connues sous le nom de griottes, elles sont généralement plus petites et plus molles. Elles sont prisées pour leur saveur et leur texture après cuisson, car elles se prêtent bien aux tartes, aux confitures et aux sauces destinées à des desserts.

La saison des cerises est courte. Selon la variété, elle va de la fin du printemps au début de l'été. Elles conviennent parfaitement aux tartes d'été, aux pâtisseries et à la crème glacée. Elles entrent également dans la confection de plats savoureux à base de viande, en particulier de canard, de faisan, de porc et de gibier.

LA PRÉPARATION DES CERISES

Essayez de laisser les tiges attachées aux cerises jusqu'au moment de les consommer ou de les préparer, car dès qu'on les enlève, les fruits se gâtent rapidement. Pour éviter qu'elles moisissent, lavez-les sous l'eau froide uniquement avant de vous en servir. Pour les ajouter à des recettes, dénoyautez les fruits avec un dénoyauteur ou un petit couteau de cuisine bien affûté.

Abricots sautés avec mascarpone et amandes

6 PORTIONS

3 c. à soupe de beurre non salé

1 gousse de vanille, fendue dans le sens de la longueur

60 g (¼ tasse) de cassonade

Une pincée de sel

¼ c. à thé d'extrait d'amande pure

12 abricots fermes, mais mûrs, dénoyautés et coupés en quartiers de 12 mm (½ po) d'épaisseur

250 g (1 tasse) de mascarpone à la température ambiante

2 c. à soupe de sucre glace

1 c. à soupe de lait

60 g (½ tasse) d'amandes effilées, grillées (page 264)

Dans une poêle, sur feu moyen, faire fondre et cuire le beurre jusqu'à ce qu'il mousse et incorporer les graines de la gousse de vanille au beurre. Ajouter la cassonade et le sel. Faire cuire de 1 à 2 minutes, en remuant, jusqu'à ce que la cassonade ait fondu. Incorporer l'extrait d'amande et les abricots, puis, à feu moyen-doux, cuire de 1 à 2 minutes, en remuant jusqu'à ce que les fruits soient bien chauds.

Au batteur électrique, à basse vitesse, battre le mascarpone, le sucre glace et le lait de 1 à 2 minutes, pour obtenir une préparation lisse.

Répartir les abricots entre six assiettes à dessert. Garnir de préparation au fromage et parsemer d'amandes. Servir immédiatement.

Chaussons aux abricots

8 PORTIONS

375 g (¾ lb) d'abricots dénoyautés et coupés en quartiers de 12 mm (½ po) d'épaisseur

60 g (¼ tasse) + 2 c. à thé de sucre

1 c. à soupe de fécule de maïs

1 c. à soupe de beurre non salé

1 c. à thé de zeste de citron râpé

1 c. à thé de jus de citron

¼ c. à thé de cannelle moulue

Une pincée de sel

Pâte feuilletée (page 263), refroidie et abaissée sur 3 mm (⅛ po) d'épaisseur

1 gros œuf battu avec 1 c. à soupe de lait

Dans une casserole, sur feu moyen, faire cuire les abricots, 60 g (¼ tasse) de sucre, la fécule, le beurre, le zeste et jus de citron, la cannelle et le sel de 25 à 30 minutes, en remuant souvent, jusqu'à ce que les abricots commencent se défaire. Laisser refroidir.

Préchauffer le four à 190 °C (375 °F). Tapisser de papier ciré une plaque à pâtisserie. Détailler la pâte en ronds de 13 cm (5 po) de diamètre. Garnir une moitié de chaque rond d'une cuillerée du mélange aux abricots. Couvrir de l'autre moitié et sceller le bord à l'aide d'une fourchette. Badigeonner de dorure à l'œuf, parsemer de sucre et piquer le dessus. Déposer sur la plaque et faire cuire au four de 25 à 30 minutes, jusqu'à ce que la pâte soit légèrement dorée et croustillante.

Cuisses de poulet avec abricots grillés

4 PORTIONS

Sel et poivre du moulin

8 cuisses de poulet, non désossées

2 c. à soupe d'huile d'olive

1 petit oignon, coupé en dés

1 c. à thé d'ail haché

1 c. à thé de gingembre frais râpé

60 ml (¼ tasse) de jus d'orange fraîchement pressé

250 ml (1 tasse) de vermouth sec

8 abricots fermes, mais mûrs, tranchés en deux et dénoyautés

2 c. à soupe de miel

Préchauffer le four à 200 °C (400 °F). Saler et poivrer le poulet. Dans une poêle allant au four, sur feu moyen-vif, faire chauffer l'huile d'olive et y colorer le poulet. Réserver. Éliminer presque toute la graisse de la poêle pour n'en laisser que 2 c. à soupe. Y faire sauter l'oignon, l'ail, le gingembre et une pincée de sel de 4 à 5 minutes, en remuant, jusqu'à ce que l'oignon soit translucide. Verser le jus d'orange et le vermouth, puis porter à ébullition en grattant la poêle avec une cuillère de bois pour détacher les particules collées au fond. Faire cuire de 4 à 5 minutes, jusqu'à ce que le liquide ait réduit de moitié. Mettre le poulet dans la poêle, le côté peau vers le haut, et couvrir. Faire cuire au four environ 25 minutes, jusqu'à ce que la viande soit tendre.

Entre-temps, disposer les demi-abricots, le côté coupé vers le haut, dans un plat allant au four. Arroser de miel et poivrer généreusement.

Dès que le poulet est tendre, retirer le couvercle et augmenter la température du four à 230 °C (450 °F). Y ajouter le plat d'abricots et faire cuire les deux plats environ 10 minutes. Le poulet devrait être bien doré ; et les abricots, à peine colorés.

Transférer le poulet cuit dans un plat de service et arroser de son jus de cuisson. Disposer les abricots autour de la viande et servir immédiatement.

PLUMOTS

Ils sont le résultat d'un croisement entre la prune et l'abricot. Selon la variété – et elles sont nombreuses –, la taille des plumots oscille entre celle d'un abricot et celle d'une grosse prune. Leur peau est semblable à celle des prunes, mais la couleur sera rouge, légèrement orangée ou verte. Les plumots ont un léger parfum sucré. Utilisez-les de la même façon que les abricots ou les prunes.

TARTE AUX PLUMOTS

Abaisser la *Pâte feuilletée* (page 263) en un rond de 38 cm (15 po) de diamètre et déposer sur une plaque à pâtisserie. Couper 750 g (1 ½ lb) de plumots en tranches minces et les disposer sur la pâte, en laissant un espace de 5 cm (2 po) en périphérie. Parsemer de sucre. Rabattre le bord de pâte sur les fruits et le badigeonner de 1 jaune d'œuf battu avec 1 c. à thé d'eau. Parsemer de sucre. Cuire au four, à 220 °C (425 °F), pendant 50 minutes. 8 portions.

CHAUSSONS AUX ABRICOTS

CLAFOUTIS AUX CERISES DOUCES

Crostini de canard fumé et condiment aux cerises

6 PORTIONS

185 g (1 tasse) de cerises dénoyautées

1 baguette, coupée en tranches de 6 mm (¼ po) d'épaisseur

2 c. à soupe d'huile d'olive, et un peu pour badigeonner

30 g (¼ tasse) d'oignon vert haché, les parties blanche et verte

1 c. à soupe d'échalote sèche hachée

2 c. à thé de vinaigre balsamique

Sel et poivre du moulin

390 g (2 tasses) de viande de canard fumé, effilochée

Trancher en deux 90 g (½ tasse) de cerises et hacher finement le reste. Préchauffer le four à 230 °C (450 °F).

Badigeonner les tranches de pain d'huile d'olive et les placer sur une plaque à pâtisserie. Les faire griller au four de 5 à 6 minutes, jusqu'à ce qu'elles soient dorées.

Dans un bol, mélanger les demi-cerises, les cerises hachées, l'oignon vert, l'échalote, le vinaigre balsamique et 2 c. à soupe d'huile d'olive. Saler et poivrer généreusement.

Déposer sur chaque tranche de pain grillé une cuillerée de canard effiloché, puis garnir d'une cuillerée de préparation aux cerises. Disposer dans un plat de service et servir immédiatement.

Parfaits à la ricotta et aux cerises

4 PORTIONS

750 g (1 ½ tasse) de cerises, dénoyautées et tranchées en deux

1 c. à soupe de sucre

1 c. à thé de kirsch (liqueur de cerise)

500 g (2 tasses) de ricotta

2 c. à soupe de sucre glace

1 c. à thé d'extrait de vanille pure

⅛ c. à thé d'extrait d'amande pure

60 g (¼ tasse) d'amandes, grillées (page 264) et hachées grossièrement

Dans un bol, mélanger délicatement les cerises, le sucre et le kirsch. Laisser reposer à la température ambiante 10 minutes, voire 1 heure.

Dans un autre bol, mélanger la ricotta, le sucre glace, les extraits de vanille et d'amande.

Répartir 60 g (¼ tasse) de préparation à la ricotta entre quatre verrines. Les garnir équitablement de 90 g (½ tasse) de cerises. Répéter avec le reste de la préparation à la ricotta et des cerises. Parsemer chaque verrine d'amandes et servir immédiatement.

Clafoutis aux cerises douces

6 PORTIONS

Beurre non salé pour graisser

500 g (1 lb) de cerises douces, dénoyautées

250 ml (1 tasse) de lait entier (3,25 % M.G.)

60 ml (¼ tasse) de crème champêtre (35 % M.G.)

45 g (½ tasse) de farine à pâtisserie, tamisée

4 gros œufs, à la température ambiante

125 g (½ tasse) de sucre

⅛ c. à thé de sel

½ c. à thé d'extrait d'amande pure

Sucre glace pour saupoudrer

Placer une grille dans le tiers supérieur du four et le préchauffer à 180 °C (350 °F). Beurrer un plat peu profond, allant au four, d'une capacité de 1,5 litre (6 tasses). Disposer les cerises au fond du plat.

Dans une casserole, sur feu moyen-doux, faire chauffer le lait et la crème jusqu'à ce que de petites bulles se forment le long du bord. Retirer du feu et incorporer la farine, par petites quantités, en fouettant vigoureusement jusqu'à ce que tous les grumeaux aient disparu.

Dans un bol, battre les œufs, le sucre et le sel en crème. Tout en fouettant, incorporer la préparation au lait ainsi que l'extrait d'amande. Verser sur les cerises. Déposer le plat sur une plaque à pâtisserie et faire cuire au four de 45 à 55 minutes, jusqu'à ce que la surface soit dorée. Laisser refroidir sur une grille. Saupoudrer de sucre glace et servir tiède.

GRIOTTES

Plus petites que les cerises douces, les griottes cramoisies se trouvent au marché le temps de quelques semaines, en été. Habituellement trop acides pour être mangées telles quelles, elles sont délicieuses pour confectionner tartes et chaussons. On peut également en faire des confitures pour s'offrir un goût d'été à d'autres moments de l'année. La Morello et la Montmorency sont deux variétés courantes.

TARTE AUX GRIOTTES

Préchauffer le four à 220 °C (425 °F). Préparer deux abaisses de *Pâte à tourte* (page 263) et garnir une assiette à tarte avec la plus grande. Dans un bol, mélanger 125 g (½ tasse) de sucre et 45 g (¼ tasse) de farine tout usage. Ajouter 500 g (1 lb) de griottes dénoyautées et bien les enrober. Déposer sur la pâte, puis parsemer de 1 c. à soupe de beurre non salé coupé en petits morceaux. Couvrir délicatement de la seconde abaisse. Éliminer l'excédent de pâte et sceller les deux abaisses en les pinçant le long du bord. Découper quelques fentes sur le dessus et placer l'assiette sur une plaque à pâtisserie. Faire cuire au four 15 minutes. Baisser la température du four à 180 °C (350 °F) et poursuivre la cuisson de 20 à 25 minutes, jusqu'à ce que les cerises soient molles lorsqu'on les perce avec un couteau par l'une des fentes et qu'un sirop se soit formé. Sortir du four et laisser refroidir au moins 15 minutes avant de servir. De 8 à 10 portions.

Les nectarines et les pêches

Originaires de la Chine, les pêches sont maintenant cultivées dans les zones tempérées de l'Asie, de l'Amérique du Nord et de l'Europe. Les nectarines constituent une variété particulière, issue du pêcher et greffée sur cet arbre. La pêche se distingue par sa peau duveteuse et velouteuse. La nectarine, en revanche, possède une peau lisse qui présente des tons plus rouges. Dans les recettes, ces deux fruits sont interchangeables.

Le goût des pêches et des nectarines sera meilleur du début au milieu de l'été. Les deux existent dans des variétés à noyau adhérent et non adhérent, selon que le noyau colle ou non à la chair qui l'entoure. Les variétés à noyau non adhérent sont plus faciles à trancher et se prêtent mieux à la cuisson. Leur chair peut être soit jaune, soit blanche. Les variétés blanches ont généralement un parfum plus fort, leur goût est plus sucré et leur chair plus juteuse. On peut les manger telles quelles ou les utiliser dans des tartes, des confitures et de la crème glacée. Elles conviennent également à des sauces, des glaces et des farces destinées à la volaille et à la viande de boucherie.

L'ACHAT DES PRUNES

Elles doivent être lisses, sembler lourdes pour leur taille et céder légèrement à une douce pression, en particulier à l'extrémité qui était rattachée à la tige. Les prunes les plus fraîches se caractérisent par une surface voilée de blanc poudreux. Ne les achetez pas si elles sont plissées ou trop molles. Pour ramollir des fruits trop durs, laissez-les quelques jours dans un sac de papier à la température ambiante. Les prunes mûres se conserveront dans un sac de plastique au réfrigérateur de trois à cinq jours.

Les prunes

Des centaines de variétés de prunes envahissent le marché du milieu à la fin de l'été. Tant leur peau légèrement amère que leur chair juteuse et translucide se déclinent en différentes couleurs : jaune doré, vert franc ou des teintes infinies de rose, violet ou écarlate. Si on aime les savourer fraîches telles quelles, les meilleures sont les gros fruits à la peau rouge et à la chair jaune, comme les Santa Rosa ou les Burbank, des prunes nord-américaines dénommées en l'honneur de l'horticulteur du 19e siècle qui en a développé plus de cent types différents à partir d'arbres originaux du Japon. La variété à la peau et à la chair jaunes, telle que la Shiro, convient bien aux confitures. Les prunes italiennes ovales, violet foncé, conservent bien leur forme et leur saveur pendant la cuisson et se prêtent donc bien à la pâtisserie. C'est également le cas des plus petites prunes jaunes françaises, qu'on appelle Mirabelles. On infuse ces dernières dans des liqueurs ou on les fait bouillir pour obtenir des confitures et des gelées.

LA PRÉPARATION DES PRUNES

Leur peau est facile à peler si les fruits sont bien mûrs. Si les prunes sont encore fermes et que la peau colle obstinément, tracez avec un couteau une croix à l'extrémité qui était rattachée à la tige et plongez les fruits dans de l'eau bouillante de 1 à 2 minutes, selon le degré de maturité. Rincez-les sous l'eau froide, puis ôtez la peau délicatement.

Nectarines avec roquette et fromage burrata

6 PORTIONS

60 g (2 tasses) de feuilles de jeunes roquettes

3 nectarines, tranchées en deux, dénoyautées et coupées en tranches de 12 mm (½ po) d'épaisseur

250 g (½ lb) de fromage burrata (ou, à défaut, de mozzarella di buffala)

Huile d'olive pour arroser

Sel de mer et poivre du moulin

Pain croûté pour accompagner

Dans un plat de service, faire un lit de roquette. Y disposer les nectarines.

Placer le fromage dans le plat, arroser d'huile d'olive, puis saler et poivrer.

Servir immédiatement avec des tranches de pain croûté pour que les convives les garnissent de roquette, de nectarine et de fromage.

Pêches grillées au miel et au poivre

4 PORTIONS

90 g (¼ tasse) de miel

Sel et poivre du moulin

4 pêches fermes, mais mûres, tranchées en deux et dénoyautées

1 c. à soupe d'huile d'olive

Huiler la grille du barbecue et préchauffer l'appareil à intensité moyenne-élevée (page 264) ou utiliser une poêle à griller.

Dans un petit bol, mélanger le miel, une pincée de sel et 1 c. à thé de poivre. Réserver. Badigeonner d'huile d'olive la chair des demi-pêches et les placer sur la grille chaude, le côté coupé vers le bas. Rabattre le couvercle du barbecue et faire cuire de 3 à 4 minutes, le temps que les fruits commencent à ramollir. Retourner les pêches et les badigeonner de miel assaisonné. Poursuivre la cuisson de 2 à 3 minutes, jusqu'à ce que les fruits soient tendres sans toutefois se défaire. Servir immédiatement.

Ces pêches accompagnent délicieusement de la crème glacée à la vanille ou du yogourt grec.

Gratin de nectarines et de pêches

4 PORTIONS

Beurre non salé pour graisser

375 g (2 tasses) de nectarines et autant de pêches, à la température ambiante, pelées, dénoyautées et tranchées finement

1 ½ c. à thé de jus de citron fraîchement pressé

½ c. à thé d'extrait d'amande pure

250 g (1 tasse) de crème sure

2 c. à soupe de lait

60 g (¼ tasse) de sucre

105 g (½ tasse) de cassonade, ou au goût

Placer une grille du four à 10 ou 13 cm (4 ou 5 po) de l'élément chauffant supérieur. Préchauffer le gril du four.

Beurrer un plat carré allant au four de 23 cm (9 po) de côté. Disposer les fruits dans le fond. Arroser de jus de citron et de ¼ c. à thé d'extrait d'amande. Remuer délicatement.

Dans un bol, fouetter la crème sure, le lait, ½ c. à thé d'extrait d'amande et le sucre. Répartir sur les fruits. Parsemer de cassonade. En ajouter au goût.

Glisser le plat sur la grille du haut et faire griller de 6 à 8 minutes, jusqu'à ce que la cassonade fonde. Servir immédiatement.

PÊCHES BLANCHES

L'un des délices de l'été réside sans doute dans la pêche blanche. Odoriférantes et florales, ces fruits à chair blanche se trouvent au marché depuis aussi longtemps que les pêches à chair jaune, mais elles ont perdu de la popularité auprès des fermiers en raison de leur peau fragile et de leur courte saison. Elles commencent à réapparaître, cependant, et, dans les recettes, on peut les utiliser de la même façon que les pêches à chair jaune.

PÊCHES BELLINI

Dans un mélangeur électrique, réduire en une purée lisse 2 pêches blanches ou jaunes, mûres, pelées, tranchées en deux et dénoyautées et 1 c. à soupe de sucre en poudre. Répartir également entre quatre flûtes à champagne. Remplir de champagne ou de prosecco et remuer doucement. Décorer de fines tranches de pêches et servir immédiatement. 4 portions.

NECTARINES AVEC ROQUETTE ET FROMAGE BURRATA

PRUNES CHAUDES AU MIEL ET AU YOGOURT GREC

Prunes chaudes au miel et au yogourt grec

4 PORTIONS

2 c. à soupe de miel

1 c. à soupe de cassonade

1 c. à thé d'extrait de vanille pure

6 prunes fermes, mais mûres, tranchées en deux, dénoyautées et coupées en quartiers

1 c. à soupe de beurre non salé, coupé en petits morceaux

500 g (2 tasses) de yogourt grec

30 g (¼ tasse) de pistaches, grillées (page 264) et hachées grossièrement

Préchauffer le four à 220 °C (425 °F).

Dans un plat allant au four, mélanger le miel, le sucre et la vanille. Ajouter les prunes et mélanger pour bien les enrober de miel. Parsemer de noisettes de beurre. Faire griller au four de 5 à 7 minutes, jusqu'à ce que les prunes soient chaudes.

Répartir la moitié des fruits et le jus de cuisson équitablement entre quatre verrines. Dans chacune, ajouter 125 g (½ tasse) de yogourt grec. Garnir du reste des prunes. Parsemer de pistaches et servir immédiatement.

Salade de fruits à noyau, noisettes et fromage bleu

6 PORTIONS

2 c. à soupe de vinaigre de riz

1 c. à thé de miel

Sel et poivre du moulin

125 ml (¼ tasse) d'huile d'olive

375 g (6 tasses) de jeune roquette

2 prunes fermes, mais mûres, tranchées en deux, dénoyautées et coupées en tranches de 6 mm (¼ po) d'épaisseur

2 abricots fermes, mais mûrs, tranchés en deux, dénoyautés et coupés en tranches de 6 mm (¼ po) d'épaisseur

1 pêche ferme, mais mûre, tranchée en deux, dénoyautée et coupée en tranches de 6 mm (¼ po) d'épaisseur

45 g (¼ tasse) de noisettes grillées (page 264), la peau ôtée, hachées grossièrement

45 g (1 ½ oz) de fromage bleu, émietté

Dans un petit bol, fouetter le vinaigre de riz, le miel, une pincée de sel et autant de poivre. Tout en fouettant, verser l'huile d'olive en un mince filet pour obtenir une vinaigrette.

Dans un saladier, mélanger délicatement la roquette, les prunes, les abricots, la pêche et les noisettes. Arroser de la moitié de la vinaigrette et remuer doucement. En ajouter de façon à ce que les feuilles de roquette soient légèrement enrobées. Parsemer de fromage et servir immédiatement.

Prunes grillées avec fromage bleu

4 PORTIONS

2 c. à thé d'huile d'olive

4 prunes, tranchées en deux et dénoyautées

90 g (3 oz) de gorgonzola ou autre fromage bleu mou, à la température ambiante

4 ou 8 tranches de pain de blé entier

Préchauffer le four à 230 °C (450 °F).

Badigeonner d'huile d'olive la chair des prunes. Garnir chaque cavité de 1 c. à thé de fromage. Déposer les demi-prunes, le côté garni vers le haut, dans un plat allant au four, juste assez grand pour qu'elles y tiennent toutes debout. Faire cuire au four environ 10 minutes, jusqu'à ce que le fromage soit bien chaud. Sortir du four et laisser refroidir légèrement.

Disposer les prunes tièdes dans un plat de service et les servir avec les tranches de pain.

APRIUMS

Relativement nouveaux au marché, les apriums sont le résultat d'un croisement entre l'abricot et la prune. Ils se distinguent des plumots (page 224), car ils sont issus de la prune dans une proportion d'un quart; de l'abricot, de trois quarts. Aussi ressemblent-ils davantage aux abricots, bien que leur goût soit un mélange des deux fruits parents. On trouve les apriums au marché pendant les chauds mois d'été.

MUFFINS AUX APRIUMS

Avec un batteur électrique, battre en crème 125 g (½ tasse) de beurre non salé, ramolli, 60 g (¼ tasse) + 2 c. à soupe de cassonade et autant de sucre. Incorporer 2 gros œufs, un à la fois, et bien mélanger. Ajouter 1 c. à thé d'extrait de vanille. Dans un autre bol, mélanger 315 g (2 tasses) de farine tout usage, 2 c. à thé de poudre à pâte, 1 c. à thé de bicarbonate de soude et ½ c. à thé de sel. En actionnant le batteur à basse vitesse, ajouter aux ingrédients humides les ingrédients secs en petites quantités, en alternant avec 250 ml de babeurre. Bien mélanger après chaque addition. Incorporer 4 apriums dénoyautés et coupés en dés. Répartir la pâte entre des moules en papier déposés dans les cavités d'un moule à muffins. Faire cuire de 25 à 28 minutes dans un four préchauffé à 200 °C (400 °F), jusqu'à ce qu'un cure-dent inséré au centre d'un muffin en ressorte propre. 12 MUFFINS.

Les fruits de vergers

POMMES

POIRES

POIRES ASIATIQUES

GRENADES

COINGS

FIGUES

KAKIS

KAKIS HACHIYA

Les pommes, les poires et les autres fruits de vergers contiennent de nombreux pépins, contrairement aux fruits qui ne renferment qu'un seul noyau. Les pépins ne sont pas comestibles, à l'exception des graines juteuses de la grenade, partie prisée de ce fruit. Les fruits de vergers se déclinent en diverses saveurs et textures. Ainsi, les pommes peuvent être acides ou sucrées. Les poires sont sucrées et souvent très juteuses. Selon la variété, les kakis seront astringents ou doux, à la texture qui rappelle le pudding. Les coings sont si acides qu'il faut toujours les faire cuire plutôt de les manger nature. Quant aux figues, elles sont sans doute les plus sucrées de tous les fruits de vergers.

Parents des roses, d'un point de vue botanique, les pommes, les poires et les coings proviennent de variétés sauvages qui ont d'abord été cueillies en Asie centrale, il y a des centaines, voire des milliers d'années. Quant aux figues et aux grenades, des membres de familles distinctes, on en a découvert des traces qui remontent aux anciennes civilisations du Moyen-Orient. L'Amérique du Nord possède son kaki indigène, mais il a été surpassé depuis longtemps en popularité par des variétés importées de Chine, du Japon et d'Israël.

L'arrivée des fruits de vergers au marché est généralement précurseur des jours froids, dans les climats tempérés. En ce qui a trait aux figues, parce qu'elles ont besoin de journées entières d'ensoleillement pour mûrir à point, elles sont cueillies à la fin de l'été et au début de l'automne.

L'ACHAT DES POMMES

Recherchez des fruits fermes, à la peau lisse, exempts de meurtrissures et de taches. Pour obtenir une saveur et une texture optimales, achetez des pommes qui viennent d'être récoltées et qui sont cultivées localement, plutôt que des fruits qui proviennent d'un entrepôt réfrigéré. Les pommes poursuivent leur mûrissement à la température ambiante. Rangez-les dans un sac de papier épais, loin des oignons et des pommes de terre. Elles se conserveront ainsi d'une semaine à deux mois.

Les pommes

La pomme ronde et croquante est sans doute le fruit le plus courant dans le monde. Il en existe quelque 7 000 variétés, bien que très peu d'entre elles soient commercialisées. Les pommes sucrées, à la peau fine ont avantage à être dégustées nature, comme collation ou accompagnées de fromage vieilli, tandis que les pommes acides se prêtent mieux aux tartes, aux gâteaux, aux pâtisseries et aux compotes.

La plupart des pommes se récoltent en automne et même au début de l'hiver. Parmi les variétés les plus populaires qu'on aime manger crues, citons la Délicieuse rouge, la Golden, la Granny Smith verte, la Gala rayée rouge et jaune et la McIntosh marbrée de rouge. Les pâtissiers recherchent des variétés, telles que la Jonathan, la Cortland et la Braeburn pour leur texture ferme ainsi que pour leur sucrosité équilibrée, leur acidité prononcée et leurs accents épicés. Les pommes de spécialité sont propres à chaque région, en particulier les pommes patrimoniales, alors c'est une bonne idée de demander aux fermiers quels sont les meilleurs produits locaux, que ce soit pour manger crus ou pour faire cuire.

LA PRÉPARATION DES POMMES

Les peler n'est pas nécessaire ; tout dépend de vos préférences et de la recette choisie. Utilisez un couteau-éplucheur ou un petit couteau à lame mince pour retirer la peau, si désiré. Prenez plutôt un couteau du chef pour trancher la chair selon la forme désirée. La chair des pommes s'oxyde très rapidement dès qu'elle est en contact avec l'air. Pour éviter qu'elle brunisse, enrobez uniformément les morceaux d'une petite quantité de jus de citron.

L'ACHAT DES POIRES

Optez pour des poires lisses, sans tache, et avec la tige toujours attachée au fruit. Elles devraient être odoriférantes et commencer à peine à ramollir près de la tige. Pour qu'elles deviennent plus sucrées, il convient de les laisser à la température ambiante. Elles seront prêtes à manger lorsque la peau plissera un peu près de la tige et sera tout juste molle à l'autre extrémité. Rangez-les dans un sac de plastique pour les conserver de trois à cinq jours au réfrigérateur.

Les poires

Une poire mûrie à point possède une chair sucrée et juteuse et un léger parfum floral. D'abord cultivés en Asie il y a plus de 4 000 ans, ces fruits comptent aujourd'hui des milliers de variétés qui se distinguent par leur taille, leur couleur, leur silhouette, leur texture et leur goût. Parmi les plus connues, mentionnons les cinq sortes suivantes : la poire Anjou, verte teintée de jaune, à la forme quasi ovoïde ; la Bartlett, aussi appelée poire Williams, à la peau vert clair mince ; la Bosc ferme à long cou, à la peau rugueuse et brunâtre ; la Comice vert jaune, à la chair tendre et fondante ; et la Seckel, petite et rougeâtre.

C'est en automne et en hiver que les poires sont les plus sucrées et odoriférantes, un moment de l'année où leur fraîcheur est la bienvenue. Les poires sont parfaites pour être savourées nature, mais elles donnent également de l'élégance aux tartes, aux pâtisseries et autres desserts d'hiver. Pochées entières dans le vin ou transformées en compote, les poires ont un goût qui se marie au gingembre, à la vanille, aux écorces d'orange, au raisin et aux épices telles que le clou de girofle, la cannelle et le gingembre.

LA PRÉPARATION DES POIRES

On peut les manger fraîches sans les peler, mais si on veut les faire cuire, il vaut mieux enlever la peau qui a un goût légèrement amer qui s'accentue à la cuisson. Tranchez la poire en deux, dans le sens de la hauteur, puis retirez le trognon avec une petite cuillère. Pour évider le fruit et le garder entier, servez-vous d'une petite cuillère ou d'une cuillère parisienne pour sortir les pépins et le cœur par le dessous de la poire.

Panini aux pommes et au cheddar

4 PORTIONS

8 tranches de pain au levain, de 12 mm (½ po) d'épaisseur

2 c. à soupe d'huile d'olive

180 g (6 oz) de cheddar, tranché finement

1 pomme rouge, évidée et coupée en tranches de 6 mm (¼ po) d'épaisseur

Préchauffer un grille-sandwichs ou une poêle à griller. Déposer 4 tranches de pain sur une surface de travail et en badigeonner un côté d'huile d'olive. Empiler des tranches de fromage et de pommes sur le côté non huilé. Couvrir des tranches de pain restantes et en badigeonner le dessus d'huile d'olive. Appuyer doucement pour consolider l'assemblage.

Déposer 1 sandwich sur le grille-sandwichs ou dans la poêle à griller. (Si cette dernière est utilisée, poser un objet lourd, comme une bouilloire sur le sandwich.) Faire cuire de 3 à 5 minutes, jusqu'à ce que le pain soit grillé, que le fromage commence à fondre et que les pommes soient bien chaudes. Répéter avec les trois autres sandwichs. Servir immédiatement.

Pommes sautées avec côtelettes de porc

4 PORTIONS

Sel et poivre du moulin

4 côtelettes de porc, désossées, chacune d'environ 4 cm (1 ½ po) d'épaisseur

45 g (¼ tasse) de farine tout usage

1 c. à soupe de beurre non salé

1 c. à soupe d'huile d'olive

1 petit oignon, coupé en dés

2 pommes Granny Smith, pelées, évidées et coupées en quartiers de 12 mm (½ po) d'épaisseur

1 c. à thé de romarin frais haché

1 c. à thé de miel

250 ml (1 tasse) de bouillon de poulet

2 c. à soupe de crème champêtre (35 % M.G.)

Saler et poivrer les côtelettes de porc. Assaisonner la farine d'une pincée de sel et d'autant de poivre. Passer le porc dans la farine et le secouer doucement pour en éliminer l'excédent. Dans une grande poêle, sur feu moyen, faire chauffer le beurre et l'huile d'olive. Y faire cuire les côtelettes de 2 à 3 minutes de chaque côté, jusqu'à ce qu'elles soient dorées. Réserver.

Dans la même poêle, faire sauter l'oignon avec une pincée de sel et autant de poivre de 4 à 5 minutes, jusqu'à ce qu'il ramollisse et soit translucide. Ajouter les pommes, le romarin, le miel et une pincée de sel. Faire cuire de 1 à 2 minutes, le temps que les pommes soient parsemées de taches dorées. Verser le bouillon de poulet et, avec une cuillère de bois, gratter la poêle pour détacher les particules collées au fond. Remettre les côtelettes dans la poêle. Baisser le feu à moyen-doux, couvrir et faire cuire de 7 à 10 minutes, jusqu'à ce qu'elles soient tendres et qu'un thermomètre à mesure instantanée inséré dans la viande indique 63 °C (145 °F). Les retourner une seule fois durant la cuisson.

Transférer la viande dans un plat de service et couvrir d'une tente de papier d'aluminium. Arroser le contenu de la poêle de crème et augmenter le feu à vif. Faire cuire de 1 à 2 minutes, jusqu'à ce que la sauce épaississe légèrement. Verser sur les côtelettes et servir immédiatement.

Crostata rustique de pommes

DE 6 À 8 PORTIONS

3 pommes sucrées, comme la Fuji, pelées, évidées et tranchées finement

75 g (⅓ tasse) de cassonade

1 c. à thé de fécule de maïs

½ c. à thé de cannelle moulue

Une pincée de muscade moulue

Une pincée de sel

Pâte feuilletée (page 263), refroidie et abaissée en un rond de 40 cm (16 po) de diamètre

1 gros jaune d'œuf battu avec 1 c. à soupe de crème (35 % M.G.)

1 c. à thé de sucre mélangé à ½ c. à thé de muscade moulue

1 c. à soupe de beurre non salé, coupé en petits morceaux

Dans un grand bol, mélanger les pommes, la cassonade, la fécule de maïs, la cannelle, la muscade et le sel.

Déposer le rond de pâte sur une plaque à pâtisserie tapissée de papier ciré. Étaler la préparation aux pommes au milieu, en laissant un espace libre de 7,5 cm (3 po) en périphérie. Rabattre la bordure sur les pommes dont une partie ne sera pas couverte au centre. Badigeonner de dorure à l'œuf et saupoudrer de sucre à la muscade. Parsemer les pommes exposées de noisettes de beurre. Réfrigérer de 20 à 30 minutes, jusqu'à ce que la pâte soit ferme.

Préchauffer le four à 190 °C (375 °F). Faire cuire la crostata au four de 45 à 50 minutes, jusqu'à ce que la croûte soit bien dorée, que les pommes soient tendres et que la sauce bouillonne. Faire glisser la crostata avec le papier ciré sur une grille et laisser refroidir au moins 20 minutes. Couper en parts et servir chaud ou à la température ambiante.

PANINI AUX POMMES ET AU CHEDDAR

TARTE TATIN AUX POIRES ET ÉPICES D'HIVER

Tarte tatin aux poires et épices d'hiver

DE 6 À 8 PORTIONS

Un rectangle de pâte à tarte de 25 x 20 cm (10 x 8 po)

3 c. à soupe de beurre non salé

60 g (¼ tasse) de sucre

4 poires fermes, mais mûres, pelées, tranchées en deux et évidées

120 g (½ tasse) de cassonade

2 c. à soupe de gingembre confit haché finement

1 c. à soupe de jus de citron

¼ c. à thé de muscade moulue

¼ c. à thé de clou de girofle moulu

½ c. à thé de cannelle moulue

Réfrigérer la pâte 15 minutes. Préchauffer le four à 190 °C (375 °F). Avec 1 c. à soupe de beurre, graisser une assiette à tarte de 30 cm (12 po) de diamètre, munie de bords verticaux de 5 cm (2 po) de haut. En parsemer uniformément le fond de sucre.

Placer les poires en une seule couche, le côté coupé vers le haut, dans l'assiette à tarte. Parsemer de 60 g (¼ tasse) de cassonade, puis de gingembre. Arroser de jus de citron. Couper 2 c. à soupe de beurre en morceaux et le déposer sur les poires. Dans un bol, mélanger 60 g (¼ tasse) de cassonade, la muscade, le clou de girofle et la cannelle. En parsemer les poires.

Abaisser la pâte en un rond d'un diamètre un peu plus grand que l'assiette à tarte et sur une épaisseur de 6 mm (¼ po). Déposer sur l'assiette et replier l'excédent de pâte à l'intérieur de l'assiette, le long du bord de façon à encercler les poires. Piquer l'abaisse de pâte sur le dessus avec une fourchette.

Faire cuire la tarte au four environ 1 heure, jusqu'à ce que la croûte soit bien dorée, que les poires soient tendres et qu'un sirop épais et doré se soit formé dans l'assiette.

Faire courir la lame d'un couteau le long du bord de l'assiette pour en détacher la tarte. La renverser dans une assiette et replacer toute poire restée collée au fond. Couper en parts et servir tiède.

Poires pochées dans le riesling avec crème sucrée

4 PORTIONS

4 poires fermes, mais mûres, Bosc ou Anjou, pelées, tranchées en deux et évidées

625 ml (2 ½ tasses) de riesling (vin blanc d'Alsace)

125 g (½ tasse) de sucre

Une lanière de zeste de citron, de 5 cm (2 po) de long et 2 cm (¾ po) de large

250 ml (1 tasse) de crème champêtre (35 % M.G.)

30 g (¼ tasse) de sucre glace

Coucher les demi-poires au fond d'une casserole à revêtement antiadhésif assez large pour les contenir toutes en une seule couche. Ajouter le vin, le sucre, le zeste de citron et 375 ml (1 ½ tasse) d'eau. Porter à ébullition sur feu moyen-vif. Baisser ensuite le feu à moyen-doux. Déposer un plat ou une assiette qui résiste à la chaleur sur les poires pour qu'elles restent submergées. Laisser mijoter de 35 à 40 minutes, jusqu'à ce qu'on puisse insérer facilement un couteau au centre des fruits. Retirer le plat ou l'assiette. Laisser les poires refroidir dans le liquide, jusqu'à ce qu'elles aient atteint la température ambiante. Avec une écumoire, les répartir ensuite entre quatre bols à dessert.

Dans un grand bol, fouetter la crème environ 5 minutes. Incorporer le sucre glace et battre de 2 à 3 minutes, jusqu'à ce que des pics fermes se forment. Garnir les poires de cette crème fouettée et servir immédiatement.

Sandwichs au poulet fumé, poires grillées et fontina

6 PORTIONS

125 g (½ tasse) de beurre non salé

12 tranches fermes de pain brioché blanc

500 g (1 lb) de fromage fontina, tranché

6 tranches de poulet fumé

2 poires mûres, tranchées finement

Dans une petite casserole, sur feu doux, faire fondre le beurre. Retirer du feu et laisser reposer quelques minutes. Avec une cuillère, écumer la surface du beurre fondu. Verser le liquide jaune clair dans un bol. Jeter les parties solides restées dans la casserole.

Aligner 6 tranches de pain sur une surface de travail et les garnir de fromage, de poulet et poires. Couvrir des tranches de pain restantes.

Badigeonner de beurre fondu une grande poêle ou une poêle à griller et la faire chauffer sur feu moyen. Déposer un ou deux sandwichs dans la poêle, selon sa capacité. Placer quelque chose de lourd sur les sandwichs, comme un couvercle de casserole. Faire cuire environ 4 minutes, jusqu'à ce que le dessous soit bien doré. Retourner les sandwichs, replacer le poids et poursuivre la cuisson 4 minutes, jusqu'à ce que l'autre côté soit bien doré et que le fromage commence à fondre. Sortir de la poêle et garder au chaud pendant la cuisson des autres sandwichs. Ajouter du beurre dans la poêle au besoin. Trancher les sandwichs chauds en deux et les servir immédiatement.

POIRES ASIATIQUES

Offerts de l'été à l'automne, ces fruits appartiennent à une espèce complètement différente des autres poires qu'on connaît. Les poires asiatiques ressemblent à de grosses pommes jaunes et vert pâle. Elles dégagent un parfum floral et possèdent un léger goût sucré ainsi qu'une texture un peu granuleuse qui regorge de jus. Elles sont à leur meilleur lorsqu'on les mange nature. Servez-les telles quelles ou en salade.

SALADE DE POIRES, NOISETTES ET ANETH

Dans un bol, fouetter 2 c. à soupe de vinaigre de vin blanc, 1 c. à thé de moutarde à l'ancienne, 1 c. à thé de miel, du sel et du poivre. Tout en fouettant, verser 125 ml (½ tasse) d'huile d'olive en un mince filet. Évider et couper en dés une poire asiatique et déposer dans un saladier. Ajouter 375 g (6 tasses) de laitues variées, 10 g (¼ tasse) d'aneth frais haché et 60 g (¼ tasse) de noisettes hachées. Verser la vinaigrette pour enrober légèrement la laitue. 6 portions.

L'ACHAT DES GRENADES

Recherchez de gros fruits fermes et rouge foncé, dont la forme est charnue et la peau, lisse. Évitez les grenades sèches, ratatinées ou à la peau brunâtre. Le fruit qui semble le plus lourd pour sa taille contiendra davantage de jus dans ses graines. Les grenades se conservent de 1 à 2 jours à la température ambiante ou trois semaines dans un sac de plastique au réfrigérateur.

Les grenades

Depuis les temps anciens, la grenade est un aliment important dans tout le Moyen-Orient et également un symbole de fertilité dans plusieurs cultures. Les arbres qui les portent, les grenadiers, prolifèrent dans le climat méditerranéen et aussi en Californie. Les graines et le jus de ce fruit légendaire sont un élément populaire des cuisines de ces différentes régions. Lorsqu'on l'ouvre, la grenade révèle sous sa peau épaisse qui rappelle le cuir des centaines de graines, enrobées d'une pulpe vermeille juteuse et étincelante. Son nom provient d'ailleurs d'un mot latin, *granatus*, qui signifie « rempli de graines ».

Les grenades se trouvent au marché pendant les mois d'automne et d'hiver. Pour ajouter du croquant et du brillant à d'autres fruits, aux salades, à la crème glacée et aux pâtisseries, il suffit de les parsemer de graines de grenade. Quant à son jus aigre-doux, fruité et d'une couleur vive, il entre dans la composition de marinades, de vinaigrettes, de sauces, de glaces et aussi dans diverses boissons.

LA PRÉPARATION DES GRENADES

Pour extraire les graines d'une grenade, coupez la peau près du dessous et retirez-la ainsi que la membrane blanche amère. Incisez légèrement la peau restante en quartiers du dessous vers le dessus du fruit. En travaillant au-dessus d'un bol, séparez délicatement le fruit en morceaux avec les mains. Poussez sur la peau des morceaux pour en inverser la courbe et, du bout du doigt, détachez les graines des membranes sectionnelles.

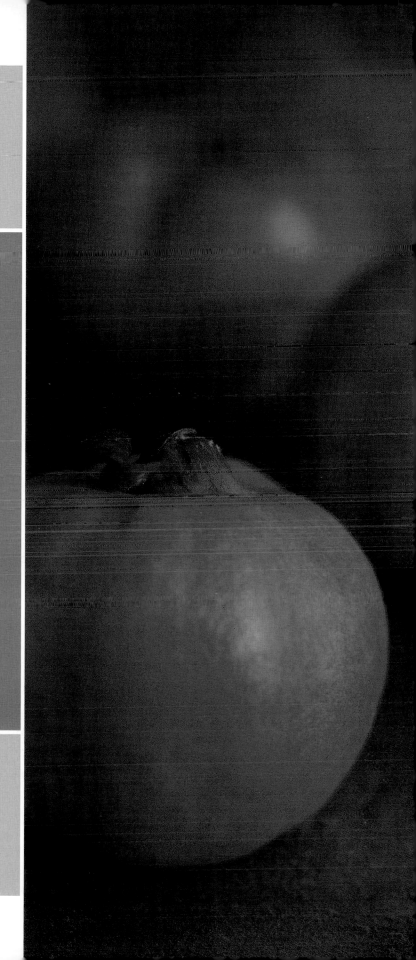

L'ACHAT DES COINGS

Choisissez de gros fruits à la peau lisse qui conservent une pâle couche duveteuse en surface et qui dégagent un parfum floral. Évitez les coings talés ou présentant des parties molles. Il faut les acheter avant qu'ils soient complètement mûrs, tandis qu'ils sont toujours fermes et que leur peau commence à peine à changer du vert au doré. Laissez-les d'abord à la température ambiante, puis réfrigérez-les dans un sac de plastique pour les conserver deux semaines.

Les coings

Parent de la rose, ce fruit précède de nombreux siècles ses proches cousines, la pomme et la poire. Le coing est célèbre pour son parfum qui monte à la tête et qui peut embaumer toute une pièce. Crue, la chair dure, sèche et de couleur crème est fortement astringente et c'est pourquoi il faut toujours la faire cuire. Ainsi, à la cuisson, le coing ramollit, sa couleur change pour le rose foncé et son parfum devient encore plus floral.

À l'instar des autres fruits de vergers, les coings font leur apparition au marché à l'automne et en hiver. Associés à des ingrédients sucrés pour tempérer leur astringence, ces fruits accompagnent bien l'agneau, le porc, la volaille et le gibier dans des plats mijotés et des rôtis. Les coings font d'excellentes confitures et gelées. Ils contribuent également à faire prendre d'autres confitures de fruits en raison de leur forte teneur en pectine. On peut aussi faire cuire ces fruits pour obtenir une pâte de fruits concentrée tout à fait délicieuse. Il s'agit d'une spécialité espagnole appelée *membrillo* qui se mange avec du fromage, en particulier avec du manchego.

LA PRÉPARATION DES COINGS

Ne lavez la surface duveteuse des coings qu'avant de les faire cuire. La peau dure du fruit résiste aux petits couteaux. Il vous faudra sans doute recourir à un couperet et exercer un peu de force pour couper le coing. Retirez le cœur et les graines à moins que vous ayez l'intention de passer la chair au chinois (filtrer).

Salade de cresson à la grenade et à l'orange

6 PORTIONS

2 c. à soupe de vinaigre de xérès

2 c. à thé d'échalote sèche hachée

Sel et poivre du moulin

125 ml (½ tasse) d'huile d'olive

1 orange sanguine, séparée en segments (page 264), le jus réservé

1 orange Navel, séparée en segments (page 264), le jus réservé

Graines de 1 grenade

185 g (6 tasses) de cresson

Dans un bol, mélanger le vinaigre de xérès, les échalotes, une pincée de sel et autant de poivre. Tout en fouettant, verser l'huile d'olive en un mince filet pour obtenir une vinaigrette.

Ajouter à la vinaigrette 1 c. à soupe du jus de chacune des oranges. Fouetter. Réserver le reste du jus des oranges pour une utilisation ultérieure.

Égoutter les segments des deux oranges et les déposer dans un saladier, ainsi que les graines de grenade et le cresson. Arroser de la moitié de la vinaigrette, puis remuer. Ajouter de la vinaigrette, s'il y a lieu, de façon à enrober légèrement le cresson. Servir immédiatement.

Côtelettes d'agneau glacées à la grenade

4 PORTIONS

8 côtelettes d'agneau, coupe hôtel

Sel et poivre du moulin

2 c. à thé de romarin frais haché

Huile d'olive pour arroser

250 ml (1 tasse) de jus d'orange fraîchement pressé

125 ml (½ tasse) de jus de grenade

1 c. à soupe de mélasse de grenade

Graines de 1 grenade

1 c. à soupe de miel

½ c. à thé de piment fort en flocons

Parsemer l'agneau de sel, de poivre et de romarin. Arroser d'huile d'olive et laisser mariner à la température ambiante de 30 à 60 minutes ou couvrir et réfrigérer jusqu'à 24 heures. (Sortir la viande du réfrigérateur de 30 à 60 minutes avant de la faire griller.)

Dans une casserole, sur feu vif, porter à ébullition le jus d'orange, le jus de grenade, la mélasse, les graines de grenade, le miel et le piment fort. Baisser le feu à moyen et faire cuire de 20 à 25 minutes, jusqu'à ce que le liquide épaississe et devienne sirupeux de façon à former une glace. Répartir la glace entre deux bols.

Préchauffer le barbecue à intensité élevée (page 264). Faire griller les côtelettes d'agneau de 3 à 4 minutes, jusqu'à ce qu'elles soient bien dorées. Retourner et badigeonner de glace à la grenade du premier bol. Poursuivre la cuisson de l'agneau jusqu'à ce qu'il soit tendre ou qu'un thermomètre à mesure instantanée inséré dans la viande indique 52 °C (125 °F), pour une cuisson mi-saignante ou encore faire cuire au goût. Transférer dans un plat de service et arroser de la glace contenue dans le second bol. Poivrer, puis servir immédiatement.

Semifreddo à la grenade

DE 6 À 8 PORTIONS

315 g (1 ¼ tasse) de sucre

3 gros œufs

2 gros jaunes d'œufs

1 c. à thé d'extrait de vanille pure

Une pincée de sel

2 c. à thé de mélasse de grenade

60 ml (¼ tasse) de jus de grenade

Graines de 1 grenade

500 ml (2 tasses) de crème (35 % M.G.)

Dans un bol en acier inoxydable, mélanger le sucre, les œufs et les jaunes d'œufs. Placer le bol au-dessus d'une casserole d'eau frémissante. Le bol ne doit pas toucher l'eau. Fouetter sans cesse pendant environ 10 minutes, jusqu'à ce que la préparation soit légère et mousseuse, et qu'elle indique 60 °C (140 °F) sur le thermomètre à mesure instantanée. Retirer le bol de la source de chaleur. Incorporer la vanille, le sel, la mélasse de grenade, le jus de grenade et le quart des graines de grenade. Laisser refroidir.

Dans un bol, fouetter la crème jusqu'à ce qu'elle forme des pics fermes. La plier doucement dans la préparation refroidie.

Tapisser de pellicule de plastique un moule à pain de 23 x 13 x 7,5 cm (9 x 5 x 3 po). Laisser pendre du bord 2,5 cm (1 po) de pellicule. Étaler la moitié de la préparation au fond du moule. Parsemer du tiers des graines de grenade restantes. Couvrir du reste de la préparation. Parsemer de la moitié des graines de grenade restantes. Rabattre la pellicule de plastique sur le dessus et congeler le *semifreddo* jusqu'au lendemain.

Démouler le *semifreddo*, retirer la pellicule de plastique et couper en tranches. Déposer les parts dans des assiettes et les parsemer du reste des graines de grenade. Servir immédiatement.

CÔTELETTES D'AGNEAU GLACÉES À LA GRENADE

PÂTE DE COING MAISON AVEC FROMAGE MANCHEGO

Pâte de coing maison avec fromage manchego

DE 10 À 12 PORTIONS

1 kg (2 lb) de coings

875 g à 1 kg (3 ½ à 4 tasses) de sucre

1 c. à thé de cannelle moulue

Un morceau de fromage manchego, coupé en fines tranches

Craquelins

Peler les coings, les trancher en deux et retirer le cœur et les graines. Déposer les peaux, cœurs et graines dans un carré de mousseline. Le ficeler pour former un baluchon. Trancher les coings.

Dans une casserole en acier inoxydable et à fond épais, déposer les coings et le baluchon. Verser suffisamment d'eau pour couvrir. Porter à ébullition, puis baisser le feu à doux et faire cuire de 20 à 40 minutes, à découvert, jusqu'à ce que les fruits soient tendres. Il est possible d'interrompre la cuisson pour 1 ou 2 heures et de laisser les coings reposer pour que leur couleur fonce. Ajouter de l'eau si la préparation commence à devenir sèche.

Jeter le baluchon. Réduire le coing en purée à l'aide d'un presse-purée ou au robot culinaire. Dans une casserole propre, faire cuire, sur feu doux, la purée, le liquide de cuisson, 875 g (3 ½ tasses) de sucre et la cannelle environ 20 minutes, en remuant souvent, jusqu'à ce que la préparation épaississe. Goûter et ajouter du sucre si la pâte semble trop acide.

Transférer la pâte dans des pots de verre stérilisés. Les remplir jusqu'à 6 mm (½ po) du bord. Bien essuyer le bord et fermer hermétiquement avec des couvercles stérilisés. Mettre les pots dans l'eau bouillante et les faire bouillir 10 minutes. Vérifier que les couvercles sont bien scellés et ranger dans un garde-manger où ils se conserveront un an. (Si les pots ne sont pas scellés correctement, réfrigérer la pâte et la consommer dans le mois.)

Pour servir, tartiner de pâte de coing une tranche de fromage ou une tranche de fromage sur un craquelin. Servir immédiatement.

Gâteau aux coings avec sirop

DE 6 À 8 PORTIONS

185 g (¾ tasse) de cassonade

1 bâton de cannelle, légèrement écrasé

Zeste de 1 orange

1 c. à soupe de jus d'orange

2 coings, pelés, évidés et coupés en huit quartiers

185 g (¾ tasse) de beurre non salé, à la température ambiante

185 g (¾ tasse) de sucre

1 c. à thé d'extrait de vanille pure

3 gros œufs

235 g (1 ½ tasse) de farine tout usage

1 ½ c. à thé de poudre à pâte

Une pincée de sel

Sucre glace pour saupoudrer

Dans une casserole en acier inoxydable, sur feu moyen-vif, faire cuire la cassonade, la cannelle, le zeste et le jus d'orange ainsi que 625 ml (2 ½ tasses) d'eau, jusqu'à ce que la cassonade soit dissoute. Ajouter les coings et porter à ébullition. Baisser le feu à moyen-doux et laisser mijoter de 45 à 60 minutes. Les laisser refroidir dans le sirop, puis les couper en dés. Filtrer le sirop et le réserver.

Préchauffer le four à 165 °C (325 °F). Graisser et fariner un moule à gâteau de 23 cm (9 po) de diamètre. Au batteur électrique, battre le beurre et le sucre en crème, soit de 3 à 4 minutes. Incorporer la vanille. Ajouter les œufs, un à la fois, en battant bien après chaque addition. Dans un autre bol, mélanger la farine, la poudre à pâte et le sel. Plier dans la préparation aux œufs. Incorporer les dés de coings. Verser dans le moule. Faire cuire au four de 35 à 40 minutes, jusqu'à ce qu'un cure-dent inséré au milieu du gâteau en ressorte propre. Laisser refroidir sur une grille pendant 10 minutes, puis démouler sur la grille et laisser refroidir.

Trancher le gâteau, puis arroser chaque part du sirop réservé. Saupoudrer le sucre glace et servir immédiatement.

Coings pochés dans le sirop à la vanille

4 PORTIONS

625 g (2 ½ tasses) de sucre

1 gousse de vanille, fendue dans le sens de la longueur

2 c. à soupe de jus de citron fraîchement pressé

3 coings, pelés, tranchés en deux, évidés et coupés en tranches de 12 mm (½ po) d'épaisseur

1 ½ c. à thé de zeste de citron râpé, et des lanières de zeste pour décorer

Dans une casserole en acier inoxydable assez grande pour contenir les coings, porter à ébullition, sur feu moyen-vif, le sucre, les demi-gousses de vanille, le jus de citron et 500 ml (2 tasses) d'eau. Remuer pour dissoudre le sucre. Faire cuire environ 10 minutes, en remuant souvent, jusqu'à ce qu'un sirop à peine épais se forme.

Baisser le feu à doux. Ajouter les coings et le zeste de citron, puis faire pocher, à découvert, environ 20 minutes, jusqu'à ce que les fruits se percent facilement avec une fourchette. Retirer du feu et laisser reposer environ 15 minutes, jusqu'à ce que la préparation soit presque de la température ambiante.

À la louche, répartir les coings entre quatre bols à desserts et arroser de sirop. Décorer de zeste de citron et servir immédiatement.

Les figues

Les figues comptent parmi les aliments connus les plus vieux du monde et elles ont servi à sucrer les plats bien avant que la canne à sucre soit largement cultivée. Espèce indigène de l'Asie occidentale, le figuier est un petit arbre qui pousse aujourd'hui dans les climats chauds et secs du Moyen-Orient, du bassin méditerranéen et de la Californie. La figue souple en forme de poire est, en fait, une fleur gonflée renfermant de nombreuses petites graines qui sont les véritables fruits de l'arbre.

Les figues atteignent leur maturité entre le milieu et la fin de l'été. Certaines variétés offrent même une seconde récolte au début de l'automne. Leur peau est violette, verte, jaune, brune ou blanche et leur chair va de doré pâle à rouge foncé. Parmi les variétés les plus connues, citons la figue Mission (aussi appelée Black Mission et California Black), la Calimyrna, la Kadota et la Smyrna. Les figues fraîches et mûres sont délicieuses nature. On peut bien sûr les servir avec du fromage, les faire griller pour accompagner les viandes salées ou des salades. Elles se marient bien également à tout dessert crémeux.

L'ACHAT DES KAKIS

Optez pour des fruits charnus, qui sont lourds pour leur taille, et exempts de meurtrissures. Leur peau devrait être lisse et brillante, sans un soupçon de jaune. Recherchez des kakis avec la tige intacte et un pédoncule ferme et vert, et non gris ou cassant. Les kakis devraient être consommés dès qu'ils sont mûrs. On peut toutefois les ranger dans un sac de plastique et les réfrigérer deux jours.

Les kakis

Le plaqueminier est un arbre qui présente ses fruits sur ses branches nues : les kakis ressemblent à de petites lanternes brillantes. Ce fruit était cultivé en Chine, à l'origine, et s'est répandu sur le continent asiatique. Il a ensuite été apporté en Occident, depuis le Japon à la fin du 19e siècle. Israël est aujourd'hui le premier producteur mondial de kakis, qu'on appelle aussi les fruits de Sharon. Il s'agit d'un cultivar israélien sans pépins et moins astringent que la plupart des autres variétés.

La saison des kakis se déroule de la fin du mois d'octobre à la fin février. On trouve généralement deux variétés au marché : le kaki Hachiya en forme de cœur qui doit ramollir complètement avant de perdre son astringence, et le kaki Fuyu rond ou fruit de Sharon. Ce dernier, qu'on peut consommer tandis qu'il est encore ferme, rehausse bien les salades composées d'épinards, de chicorée frisée et d'endives. Les kakis Hachiya mettent longtemps à mûrir à la température ambiante, mais la patience du cuisinier est récompensée par une saveur riche et sucrée, qui incarne la saison des récoltes. Ces fruits sont délicieux dans les gâteaux, les puddings, les préparations rapides pour pain et la crème glacée.

LA PRÉPARATION DES KAKIS

Pour faire mûrir les kakis Hachiya, posez-les à l'envers de sorte qu'ils reposent sur leur pédoncule jusqu'à ce qu'ils soient très mous. À moins de passer la préparation au chinois, il faut peler ces kakis avant de les faire cuire ou de les réduire en purée. Quant aux fruits de Sharon, ils peuvent être servis avec la peau, mais on peut également les peler pour obtenir une texture plus délicate. Si ces kakis sont trop fermes, placez-les dans un sac de papier avec une banane ou une pomme pour accélérer le mûrissement.

Crostini aux figues et fromage blanc

8 figues, tranchées en deux dans le sens de la hauteur

1 c. à soupe de vinaigre balsamique

Sel et poivre du moulin

8 tranches de pain ciabatta, de 12 mm (½ po) d'épaisseur

125 g (½ tasse) de fromage blanc

30 g (1 tasse) de feuilles de roquette

2 c. à soupe d'huile d'olive

Préchauffer le four à 200 °C (400 °F). Tapisser une plaque à pâtisserie de papier ciré.

Déposer les demi-figues, le côté coupé vers le haut, sur la plaque. Arroser de vinaigre balsamique, puis saler et poivrer. Les faire cuire au four de 10 à 15 minutes, jusqu'à ce que les fruits soient très tendres. Sortir du four, mais ne pas l'éteindre.

Disposer les tranches de pain sur une autre plaque à pâtisserie et les faire griller de 4 à 5 minutes, jusqu'à ce qu'elles soient dorées et croustillantes.

Tartiner chaque tranche de pain d'environ 1 c. à soupe de fromage blanc et surmonter d'une demi-figue. Écraser doucement le fruit avec une fourchette. Trancher chaque crostini en deux. Garnir de feuilles de roquette, arroser d'huile d'olive, puis saler et poivrer. Servir immédiatement.

Figues mijotées au vin rouge

500 ml (2 tasses) de vin rouge sec

60 g (¼ tasse) de sucre

4 grains de poivre

2 clous de girofle entiers

1 bâton de cannelle, légèrement écrasé

Une pincée de noix de muscade râpée

8 figues, les tiges ôtées

125 g (½ tasse) de yogourt grec nature ou à la vanille

Dans une casserole en acier inoxydable, porter à ébullition le vin, le sucre, le poivre, les clous de girofle, la cannelle et la muscade. Baisser le feu à doux, ajouter les figues et les laisser mijoter de 6 à 8 minutes, jusqu'à ce qu'elles soient tendres. Avec une écumoire, les transférer dans un plat de service. Augmenter le feu à vif et faire cuire le liquide de 8 à 10 minutes, jusqu'à ce qu'il devienne sirupeux.

Presser la base de chaque figue de façon à ce qu'elle s'ouvre sur le dessus. Farcir chaque fruit d'une cuillerée de yogourt grec, puis arroser de sirop. Servir immédiatement.

Médaillons de porc avec figues grillées

Sel et poivre du moulin

1 filet de porc d'environ 750 g (1 ½ lb), coupés dans le sens de la largeur en quatre médaillons

1 c. à soupe d'huile d'olive

250 ml (1 tasse) de cidre de pomme

1 brin de romarin frais

2 c. à thé de moutarde à l'ancienne

6 figues, tranchées en deux dans le sens de la hauteur

1 c. à soupe de beurre non salé

Préchauffer le four à 200 °C (400 °F).

Saler et poivrer le porc. Dans une poêle allant au four, sur feu moyen-vif, faire chauffer l'huile d'olive et y faire dorer les médaillons de porc de 4 à 5 minutes. Les retourner une seule fois durant la cuisson. Transférer dans une assiette. Dans la poêle, verser le cidre, puis ajouter le romarin et la moutarde. Porter à ébullition en grattant la poêle avec une cuillère de bois pour détacher les particules collées au fond. Faire cuire de 3 à 4 minutes, jusqu'à ce que le cidre ait réduit de moitié. Remettre le porc dans la poêle et faire cuire au four 6 minutes. Sortir la poêle du four, retourner les médaillons et ajouter les figues. Poursuivre la cuisson au four de 6 à 8 minutes, jusqu'à ce que le porc soit tendre et qu'un thermomètre inséré dans la viande indique 63 °C (145 °F).

Transférer le porc et les figues dans un plat de service. Poser la poêle sur feu moyen et incorporer le beurre en fouettant pour obtenir une sauce. En napper le porc et les figues. Servir immédiatement.

MÉDAILLONS DE PORC AVEC FIGUES GRILLÉES

KAKIS ET JAMBON FUMÉ

Kakis et jambon fumé

180 ml (¾ tasse) de vinaigre balsamique

½ brin de romarin frais

12 tranches fines de jambon fumé

2 kakis Fuyu (fruits de Sharon),
chacun tranché en douze quartiers

Sel et poivre du moulin

Dans une petite casserole en acier
inoxydable, sur feu moyen, faire cuire
le vinaigre balsamique et le romarin de
15 à 20 minutes, jusqu'à ce que le liquide
ait réduit suffisamment pour qu'il n'en reste
que 60 ml (¼ tasse). Retirer du feu, jeter le
romarin et laisser refroidir.

Couper chaque tranche de jambon en
deux dans le sens de la longueur et
emballer chaque quartier de kaki. Faire
tenir les assemblages à l'aide de cure-dents,
si désiré. Disposer les fruits emballés dans
un plat de service. Arroser de la réduction
de vinaigre, puis saler et poivrer. Servir
immédiatement.

Salade de kakis, d'endives et de radicchio

6 PORTIONS

2 c. à soupe de vinaigre de xérès

2 c. à thé d'échalote sèche hachée

1 c. à thé de moutarde à l'ancienne

Sel et poivre du moulin

60 ml (¼ tasse) d'huile d'olive

60 ml (¼ tasse) d'huile de noix

3 kakis Fuyu (fruits de Sharon), tranchés
finement

2 endives, le trognon enlevé, et les feuilles
coupées dans le sens de la largeur en
tranches de 12 mm (½ po) d'épaisseur

1 radicchio, le trognon enlevé, et les feuilles
coupées en lanières de 12 mm (½ po)
de large

60 g (½ tasse) de noix de Grenoble, grillées
(page 264) et hachées grossièrement

Dans un petit bol, mélanger le vinaigre
de xérès, l'échalote, la moutarde, une
pincée de sel et autant de poivre. Tout
en fouettant, verser l'huile d'olive et
ensuite l'huile de noix en un mince filet
pour obtenir une vinaigrette.

Dans un saladier, mélanger les tranches
de kakis, les endives, le radicchio et
les noix de Grenoble. Verser la moitié
de la vinaigrette et remuer délicatement.
S'il y a lieu, ajouter de la vinaigrette pour
n'enrober que légèrement les légumes
feuilles. Servir immédiatement.

Kakis grillés avec pistaches

6 PORTIONS

4 kakis Fuyu (fruits de Sharon),
chacun coupé en six quartiers

2 c. à soupe d'huile d'olive

1 c. à soupe de miel

1 c. à soupe de thym frais haché

Sel et poivre du moulin

30 g (¼ tasse) de pistaches grillées
(page 264) et hachées grossièrement

Préchauffer le four à 230 °C (450 °F).
Tapisser une plaque à pâtisserie de
papier ciré.

Dans un bol, mélanger les quartiers de
kakis, l'huile d'olive, le miel et le thym.
Saler et poivrer généreusement. Disposer
les fruits sur la plaque en une seule couche.
Les faire griller au four de 12 à 15 minutes,
jusqu'à ce qu'ils soient tendres.

Transférer dans un plat de service
et parsemer de pistaches. Servir
immédiatement.

KAKIS HACHIYA

Ces kakis orange foncé doivent être très
mûrs et très mous avant qu'on puisse les
consommer. Lorsque le fruit est à point,
sa chair est crémeuse et riche, et son goût
possède des accents de miel et de citrouille.
La chair réduite en purée ajoute beaucoup
de saveur aux muffins, aux pâtes à pain,
aux crèmes pâtissières, aux puddings et
aux tartes. C'est en automne qu'on trouve
cette variété de kakis au marché.

PAIN AUX KAKIS

Dans un robot culinaire muni d'un batteur, battre
en crème 125 g (½ tasse) de beurre non salé,
ramolli, 105 g (½ tasse) de cassonade et 125 g
(½ tasse) de sucre. Ajouter 2 gros œufs et 1 c. à
thé d'extrait de vanille pure. Bien mélanger. Dans
un bol, mélanger 235 g (1½ tasse) de farine tout
usage, 1 c. à thé de bicarbonate de soude et 1 c.
à thé de sel. Verser dans les ingrédients humides
et battre à basse vitesse pour bien mélanger.

Incorporer 125 g (½ tasse) de crème sure et
240 g (1 tasse) de chair de kakis Hachiya réduite
en purée. Verser dans un moule à pain beurré
de 23 x 13 x 7,5 cm (9 x 5 x 3 po). Faire cuire
au four préchauffé à 180 °C (350 °F) environ
1 heure, jusqu'à ce qu'un cure-dent inséré au
centre du pain en ressorte propre. Laisser refroidir
sur une grille 10 minutes, puis démouler et
laisser refroidir complètement. 1 pain.

D'autres fruits

RHUBARBE

RAISIN

On trouve sur les étals du marché d'autres fruits remarquables qui n'appartiennent à aucune famille : il s'agit de la rhubarbe et du raisin, deux produits on ne peut plus différents. Classée comme un légume par les botanistes, la rhubarbe est cependant généralement considérée comme un fruit et utilisée dans de délicieuses préparations sucrées. Les tiges deviennent comestibles seulement après qu'on les a fait cuire, et bien qu'elles soient sucrées, elles conservent l'agréable acidité qui les caractérise. Une seule variété de rhubarbe est cultivée à des fins culinaires, tandis que toutes sortes de raisin se font concurrence. La plupart de ces derniers sont sucrés et juteux, mais il en existe certains qui sont légèrement aigres.

Les ancêtres de la rhubarbe contemporaine étaient des plantes sauvages qui poussaient en Asie. La rhubarbe a fini par être transportée en Europe où on en a apprécié les propriétés médicinales avant de l'utiliser en cuisine. Le raisin, en revanche, est un fruit ancien, qui était cultivé par les Égyptiens, les Grecs et les Romains. On partage le raisin entre deux grands groupes fondés sur la couleur : les rouges et les verts. Chacune de ces catégories comporte des raisins avec ou sans pépins.

La rhubarbe connaît habituellement deux saisons : le printemps et l'été. Quant au raisin, chaque sorte est cueillie à un mois différent de l'année, mais on trouve la plupart des variétés au marché du printemps à l'automne.

L'ACHAT DE LA RHUBARBE

Recherchez des tiges croquantes, fermes et de couleur vive, sans meurtrissures ni parties sèches. Les jeunes tiges plus étroites, rouge foncé ou roses sont généralement plus sucrées et plus tendres que les tiges pâles plus larges. Évitez la rhubarbe dure et fibreuse qui tourne au vert. On peut ranger les tiges dans un sac de plastique et les conserver trois jours au réfrigérateur.

La rhubarbe

D'abord cultivée en Chine il y a près de 3 000 ans, la rhubarbe a été apportée au 18e siècle en Russie et en Europe occidentale, où elle était recherchée pour ses nombreuses propriétés curatives. De nos jours, la rhubarbe pousse surtout dans les climats tempérés. Les longues tiges semblables à celles du céleri vont du rose pâle au rouge cerise et présentent des teintes de vert au fur et à mesure que la plante mûrit. Bien qu'il s'agisse d'un légume, la rhubarbe est toutefois utilisée comme un fruit en cuisine. Les jeunes tiges se marient bien à d'autres fruits, en particulier aux fraises, qui apparaissent au marché en même temps que la rhubarbe, soit à la fin du printemps et au début de l'été.

On fait généralement cuire la rhubarbe avec une bonne dose de sucre pour atténuer son amertume, ce qui la transforme de façon tout à fait délicieuse. On la retrouve dans les pavés, les sorbets, les condiments, les compotes et les sauces au goût prononcé qui accompagnent particulièrement bien le canard ou le gibier.

LA PRÉPARATION DE LA RHUBARBE

Éliminez toutes les feuilles, car elles ne sont pas comestibles. Si les tiges sont fibreuses, pelez-les avec un couteau-éplucheur. Pour rafraîchir les tiges ramollies, coupez-en l'extrémité et placez-les debout dans l'eau froide. Afin qu'elles ne perdent pas leur couleur au fil d'une longue cuisson, plongez les tiges dans de l'eau bouillante de 1 à 2 minutes, puis rincez-les immédiatement sous l'eau froide avant de poursuivre la recette.

L'ACHAT DU RAISIN

Optez pour des grappes aux fruits charnus, fermes et de belle couleur. Ne les achetez pas si elles présentent de la moisissure, si elles sont abîmées ou si des fruits mous se détachent facilement de leur tige. Une pellicule veloutée et blanchâtre se forme naturellement sur les grappes qui viennent d'être cueillies. Que le raisin soit vert ou rouge, on peut le ranger dans un sac de plastique et le conserver une semaine au réfrigérateur.

Le raisin

On en trouve de plusieurs tailles et de couleurs variées. La teinte du raisin va du vert argenté étincelant au violet si foncé qu'il semble presque noir. La couleur reflète les conditions locales particulières du sol et du climat dans lesquelles le fruit est cultivé. Environ 90 % du raisin destiné à la consommation provient de l'espèce européenne *Vitis vinifera*. En plus des célèbres cépages utilisés en viticulture, ce groupe comprend le raisin Emperor rouge, le Flame croquant, le Royal bleu noir et le raisin vert Thompson oblong. Il ne faut pas oublier de mentionner le muscat parfumé et la Muscadine, tous les deux des spécialités régionales.

Selon la variété, on trouve le raisin au marché à la fin du printemps, tout au long de l'été et jusqu'au début de l'automne. Facile à manger, ce fruit se déguste souvent frais en collation ; on le voit également sur les plateaux de fromages. De plus, il ajoute de la couleur aux salades, entre dans la composition de sauces pour accompagner le poisson poêlé, la viande de boucherie et la volaille. Il apparaît aussi dans des gâteaux et diverses pâtisseries.

LA PRÉPARATION DU RAISIN

Rincez les grappes délicatement juste avant de les manger ou de les faire cuire, puis égouttez-les sur du papier absorbant. Pour goûter toute la saveur du raisin lorsque vous le consommez frais, laissez-le d'abord prendre la température ambiante. Avec des ciseaux de cuisine, coupez la grappe en petits bouquets pour garnir des assiettes à déjeuner ou des plateaux de fromages.

Salade de rhubarbe aux amandes et au chèvre

6 PORTIONS

1 c. à soupe de jus d'orange fraîchement pressé

1 c. à soupe de vinaigre de vin blanc

Zeste râpé de 1 orange

Une pincée de sucre

Sel et poivre du moulin

125 ml (½ tasse) d'huile d'olive

1 tige de rhubarbe

185 g (6 tasses) de mesclun

45 g (⅓ tasse) d'amandes effilées, grillées (page 264)

125 g (4 oz) de fromage de chèvre

Dans un petit bol, mélanger le jus d'orange, le vinaigre de vin, le zeste d'orange, le sucre, une pincée de sel et de poivre. Tout en fouettant, verser l'huile d'olive en un mince filet pour obtenir une vinaigrette.

À l'aide d'une mandoline ou d'un couteau très tranchant, couper la rhubarbe en tranches extrêmement fines. Les déposer dans un saladier, ainsi que le mesclun et les amandes. Verser la moitié de la vinaigrette et remuer délicatement. S'il y a lieu, ajouter de la vinaigrette pour n'enrober que légèrement le mesclun. Émietter le fromage sur la salade et servir immédiatement.

Filet de porc avec chutney à la rhubarbe

4 PORTIONS

220 g (1 tasse) de cassonade

125 ml (½ tasse) de vinaigre de cidre de pomme

1 c. à soupe de zeste de citron râpé

3 ou 4 tiges de rhubarbe, coupées en tronçons de 2,5 cm (1 po) de long

1 bâton de cannelle

2 c. à soupe de gingembre frais râpé

90 g (½ tasse) de raisins dorés secs

30 g (¼ tasse) de noix de Grenoble hachées

⅛ c. à thé de sel

1 filet de porc de 500 à 625 g (1 à 1 ¼ lb)

Dans une casserole en acier inoxydable, sur feu doux, faire cuire le sucre, le vinaigre de cidre et le zeste de citron environ 5 minutes, jusqu'à ce que le sucre soit dissous. Ajouter la rhubarbe, la cannelle et le gingembre. Augmenter le feu à moyen et faire cuire environ 15 minutes, en remuant souvent, jusqu'à ce que la rhubarbe ramollisse. Retirer le bâton de cannelle. Incorporer les raisins, les noix et le sel, puis poursuivre la cuisson environ 3 minutes. Laisser refroidir ce chutney.

Préchauffer le four à 220 °C (425 °F). Tapisser une petite rôtissoire de papier d'aluminium et y déposer une grille plate à rôtissoire. Huiler cette dernière. Déposer le filet de porc sur la grille.

Faire rôtir le porc au four environ 40 minutes, ou jusqu'à ce qu'un thermomètre à mesure instantanée inséré dans la viande indique 63 °C (145 °F) pour qu'elle soit à point ou bien cuite. Sortir du four et transférer le porc dans une assiette, puis couvrir d'une tente de papier d'aluminium et laisser reposer 15 minutes.

Déposer le filet de porc sur une planche à découper et le couper en tranches de 12 mm (½ po) d'épaisseur. Les disposer dans un plat de service, puis servir immédiatement avec le chutney.

Tarte à la rhubarbe et aux fraises

8 PORTIONS

Pâte à tourte (page 263)

500 g (1 lb) de fraises, équeutées et coupées en tranches épaisses (environ 3 tasses)

750 g (1 ½ lb) de rhubarbe, coupée en tronçons de 2 cm (¾ po) (environ 3 tasses)

250 g (1 tasse) de sucre

30 g (¼ tasse) + 1 c. à soupe de fécule de maïs

1 gros blanc d'œuf, battu légèrement avec quelques gouttes d'eau pour obtenir une consistance un peu mousseuse

1 c. à soupe de beurre non salé, coupé en petits morceaux

Placer une grille dans le tiers inférieur du four et le préchauffer à 220 °C (425 °F).

Sur une surface légèrement farinée, préparer deux boules de pâte : abaisser la plus grosse en un rond de 33 cm (13 po) de diamètre et d'environ 3 mm (⅛ po) d'épaisseur. En garnir une assiette à tarte de 23 cm (9 po). Éliminer l'excédent de pâte pour qu'elle ne pende plus que de 12 mm (½ po). Abaisser la seconde en un rond de 25 cm (10 po) et le déposer sur une plaque à pâtisserie. Réfrigérer les deux abaisses.

Dans un grand bol, mélanger les fraises et la rhubarbe. Dans un petit bol, mélanger le sucre et la fécule de maïs jusqu'à ce qu'il ne reste plus de grumeaux. Incorporer aux fruits.

Badigeonner de dorure à l'œuf le fond et la paroi de la pâte dans l'assiette. Répartir uniformément les fruits. Parsemer de noisettes de beurre. Couvrir de la seconde abaisse et la laisser pendre du bord de 2 cm (¾ po). Plier le bord de l'abaisse du dessus sous celle du dessous, puis pincer la pâte pour sceller le bord. Pratiquer quelques fentes sur le dessus. Déposer l'assiette sur une plaque à pâtisserie.

Faire cuire au four environ 40 minutes. Transférer sur une grille et laisser refroidir la tarte au moins 1 heure avant de la servir.

TARTE À LA RHUBARBE ET AUX FRAISES

FOCACCIA AU RAISIN ET AUX NOIX

Salade de roquette, fromage bleu et raisin

DE 4 À 6 PORTIONS

185 g (6 tasses) de roquette

2 c. à soupe d'huile d'olive

Sel et poivre du moulin

280 g (1 ½ tasse) de raisin rouge, sans pépins

155 g (1 tasse) de fromage bleu émietté

Dans un saladier, mettre la roquette. Dans un petit bol, mélanger l'huile d'olive avec du sel et du poivre au goût. En arroser la roquette et remuer délicatement. Ajouter le raisin et le fromage, puis mélanger doucement.

Servir immédiatement.

Focaccia au raisin et aux noix

6 PORTIONS

60 ml (¼ tasse) d'huile d'olive

3 tiges de romarin frais

60 g (½ tasse) de noix de Grenoble, hachées

315 g (2 tasses) de farine tout usage

1 c. à soupe de levure sèche active

180 ml (¾ tasse) d'eau tiède

1 c. à soupe de graines d'anis, moulues grossièrement

1 ½ c. à thé de sel de mer

2 c. à soupe de sucre

280 g (1 ½ tasse) de raisin rouge sans pépins

Dans une poêle, sur feu moyen, faire chauffer l'huile et le romarin, jusqu'à ce qu'elle grésille. Retirer du feu. Retirer le romarin, puis ajouter les noix. Réserver.

Dans un bol, mélanger 45 g de farine, la levure et 60 ml d'eau tiède. Laisser reposer environ 20 minutes, jusqu'à ce que des bulles se forment en surface. Ajouter les graines d'anis, ¼ c. à thé de sel, le sucre, 120 ml d'eau tiède, les noix et l'huile. Incorporer 270 g de farine. Renverser sur une surface de travail farinée et pétrir la pâte environ 10 minutes pour qu'elle devienne lisse, ajouter juste assez de farine pour éviter que la pâte soit collante. Déposer dans un bol bien huilé, retourner la pâte pour l'enrober. Couvrir et laisser lever dans un endroit tiède environ 1 heure, jusqu'à ce que la pâte ait doublé de volume.

Placer une grille dans le tiers inférieur du four et y déposer une pierre à pizza. Préchauffer le four à 230 °C (450 °F). Enfoncer le poing dans la pâte et la renverser sur une surface farinée. L'abaisser en un ovale de 12 mm (½ po) d'épaisseur. Transférer sur une plaque à pâtisserie. Avec le bout du pouce, enfoncer légèrement la pâte à intervalles réguliers. Badigeonner d'huile. Insérer les grains de raisin dans les trous. Parsemer ensuite de 1 c. à thé de sel. Faire cuire sur la pierre à pizza de 15 à 20 minutes, jusqu'à ce que la focaccia soit dorée et croustillante.

Poitrines de poulet sautées au raisin vert

4 PORTIONS

2 c. à thé de beurre non salé

4 demi-poitrines de poulet, désossées, sans la peau, chacune de 185 g

185 g (1 tasse) de raisin vert + 4 petits bouquets de raisin pour décorer

60 ml (¼ tasse) de vin blanc sec

60 ml (¼ tasse) de bouillon de poulet

3 c. à soupe de coriandre fraîche hachée

¼ c. à thé de poivre du moulin

Dans une poêle à revêtement antiadhésif, sur feu moyen-vif, faire fondre le beurre et y saisir le poulet de 30 à 60 secondes de chaque côté, pour colorer légèrement la viande. Ne retourner la viande qu'une seule fois. Ajouter 1 c. à soupe de raisin et remuer pendant quelques secondes. Verser le vin et le bouillon de poulet ; gratter la poêle avec une cuillère de bois pour détacher les particules collées au fond. Baisser le feu à doux, couvrir hermétiquement et laisser mijoter de 7 à 8 minutes, jusqu'à ce que la chair du poulet soit opaque jusqu'au centre.

Ajouter le reste du raisin et toute la coriandre, sauf 1 c. à thé. Bien mélanger, couvrir et faire cuire de 30 à 60 secondes, le temps de bien faire chauffer le raisin. Poivrer.

Transférer le poulet dans un plat de service préalablement chauffé. Arroser du jus de cuisson et garnir de raisin. Parsemer de 1 c. à thé de coriandre hachée. Décorer le plat des bouquets de raisin et servir immédiatement.

RECETTES DE BASE

Huile aromatisée au basilic

DONNE 125 ML (½ TASSE)

15 g (½ tasse) de basilic frais, haché

125 ml (½ tasse) d'huile d'olive de qualité

Dans un mélangeur électrique, bien mélanger le basilic et l'huile d'olive. Verser dans un pot stérilisé. Utiliser immédiatement ou couvrir hermétiquement et conserver à la température ambiante au plus deux jours.

Trempette au cresson

DONNE 80 ML (½ TASSE)

250 g (1 tasse) de yogourt nature (0 % M.G.)

45 g (1 tasse) de feuilles de cresson non compactées, les tiges enlevées

2 c. à soupe d'aneth frais haché

1 oignon vert, tranché finement, y compris la partie verte

½ c. à thé de sucre

Sel

¼ c. à thé de sauce au piment fort

Au mélangeur électrique ou au robot culinaire, réduire en une purée lisse le yogourt, le cresson, l'aneth, l'oignon vert, le sucre, ½ c. à thé de sel et la sauce au piment fort. Verser dans un contenant qui se ferme hermétiquement et réfrigérer plusieurs heures, voire jusqu'au lendemain. La trempette sera d'abord plutôt fluide, mais elle épaissira en refroidissant et sa saveur s'adoucira également. Secouer ou bien remuer avant de servir. La trempette se conservera trois jours au réfrigérateur.

Crème à la sauge

DONNE 80 ML (½ TASSE)

12 feuilles de sauge fraîche avec les tiges intactes, hachées grossièrement

125 ml (½ tasse) de crème champêtre (35 % M.G.)

Dans une petite casserole, sur feu moyen, faire chauffer la sauge et la crème, jusqu'à ce que de bulles se forment le long du bord. Retirer du feu, couvrir et laisser reposer 20 minutes. Filtrer la sauce au-dessus d'un bol et jeter la sauge. Utiliser immédiatement.

Sauce romesco

DONNE 250 ML (1 TASSE)

30 g (1 oz) de mie de baguette

3 c. à soupe de vinaigre de vin rouge

45 g (⅓ tasse) d'amandes grillées (page 264)

45 g (¼ tasse) de tomates en dés, égouttées

1 poivron rouge, grillé (page 264), puis tranché

1 gousse d'ail

1 c. à thé de paprika

Une pincée de piment de Cayenne

60 ml (¼ tasse) d'huile d'olive

Dans un bol, mélanger la mie de pain et le vinaigre. Hacher les amandes au robot culinaire pour qu'elles aient une consistance grumeleuse. Ajouter le pain, les tomates, le poivron, l'ail, le paprika et le piment de Cayenne. Réduire en une purée. Tout en faisant fonctionner l'appareil, verser l'huile en un mince filet pour obtenir une sauce lisse. Réfrigérer au moins 1 heure.

Sauce orientale

DONNE 125 ML (½ TASSE)

60 ml (¼ tasse) de sauce soya légère

2 c. à soupe de vinaigre de riz

2 c. à thé d'huile de sésame grillé

2 c. à thé de pâte de chili rouge

2 c. à thé d'oignon vert haché

1 c. à thé de sucre

Dans un petit bol, fouetter tous les ingrédients jusqu'à ce que le sucre soit dissous. Incorporer 2 c. à soupe d'eau chaude. Utiliser immédiatement ou couvrir la sauce hermétiquement et la conserver quatre jours au réfrigérateur.

Tapenade

DONNE 375 G (1 ½ TASSE)

3 c. à soupe de câpres

250 g (1 ½ tasse) d'olives vertes ou noires dénoyautées, ou un mélange des deux

2 gousses d'ail, hachées

6 ou 8 filets d'anchois, rincés

1 c. à thé de thym séché

80 ml (⅓ tasse) d'huile d'olive

Poivre du moulin

Dans le cas de câpres en saumure, les mettre dans un bol et les couvrir d'eau froide. Faire tremper 20 minutes. Égoutter, bien rincer et égoutter encore. Éponger avec du papier absorbant. Pour des câpres dans le vinaigre, rincer, égoutter et éponger.

Dans un mortier, mélanger les câpres, les olives, l'ail, les anchois et le thym. Travailler en mouvements circulaires pour réduire les ingrédients en une sorte de purée grossière. Tout en remuant avec le mortier, verser l'huile d'olive en un mince filet pour obtenir une tapenade grumeleuse. On peut aussi recourir à un robot culinaire : mettre les câpres, les olives, l'ail, les anchois et le thym. Actionner environ 1 minute pour hacher finement les ingrédients. Tout en faisant fonctionner l'appareil, verser l'huile en un mince filet pour obtenir une tapenade grumeleuse. Poivrer au goût. Servir immédiatement ou couvrir la tapenade hermétiquement et la conserver trois jours au réfrigérateur.

Riz blanc cuit

DONNE 4 À 6 PORTIONS

220 g (1 tasse) de riz blanc à grains longs

375 ml (1 ½ tasse) d'eau

Mettre le riz dans une passoire à mailles fines et le rincer sous l'eau froide jusqu'à ce que l'eau qui s'écoule de la passoire soit propre. Transférer le riz dans une casserole et ajouter l'eau. Couvrir et porter à ébullition sur feu vif. Baisser le feu à doux et laisser mijoter environ 20 minutes, sans remuer. Retirer la casserole du feu et laisser reposer 5 minutes, à couvert. Aérer ensuite le riz avec une fourchette et servir immédiatement.

Pâte feuilletée

POUR UNE ABAISSE DE 25 À 40 CM
(10 À 15 PO) DE DIAMÈTRE

280 g (1 ¾ tasse) de farine tout usage

1 c. à thé de sucre

½ c. à thé de sel de mer

125 g (½ tasse) de beurre non salé, froid, coupé en petits morceaux

3 c. à soupe de shortening végétal

4 ou 5 c. à soupe d'eau glacée

Dans le bol du robot culinaire, mélanger la farine, le sucre et le sel. Parsemer du beurre et du shortening. Actionner l'appareil pour obtenir des morceaux de la grosseur d'un pois. Arroser de 3 c. à soupe d'eau glacée et actionner l'appareil pour que la pâte forme une boule. Si la pâte est trop sèche, ajouter un petit peu d'eau glacée. Déposer la pâte sur une grande feuille de pellicule de plastique et lui donner la forme d'une galette. Couvrir d'une autre feuille de pellicule de plastique et, à l'aide d'un rouleau à pâtisserie, abaisser la pâte en un rond de l'épaisseur précisée dans la recette. Réfrigérer de 15 à 20 minutes pour la rendre ferme.

Pâte à tourte

POUR DEUX ABAISSES : L'UNE DE 25 CM (10 PO) DE DIAMÈTRE ; L'AUTRE, DE 23 CM (9 PO)

315 g (2 tasses) de farine tout usage

1 c. à thé de sel

125 g (½ tasse) de beurre non salé, à la température ambiante, coupé en petits morceaux

5 ou 6 c. à soupe d'eau glacée

Tamiser la farine au-dessus d'un bol, puis tamiser de nouveau avec le sel. Verser dans le bol du robot culinaire et ajouter le beurre. Actionner l'appareil pour que les morceaux soient de la taille d'un pois. Arroser d'eau glacée et actionner l'appareil jusqu'à ce que les ingrédients forment une boule.

La diviser en deux pour obtenir une grosse portion et une légèrement plus petite. Préparer selon les instructions données dans la recette choisie ou, sur une surface

farinée, abaisser la plus grosse boule de pâte, en un rond d'environ 25 cm (10 po) de diamètre et 3 mm (⅛ po) d'épaisseur. Enrouler autour du rouleau et transférer dans une assiette à tarte de 20 cm (8 po) de diamètre. Éliminer l'excédent de pâte pour qu'elle ne pende plus que de 12 mm (½ po).

Sur la surface farinée, abaisser la plus petite boule en un rond d'environ 23 cm (9 po) de diamètre et 3 mm (⅛ po) d'épaisseur. Déposer sur une plaque et réfrigérer jusqu'au moment de l'utiliser.

Gâteau sablé à la farine de maïs

POUR UN GÂTEAU ROND DE 20 CM (8 PO) DE DIAMÈTRE OU SIX CARRÉS DE 5 CM (2 PO)

235 g (1 ½ tasse) de farine tout usage non blanchie

75 g (½ tasse) de farine de maïs

1 c. à soupe de poudre à pâte

1 c. à soupe de sucre

½ c. à thé de sel

2 c. à soupe de beurre non salé, froid, coupé en petits morceaux

330 ml (1 ⅓ tasse) de crème champêtre (35 % M.G.)

Préchauffer le four à 220 °C (425 °F). Tapisser de papier ciré une plaque à pâtisserie.

Dans un bol, mélanger les farines, la poudre à pâte, le sucre et le sel. Avec un coupe-pâte, incorporer le beurre pour obtenir une consistance grossière. Verser la crème peu à peu et mélanger jusqu'à ce que les ingrédients commencent à s'amalgamer. Pétrir brièvement jusqu'à ce que la pâte devienne lisse et forme une boule. La déposer sur une surface légèrement farinée et la pétrir doucement 3 ou 4 fois. Tapoter la pâte pour lui donner la forme d'un rond d'environ 20 cm (8 po) de diamètre. Pour des gâteaux individuels, façonner la pâte en un rectangle de 30 x 14 cm (12 x 5 ½ po) et le détailler en six carrés. Transférer sur la plaque.

Cuire au four environ 20 minutes, jusqu'à ce que le gâteau lève et dore. Utiliser selon les instructions dans la recette choisie.

Croûte pour pavé aux fruits

POUR UNE ABAISSE

155 g (1 tasse) de farine tout usage

60 g (¼ tasse) de sucre

1 c. à thé de poudre à pâte

½ c. à thé de sel

60 g (¼ tasse) de beurre non salé, froid, coupé en petits morceaux

80 ml (⅓ tasse) de lait (3,25 % M.G.)

Dans un bol, mélanger à la fourchette la farine, le sucre, la poudre à pâte et le sel. Avec un coupe-pâte, incorporer le beurre jusqu'à ce que le mélange ait la consistance d'une chapelure grossière. Ajouter le lait et mélanger pour former une pâte ferme.

La déposer sur une surface farinée et la pétrir rapidement en une boule. Envelopper dans de la pellicule de plastique et réfrigérer 1 heure. Sur une surface farinée, abaisser la pâte avec un rouleau ou les mains pour former un rond sur une épaisseur de 12 mm (½ po). Détailler en 8 ronds égaux. Réserver jusqu'au moment de les utiliser.

Garniture croustillante

DONNE 470 G (3 TASSES)

125 g (¾ tasse) d'amandes grillées (page 264)

235 g (1 ½ tasse) de farine tout usage

155 g (⅔ tasse) de sucre

105 g (½ tasse) de cassonade bien tassée

1 c. à thé de cannelle moulue

½ c. à thé de gingembre moulu

Une pincée de sel

125 g (½ tasse) de beurre non salé, froid, coupé en petits morceaux

Dans un bol, mélanger les ingrédients secs. Avec un coupe-pâte, incorporer le beurre pour obtenir une garniture grumeleuse. Réserver jusqu'au moment de l'utiliser.

Faire griller un poivron

Faire griller un poivron de 10 à 15 minutes au-dessus de la flamme d'un brûleur à gaz ou sous le gril préchauffé du four en le tournant au besoin avec des pinces, jusqu'à ce que la peau boursoufle et noircisse sur toute la surface.

Glisser dans un sac de papier et le fermer. La vapeur émanant du poivron restera prisonnière dans le sac et fera ramollir la peau et la chair. Le poivron sera ensuite facile à peler.

Retirer le pédoncule et le jeter. Couper le poivron, l'épépiner, puis ôter la membrane et les côtes. Retirer la peau noircie avec un couteau de cuisine ou avec les doigts. Ne pas rincer le poivron.

Prélever le zeste d'un agrume

Bien brosser le fruit pour éliminer toute trace de cire. Faire courir doucement un zesteur sur la surface du fruit pour obtenir de fines lanières de zeste. Ou encore, frotter la peau contre les trous les plus fins d'une râpe ou utiliser une râpe microplane. Ne pas râper la membrane blanche amère. S'il faut aussi extraire le jus de l'agrume, prélever d'abord le zeste et presser ensuite le fruit.

Séparer un agrume en segments (peler à vif)

Trancher le dessus et le dessous du fruit pour révéler la chair. Faire tenir le fruit debout et couper du haut vers le bas pour éliminer la peau et la membrane blanche. En tenant le fruit dans une main, découper de part et d'autre de chaque segment, le long de la membrane, pour le faire tomber dans un bol. Lorsque tous les segments ont été extraits du fruit, presser la membrane restante au-dessus d'un bol pour en récupérer le jus. Répéter avec les autres fruits. Extraire les segments et les mettre dans un bol. Si la membrane blanche reste collée à la chair, la peler à vif avec un couteau bien affûté avant de libérer les segments de la membrane.

Faire blanchir des légumes

Porter à ébullition une grande casserole remplie d'eau salée. Ajouter les légumes et les faire cuire environ 5 minutes pour les légumes comme les asperges, les haricots et les carottes, jusqu'à ce qu'ils soient *al dente*, et environ 10 minutes pour les légumes plus lourds et plus denses, tels que les pommes de terre. Transférer dans un égouttoir et rincer sous l'eau froide jusqu'à ce que les légumes aient refroidi. Égoutter sur du papier absorbant.

Faire griller des noix

Placer une grille au milieu du four et le préchauffer à 165 °C (325 °F). Étaler les noix en une seule couche sur une plaque à pâtisserie munie de bords verticaux ou dans un moule à tarte. Faire griller de 5 à 20 minutes, en remuant de temps à autre, jusqu'à ce que les noix exhalent leur parfum et prennent une teinte plus foncée. Le temps qu'il faut pour obtenir ce résultat varie en fonction de la sorte de noix et de leur taille. Par exemple, les amandes effilées (très minces) grilleront beaucoup plus vite que des noisettes (denses).

Faire griller des graines

Déposer les graines dans une poêle à fond épais non graissée. Faire chauffer sur feu moyen jusqu'à ce que les graines exhalent leur parfum et commencent à peine à se colorer. Pour éviter qu'elles brûlent, secouer la poêle au besoin. Faire griller des graines ne devrait prendre que quelques minutes. Transférer dans une assiette, laisser refroidir, puis moudre dans un moulin à épices ou dans un mortier avec un pilon.

Œufs durs

Sur feu vif, porter à ébullition une casserole remplie d'eau salée. Mettre 1 œuf dans une cuillère et le déposer doucement dans l'eau bouillante. Ajouter quelques œufs de la même façon. Baisser le feu à doux et laisser mijoter 8 minutes.

Transférer les œufs dans un bol rempli d'eau froide et de glaçons pour en stopper la cuisson. Au bout de quelques minutes, sortir les œufs du bol et les frapper contre une surface dure pour briser la coquille. Écaler les œufs.

Parer des tiges coriaces

La tige parfois coriace des asperges ou des brocolis a besoin d'être pelée pour que le légume cuise plus uniformément. À l'aide d'un couteau-éplucheur ou d'un petit couteau de cuisine bien affûté, peler juste assez de peau extérieure pour exposer la partie tendre cachée dessous.

Barbecue

Appareil au charbon de bois

Avec de longues pinces, répartir les briquettes chaudes en trois zones de cuisson. La première sera constituée de 2 ou 3 couches de charbon; la deuxième zone, de 1 ou 2 couches et la troisième, libre de toute briquette. Lorsque les briquettes sont couvertes de cendre grise, déposer la nourriture à griller au-dessus de la première zone, qui devrait être la plus chaude. Déplacer la nourriture vers la deuxième zone si la chaleur semble trop intense ou si elle cuit trop rapidement ou encore si des flammes s'élèvent.

Appareil à gaz

Allumer l'appareil à son intensité maximale. Rabattre le couvercle et faire chauffer le barbecue de 10 à 20 minutes avant de l'utiliser. Au moment de faire cuire la nourriture, éteindre un côté du barbecue et déposer la nourriture sur la grille au-dessus de l'élément toujours allumé. Diminuer l'intensité au besoin ou déplacer les aliments vers la grille au-dessus de l'élément éteint si des flammes s'élèvent.

INDEX

A

Abricots, 222
    Abricots sautés avec mascarpone
        et amandes, 224
    Chaussons aux abricots, 224
    Cuisses de poulet avec abricots
        grillés, 224
    Salade de fruits à noyau, noisettes
        et fromage bleu, 233
Agrumes, 195
    Prélever le zeste d'un agrume, 264
    Séparer un agrume en segments, 264
Ail, 135
    Fleur d'ail, 139
    Légumes du jardin avec aïoli, 139
    Purée de pommes de terre à l'ail
        grillé, 139
    Ragoût d'artichauts au citron et à l'ail, 176
    Rondelles d'oignons avec aïoli, 136
    Soupe à la fleur d'ail, 139
Airelles noires, 190
    Croustillant aux airelles, 190
Amandes
    Abricots sautés avec mascarpone
        et amandes, 224
    Espadon avec roquette, raisins secs
        et amandes, 66
    Garniture croustillante, 263
    Griller des noix (Faire), 264
    Parfaits à la ricotta et aux cerises, 227
    Salade d'artichauts au fromage bleu, 176
    Salade de rhubarbe aux amandes
        et au chèvre, 258
    Sauce romesco, 262
Apriums, 233
    Muffins aux apriums, 233
Artichauts, 174
    Artichauts à la vapeur, mayonnaise
        à l'aneth, 176
    Artichauts nouveaux sautés avec aïoli, 176
    Artichauts nouveaux, 176
Asperges, 121, 128
    Omelette aux asperges avec ail
        et ciboulette, 130
    Asperges grillées à l'huile aromatisée
        au romarin, 130
    Spaghettis crémeux aux asperges
        grillées, 130
    Légumes du jardin avec aïoli, 139
Aubergines, 159
    Aubergines glacées à l'orientale, 163
    Ratatouille au four, 163
    Rouleaux d'aubergine farcis,
        sauce tomate, 163
Avocats, 158
    Crostini à l'avocat, au bacon
        et à la tomate, 160
    Guacamole, 160
    Rouleaux de printemps à l'avocat
        et aux crevettes, 160
    Salade de pamplemousses,
        avocats et crabe, 210
    Salade de radis pastèque, vinaigrette
        à l'avocat, 104

B

Baies, 181
Barbecue, 264
    Appareil à gaz, 264
    Appareil au charbon de bois, 264
Bâtonnets glacés au melon miel
    et à la lime, 216
Bébés carottes glacés au miel, 92
Bébés épinards aux pommes
    et aux pacanes, 69
Betteraves, 85
    Betteraves au four avec chèvre
        et fines herbes, 89
    Crudités avec trempette au cresson, 92
    Risotto aux betteraves jaunes
        et au fromage bleu, 89
    Soupe aux betteraves grillées avec feta
        et aneth, 89
Betteraves (feuilles de), 89
    Sauté de feuilles de betteraves
        au gingembre, 89
Bettes à carde, 71
    Frittata de bettes à carde à l'oignon
        et au fromage, 75
Blanchir des légumes (Faire), 264
Bleuets, 188
    Crêpes au babeurre et aux bleuets, 190
    Panna cotta à la vanille
        et aux bleuets, 190
    Pudding estival aux bleuets, 190
Bœuf
    Curry de bœuf et de courge Kabocha, 119
    Sauté de bœuf au brocoli
        et à l'ail croustillant, 42
    Sauté de bœuf et de patates, 86
Boissons
    Chocolat chaud pimenté, 157
    Cocktail mimosa, 204
    Margarita au melon, 216
    Pêches Bellini, 230
Boulgour à la citrouille
    et aux raisins dorés, 119
Branches, bulbes, tiges, 121
Brocoli, 40
    Brocoli au piment fort, 42
    Sauté de bœuf au brocoli
        et à l'ail croustillant, 42
    Soupe au brocoli et au cheddar, 42
Brocoli chinois, 42
    Sauté de brocoli chinois au gingembre, 42
Bruschetta aux rapinis épicés, 51

C

Canneberges, 189
    Condiment aux canneberges
        et à l'orange, 193
    Scones aux canneberges fraîches, 193
    Sorbet aux canneberges, 193
Cantaloups, 214
    Cubes de cantaloup avec sirop épicé, 216
    Saumon grillé, salsa de melon, 216
Carottes, 90

Bébés carottes glacés au miel, 92
Purée de carottes à l'estragon, 92
Salade de carottes au cumin
    et à la coriandre, 92
Carottes multicolores, 92
    Crudités avec trempette au cresson, 92
Carpaccio de courgettes avec fromage
    et pignons, 110
Carrés à la tartinade de lime
    et à la noix de coco, 201
Céleri, 122
    Céleri braisé au citron, 124
    Crudités avec trempette au cresson, 92
    Salade de céleri, persil et prosciutto, 124
    Soupe au céleri et au riz, 124
Céleri-rave, 96
    Céleri rémoulade, 98
    Gratin de céleri-rave et de pommes
        de terre au thym, 98
    Purée de céleri-rave à la ciboulette, 98
Cerises, 223 *voir aussi Griottes*
    Clafoutis aux cerises douces, 227
    Crostini de canard fumé et condiment
        aux cerises, 227
    Parfaits à la ricotta et aux cerises, 227
Ceviche à la lime et aux fines herbes, 201
Champignons, 166
    Flétan accompagné de ragoût
        de champignons, 168
    Pilaf de riz sauvage aux
        champignons, 168
    Soupe crémeuse aux champignons
        avec xérès, 168
Chaussons aux abricots, 224
Chocolat chaud pimenté, 157
Chou et autres crucifères 39
Chou de Bruxelles, 46
Choux de Bruxelles aux marrons, 48
    Feuilles de chou de Bruxelles
        au bacon, 48
    Pâtes aux choux de Bruxelles, échalotes
        et asiago, 48
Chou frisé, 71
    Chou frisé braisé au citron et à l'ail, 75
    Orecchiettes au chou frisé, pois chiches
        et saucisse, 75
Chou rouge, 53
    Chou rouge braisé aux pommes, 54
    Salade de chou rouge et vert
        au babeurre, 54
Chou vert, 52
    Cigares au chou farcis de saucisse
        et d'oignon, 54
    Salade de chou rouge et vert
        au babeurre, 54
Chou-fleur, 41
    Chou-fleur gratiné aux câpres, 45
    Pâtes au chou-fleur, anchois
        et pignons, 45
    Soupe de chou-fleur crémeuse, 45
Cigares au chou farcis de saucisse
    et d'oignon, 54
Citrons, 196

Filets de vivaneau sautés avec citrons
caramélisés, 198
Fusillis au zeste de citron
et à la ricotta, 198
Sorbet citron-basilic, 198
Citrons Meyer, 196, 198
Tartinade au citron Meyer, 198
Citrouille, 115
Boulgour à la citrouille et aux raisins
dorés, 119
Potage à la citrouille avec crème
à la sauge, 119
Purée de citrouille avec graines
de citrouille grillées, 119
Clafoutis aux cerises douces, 227
Clémentines, 207
Quatre-quarts grillé
avec clémentines épicées, 207
Cocktail mimosa, 204
Cœurs de romaine, vinaigrette césar, 60
Coings, 243
Coings pochés dans le sirop
à la vanille, 247
Gâteau aux coings avec sirop, 247
Pâte de coing maison
avec fromage manchego, 247
Concombres, 147
Gazpacho piquant au concombre, 151
Morue charbonnière grillée avec salade
de concombre, 151
Rouleaux de printemps à l'avocat
et aux crevettes, 160
Salade de concombre au yogourt
et à l'aneth, 151
Condiment à la tangerine, aux échalotes
et à la menthe, 207
Condiment aux canneberges et à l'orange, 193
Confit d'oignons, 136
Cornichons, 151
Salade de cornichons aigres-doux, 151
Côtelettes d'agneau glacées
à la grenade, 244
Courges, 107
Courge Delicata, 116
Courge Delicata à l'érable, 116
Courges jaunes, 109
Courges grillées, marinées à l'ail
et aux fines herbes, 113
Courges jaunes avec vinaigrette
à la tomate, 113
Salade d'épeautre et de courges
jaunes, 113
Courge Kabocha, 119
Curry de bœuf et de courge Kabocha, 119
Courges musquées, 114
Potage de courge musquée
pimentée, 116
Purée de courge grillée
au gingembre, 116
Courges poivrées, 114
Tourte de courge poivrée
et de chorizo, 116
Courgettes, 108

Carpaccio de courgettes avec fromage
et pignons, 110
Crêpes à la courgette et à la feta, 110
Tian de courgettes et de tomates, 110
Crabe
Salade de pamplemousses, avocats
et crabe, 210
Sauté de crabe et pousses
de petits pois, 37
Crème à la sauge, 262
Crème à l'orange avec oranges
caramélisées, 204
Crème glacée à la fraise, 184
Crêpes
Crêpes à la courgette et à la feta, 110
Crêpes au babeurre et aux bleuets, 190
Crêpes frites aux oignons verts, 142
Cresson
Salade de cresson à la grenade
et à l'orange, 244
Salade de cresson
et de pamplemousse, 63
Trempette au cresson, 262
Crevettes
Rouleaux de printemps à l'avocat
et aux crevettes, 160
Sauté de crevettes à l'huile aromatisée
à l'ail et au xérès, 139
Crostata rustique de pommes, 238
Crostini à l'avocat, au bacon
et à la tomate, 160
Crostini aux figues et fromage blanc, 250
Crostini avec tartinade de gourganes, 25
Crostini de canard fumé et condiment
aux cerises, 227
Croustillant aux airelles, 190
Croûte pour pavé aux fruits, 263
Crudités avec trempette au cresson, 92
Cubes de cantaloup avec sirop épicé, 216
Cuisses de poulet avec abricots grillés, 224
Curry de bœuf et de courge Kabocha, 119

D

Dessert à la mandarine et aux dattes, 207

E

Edamame, 22
Edamames au sel de mer, 22
Endives, 70
Endives rouges et radicchio
aux pacanes, 63
Salade d'endives grillées aux poires, 72
Salade de kakis, d'endives
et de radicchio, 253
Épeautre
Salade d'épeautre et de courges
jaunes, 113
Épinards, 65
Bébés épinards aux pommes
et aux pacanes, 69
Œufs aux épinards cuits au four, 69
Salade de fraises et d'épinards, 184

Sauté d'épinards avec feta et pignons, 69
Espadon avec roquette, raisins secs
et amandes, 66

E

Fenouil, 123
Fenouil braisé à l'ail et au citron, 127
Poisson grillé, farci au fenouil
et aux fines herbes, 127
Salade de fenouil avec vinaigrette
à l'orange, 127
Feuilles de betteraves, 89
Sauté de feuilles de betteraves
au gingembre, 89
Feuilles de chou de Bruxelles au bacon, 48
Figues, 248
Crostini aux figues et fromage blanc, 250
Figues mijotées au vin rouge, 250
Médaillons de porc
avec figues grillées, 250
Filet de porc avec chutney
à la rhubarbe, 258
Filets de vivaneau sautés
avec citrons caramélisés, 198
Flétan accompagné de ragoût
de champignons, 168
Flétan avec scarole braisée
et haricots blancs, 72
Fleur d'ail, 139
Soupe à la fleur d'ail, 139
Fleurs de courgette, 110
Fleurs de courgette frites, farcies
à la ricotta, 110
Focaccia au raisin et aux noix, 261
Fraises, 182
Crème glacée à la fraise, 184
Gâteau sablé aux fraises, 184
Salade de fraises et d'épinards, 184
Tarte à la rhubarbe et aux fraises, 258
Fraises des bois, 184
Parfaits aux fraises des bois, 184
Framboises, 183
Salade de jeune roquette aux framboises
et au gorgonzola, 187
Pavé aux baies à la cannelle, 187
Framboises jaunes, 187
Tartes aux framboises jaunes, 187
Frites parfaites, 80
Frittata de bettes à carde à l'oignon
et au fromage, 75
Fruits à noyau 221
Fruits de vergers, 235
Fruits utilisés comme légumes, 145
Fusillis au zeste de citron et à la ricotta, 198

G

Galette de pommes de terre
croustillante, 80
Garniture croustillante, 263
Gâteaux
Gâteau aux coings avec sirop, 247
Gâteau sablé aux fraises, 184
Gâteau sablé à la farine de maïs, 263

Quatre-quarts grillé avec clémentines
épicées, 207
Gazpacho piquant au concombre, 151
Gourganes, 21
Crostini avec tartinade de gourganes, 25
Gourganes à l'huile d'olive et au citron, 25
Pâtes aux gourganes, fleur d'ail
et prosciutto, 25
Granité au melon d'eau, 219
Gratin de céleri-rave et de pommes de terre
au thym, 98
Gratin de nectarines et de pêches, 230
Grenades, 242
Côtelettes d'agneau glacées
à la grenade, 244
Salade de cresson à la grenade
et à l'orange, 244
Semifreddo à la grenade, 244
Griller des graines (Faire), 264
Griller des noix (Faire), 264
Griller un poivron (Faire), 264
Griottes, 227
Tarte aux griottes, 227
Guacamole, 160

H

Haricots, 19
Haricots à écosser, 20
Poitrines de poulet rôties avec haricots
blancs à la sauge, 22
Salade de haricots Borlotti, rapinis,
et bacon, 22
Soupe aux haricots Cannellini
avec jambon et coquillettes, 22
Haricots asperges, 28
Haricots asperges aux graines
de sésame, 28
Haricots jaunes, 27
Haricots jaunes sautés avec tapenade, 31
Salade de haricots et gourganes
aux échalotes, 31
Haricots verts, 26
Haricots aux tomates, 28
Haricots verts avec noix grillées, 28
Haricots verts tempura avec aïoli, 28
Salade de haricots et gourganes
aux échalotes, 31
Haricots tièdes, vinaigrette au citron, 31
Haricots verts plats, 31
Haricots verts plats au bacon, 31
Haricots violets, 27
Huile aromatisée au basilic, 262

J

Jambon Voir aussi Prosciutto
Kakis et jambon fumé, 253
Salade de haricots Borlotti, rapinis,
et bacon, 22
Jeunes navets et leurs feuilles, 101

K

Kakis, 249
Kakis et jambon fumé, 253
Kakis grillés avec pistaches, 253
Salade de kakis, d'endives
et de radicchio, 253
Kakis Hachiya, 249
Pain aux kakis, 253

L

Laitues, 58
Cœurs de romaine,
vinaigrette césar, 60
Laitue Boston, vinaigrette
à la moutarde, 60
Salade au chèvre chaud, 60
Légumes feuilles, 57
Légumes à feuilles fermes, 59
Endives rouges et radicchio
aux pacanes, 63
Laitue frisée, vinaigrette chaude
au bacon, 63
Salade de cresson
et de pamplemousse, 63
Légumes du jardin avec aïoli, 139
Légumes racines glacés au sirop
d'érable, 101
Limes, 197
Bâtonnets glacés au melon miel
et à la lime, 216
Carrés à la tartinade de lime
et à la noix de coco, 201
Ceviche à la lime et aux fines herbes, 201
Cubes de cantaloup avec sirop épicé, 216
Mousse au chocolat blanc
et à la lime, 201
Limettes, 197, 201
Tarte à la limette (key lime pie), 201

M

Maïs, 170
Maïs grillé épicé, 173
Purée de maïs à la ciboulette, 173
Risotto au maïs et à l'huile aromatisée
au basilic, 173
Mandarines, 203
Mandarines Satsuma, 203, 207
Dessert à la mandarine et aux dattes, 207
Médaillons de porc avec figues grillées, 250
Melons, 213
Melon d'eau, 215
Granité au melon d'eau, 219
Quartiers de melon d'eau avec sel
pimenté, 219
Salade de melon d'eau, feta
et menthe, 219
Saumon grillé, salsa de melon, 216
Melon Galia, 216
Margarita au melon, 216
Melons miel, 214
Bâtonnets glacés au melon miel
et à la lime, 216

Menthe
Salade de melon d'eau, feta
et menthe, 219
Salade de pois mange-tout
à la menthe, 37
Sorbet pamplemousse-menthe, 210
Spaghettis au pesto de roquette
et menthe fraîche, 66
Morue charbonnière grillée avec salade
de concombre, 151
Mousse au chocolat blanc et à la lime, 201
Muffins aux apriums, 233
Mûres, 183
Pavé aux baies à la cannelle, 187
Polenta avec mûres pour le déjeuner, 187

N

Navets, 97
Jeunes navets et leurs feuilles, 101
Légumes racines glacés au sirop
d'érable, 101
Potage aux navets, pommes et pommes
de terre, 101
Nectarines, 228
Gratin de nectarines et de pêches, 230
Nectarines avec roquette et fromage
burrata, 230
Noisettes
Griller des noix (Faire), 264
Panais et poires grillés avec noisettes, 95
Salade de fruits à noyau, noisettes
et au fromage bleu, 233
Salade de poires, noisettes et aneth, 241
Noix de Grenoble
Filet de porc avec chutney
à la rhubarbe, 258
Focaccia au raisin et aux noix, 261
Griller des noix (Faire), 264
Haricots verts avec noix grillées, 28
Salade d'endives grillées aux poires, 72
Salade de kakis, d'endives et
de radicchio, 253
Salade de roquette, fromage de chèvre
et noix, 66

O

Œufs
Frittata de bettes à carde à l'oignon
et au fromage, 75
Légumes du jardin avec aïoli, 139
Œufs aux épinards cuits au four, 69
Œufs durs, 264
Œufs poêlés avec sauce au piment, 157
Omelette aux asperges avec ail
et ciboulette, 130
Soufflé aux poireaux et au gruyère, 142
Tortilla espagnole au poivron rouge, 80
Oignons, 133-134
Confit d'oignons, 136
Oignons aigres-doux, 136
Oignons rouges grillés, vinaigrette
au thym, 136

Rondelles d'oignons avec aïoli, 136
    Salade d'oranges et d'oignons
        rouges, 204
Oignons doux, 136
    Confit d'oignons, 136
Oignons verts, 141
    Crêpes frites aux oignons verts, 142
Olives
    Haricots jaunes sautés avec tapenade, 31
    Salade de tangerine, fenouil et olive, 207
    Tapenade, 262
Omelette aux asperges avec ail
    et ciboulette, 130
Oranges, 202
    Cocktail mimosa, 204
    Crème à l'orange avec oranges
        caramélisées, 204
    Pétoncles poêlés avec oranges
        sautées, 204
    Salade d'oranges et d'oignons
        rouges, 204
    Salade de cresson à la grenade
        et à l'orange, 244
    Sanguines, 204
Orecchiettes au chou frisé, pois chiches
    et saucisse, 75
Orecchiettes aux rapinis, 51

P

Pacanes
    Bébés épinards aux pommes
        et aux pacanes, 69
    Endives rouges et radicchio
        aux pacanes, 63
    Griller des noix (Faire), 264
    Salade de fraises et d'épinards, 184
Pain aux kakis, 253
Pamplemousses, 206
    Pamplemousse grillé à la cassonade, 210
    Salade de cresson
        et de pamplemousse, 63
    Salade de pamplemousses, avocats
        et crabe, 210
    Sorbet pamplemousse-menthe, 210
Panais, 91
    Légumes racines glacés au sirop
        d'érable, 101
    Panais et poires grillés avec noisettes, 95
    Panais glacés au xérès
        et au gingembre, 95
    Purée de panais et pommes de terre
        à la ciboulette, 95
Panini aux pommes et au cheddar, 238
Panna cotta à la vanille et aux bleuets, 190
Parer des tiges coriaces, 264
Parfaits aux fraises des bois, 184
Parfaits à la ricotta et aux cerises, 227
Patates, 84
    Patates au beurre noir et à la sauge, 86
    Purée de patates à la cassonade
        et aux pacanes, 86
    Sauté de bœuf et de patates, 86
Pâte à tourte, 263

Pâte feuilletée, 263
    Tarte tatin aux poires et épices
        d'hiver, 241
    Tourte aux petits pois et à la ricotta, 34
    Tourte aux tomates
        et à la mozzarella, 148
Pâte de coing maison avec fromage
manchego, 247
Pâtes
    Fusillis au zeste de citron
        et à la ricotta, 198
    Orecchiettes au chou frisé, pois chiches
        et saucisse, 75
    Orecchiettes aux rapinis, 51
    Pâtes au chou-fleur, anchois
        et pignons, 45
    Pâtes aux choux de Bruxelles, échalotes
        et asiago, 48
    Pâtes aux gourganes, fleur d'ail
        et prosciutto, 25
    Penne avec radicchio, pancetta
        et fontina, 72
    Soupe aux haricots Cannellini
        avec jambon et coquillettes, 22
    Spaghettini sauce aux tomates, 148
    Spaghettis au pesto de roquette
        et menthe fraîche, 66
    Spaghettis crémeux aux asperges
        grillées, 130
Pâtissons, 113
    Pâtissons caramélisés, 113
Pavé aux baies à la cannelle, 187
Pêches, 228
    Gratin de nectarines et de pêches, 230
    Pêches Bellini, 230
    Pêches grillées au miel et au poivre, 230
    Salade de fruits à noyau, noisettes
        et au fromage bleu, 233
Pêches blanches, 228, 230
    Pêches Bellini, 230
Penne avec radicchio, pancetta
    et fontina, 72
Persil
    Salade de céleri, persil et prosciutto, 124
    Salade de radis, fenouil et persil, 104
Petits pois, 32
    Petits pois et prosciutto, 34
    Soupe aux petits pois avec crème
        et ciboulette, 34
    Tourte aux petits pois et à la ricotta, 34
Pétoncles poêlés avec oranges sautées, 204
Pilaf de riz sauvage aux champignons, 168
Piments, 153
    Chocolat chaud pimenté, 157
    Maïs grillé épicé, 173
    Œufs poêlés avec sauce au piment, 157
    Piments Jalapeños farcis de saucisse
        et de fromage, 157
    Piments séchés, 157
    Quesadillas pimentées
        au queso fresco, 157
Piperade de poivrons, 154

Pistaches
    Kakis grillés avec pistaches, 253
    Prunes chaudes au miel et au yogourt
        grec, 233
Plumots, 224
    Tarte aux plumots, 224
Poireaux, 140
    Poireaux grillés avec sauce romesco, 142
    Soufflé aux poireaux et au gruyère, 142
Poires, 237
    Panais et poires grillés avec noisettes, 95
    Poires pochées dans le riesling
        avec crème sucrée, 241
    Salade d'endives grillées aux poires, 72
    Sandwichs au poulet fumé, poires grillées
        et fontina, 241
    Tarte tatin aux poires et épices
        d'hiver, 241
Poires asiatiques, 241
    Salade de poires, noisettes et aneth, 241
Pois, 19
    Pois mange-tout, 33
    Salade de pois mange-tout
        à la menthe, 37
    Pois sucrés (pois Sugar Snap), 33
    Risotto aux pois sucrés, 37
    Sauté de poulet aux pois sucrés, 37
Poisson
    Ceviche à la lime et aux fines herbes, 201
    Espadon avec roquette, raisins secs
        et amandes, 66
    Filets de vivaneau sautés avec citrons
        caramélisés, 198
    Flétan accompagné de ragoût
        de champignons, 168
    Flétan avec scarole braisée et haricots
        blancs, 72
    Morue charbonnière grillée avec salade
        de concombre, 151
    Poisson grillé, farci au fenouil
        et aux fines herbes, 127
    Sandwichs à la truite fumée, au radis
        et au fromage bleu, 104
    Saumon grillé, salsa de melon, 216
Poitrines de poulet rôties avec haricots
    blancs à la sauge, 22
Poitrines de poulet sautées
    au raisin vert, 261
Poivrons, 152
    Piperade de poivrons, 154
    Poivrons marinés et mozzarella
        fraîche, 154
    Salade de poivrons et ricotta salata,
        vinaigrette au xérès, 154
    Tortilla espagnole au poivron rouge, 80
Poivrons de Padrón, 154
    Poivrons de Padrón grillés
        avec gros sel, 154
Polenta avec mûres pour le déjeuner, 187
Pomelos, 210
    Salade de pomelos, coriandre
        et noix de cajou, 210

Pommes, 236
    Bébés épinards aux pommes
      et aux pacanes, 69
    Chou rouge braisé aux pommes, 54
    Crostata rustique de pommes, 238
    Panini aux pommes et au cheddar, 238
    Pommes sautées avec côtelettes
      de porc, 238
Pommes de terre, 78-79
    Frites parfaites, 80
    Galette de pommes de terre
      croustillante, 80
    Gratin de céleri-rave et de pommes
      de terre au thym, 98
    Pommes de terre au romarin
      en papillote, 83
    Pommes de terre bleues à la sauge, 83
    Potage aux navets, pommes et pommes
      de terre, 101
    Purée de panais et pommes de terre
      à la ciboulette, 95
    Purée de pommes de terre
      à l'ail grillé, 139
    Salade de pommes de terre,
      vinaigrette à la moutarde, 83
    Tortilla espagnole au poivron rouge, 80
Pommes de terre à chair farineuse, 78
Pommes de terre à chair ferme, 79
Pommes de terre nouvelles, 83
    Pommes de terre grillées aux fines
      herbes, 83
Porc
    Filet de porc avec chutney
      à la rhubarbe, 258
    Médaillons de porc avec figues
      grillées, 250
    Pommes sautées avec côtelettes
      de porc, 238
Potage à la citrouille avec crème
    à la sauge, 119
Potage aux navets, pommes et pommes
    de terre, 101
Potage de courge musquée pimentée, 116
Poulet
    Cuisses de poulet avec abricots
      grillés, 224
    Poitrines de poulet rôties avec haricots
      blancs à la sauge, 22
    Poitrines de poulet sautées au raisin
      vert, 261
    Sandwichs au poulet fumé, poires grillées
      et fontina, 241
    Sauté de poulet aux pois sucrés, 37
Pousses de petits pois, 37
    Sauté de crabe et pousses
      de petits pois, 37
Prélever le zeste d'un agrume, 264
Prosciutto
    Pâtes aux gourganes, fleur d'ail
      et prosciutto, 25
    Petits pois et prosciutto, 34
    Salade de céleri, persil et prosciutto, 124

Prunes, 229
    Prunes chaudes au miel et au yogourt
      grec, 233
    Prunes grillées avec fromage bleu, 233
    Salade de fruits à noyau, noisettes
      et fromage bleu, 233
Pudding estival aux bleuets, 190
Purée de carottes à l'estragon, 92
Purée de céleri-rave à la ciboulette, 98
Purée de citrouille avec graines de citrouille
    grillées, 119
Purée de courge grillée au gingembre, 116
Purée de maïs à la ciboulette, 173
Purée de panais et pommes de terre
    à la ciboulette, 95
Purée de patates à la cassonade
    et aux pacanes, 86
Purée de pommes de terre à l'ail grillé, 139

Q

Quartiers de melon d'eau
    avec sel pimenté, 219
Quatre-quarts grillé avec clémentines
    épicées, 207
Quesadillas pimentées au queso fresco, 157

R

Racines, 77
Radicchio, 72
    Endives rouges et radicchio
      aux pacanes, 63
    Penne avec radicchio, pancetta
      et fontina, 72
    Salade de kakis, d'endives
      et de radicchio, 253
Radis, 102
    Salade de radis pastèque, vinaigrette
      à l'avocat, 104
    Salade de radis, fenouil et persil, 104
    Sandwichs à la truite fumée,
      au radis et au fromage bleu, 104
Radis flamboyants, 104
    Radis avec beurre et sel de mer, 104
Ragoût d'artichauts au citron et à l'ail, 176
Raisin, 257
    Boulgour à la citrouille et aux raisins
      dorés, 119
    Espadon avec roquette, raisins secs
      et amandes, 66
    Focaccia au raisin et aux noix, 261
    Poitrines de poulet sautées au raisin
      vert, 261
    Salade de roquette, fromage bleu
      et raisin, 261
Rapinis, 47
    Bruschetta aux rapinis épicés, 51
    Orecchiettes aux rapinis, 51
    Salade de haricots Borlotti, rapinis,
      et bacon, 22
    Saucisses italiennes avec rapinis, 51
Ratatouille au four, 163

Recettes de base, 262-263
    Crème à la sauge, 262
    Croûte pour pavé aux fruits, 263
    Garniture croustillante, 263
    Gâteau sablé à la farine de maïs, 263
    Huile aromatisée au basilic, 262
    Pâte à tourte, 263
    Pâte feuilletée, 263
    Riz blanc cuit, 262
    Sauce orientale, 262
    Sauce romesco, 262
    Tapenade, 262
    Trempette au cresson, 262
Rhubarbe, 256
    Filet de porc avec chutney
      à la rhubarbe, 258
    Salade de rhubarbe aux amandes
      et au chèvre, 258
    Tarte à la rhubarbe et aux fraises, 258
Riz
    Cigares au chou farcis de saucisse
      et d'oignon, 54
    Risotto au maïs et à l'huile aromatisée
      au basilic, 173
    Risotto aux betteraves jaunes
      et au fromage bleu, 89
    Risotto aux pois sucrés, 37
    Riz blanc cuit, 262
    Soupe au céleri et au riz, 124
Rondelles d'oignons avec aïoli, 136
Roquette, 64
    Espadon avec roquette, raisins secs
      et amandes, 66
    Nectarines avec roquette et fromage
      burrata, 230
    Salade de jeune roquette aux framboises
      et au gorgonzola, 187
    Salade de roquette, fromage bleu
      et raisin, 261
    Salade de roquette, fromage de chèvre
      et noix, 66
    Spaghettis au pesto à la roquette
      et à la menthe, 66
Rouleaux d'aubergine farcis en sauce
    tomate, 163
Rouleaux de printemps à l'avocat
    et aux crevettes, 160
Rutabagas, 97
    Légumes racines glacés au sirop
      d'érable, 101

S

Salades
    Salade au chèvre chaud, 60
    Salade d'artichauts au fromage bleu, 176
    Salade d'endives grillées aux poires, 72
    Salade d'épeautre et de courges jaunes, 113
    Salade d'oranges et d'oignons rouges, 204
    Salade de carottes au cumin
      et à la coriandre, 92
    Salade de céleri, persil et prosciutto, 124
    Salade de chou rouge et vert
      au babeurre, 54

Salade de concombre au yogourt
et à l'aneth, 151
Salade de cornichons aigres-doux, 151
Salade de cresson à la grenade
et à l'orange, 244
Salade de cresson et de pamplemousse, 63
Salade de fenouil avec vinaigrette
à l'orange, 127
Salade de fraises et d'épinards, 184
Salade de fruits à noyau,
noisettes et fromage bleu, 233
Salade de haricots Borlotti, rapinis,
et bacon, 22
Salade de haricots et gourganes
aux échalotes, 31
Salade de jeune roquette aux framboises
et au gorgonzola, 187
Salade de kakis, d'endives
et de radicchio, 253
Salade de melon d'eau, feta et menthe, 219
Salade de pamplemousses, avocats
et crabe, 210
Salade de poires, noisettes et aneth, 241
Salade de pois mange-tout à la menthe, 37
Salade de poivrons et ricotta salata,
vinaigrette au xérès et, 154
Salade de pomelos, coriandre
et noix de cajou, 210
Salade de pommes de terre,
vinaigrette à la moutarde, 83
Salade de radis pastèque,
vinaigrette à l'avocat, 104
Salade de radis, fenouil et persil, 104
Salade de rhubarbe aux amandes
et au chèvre, 258
Salade de roquette, fromage bleu
et raisin, 261
Salade de roquette, fromage de chèvre
et noix, 66
Salade de tangerine, fenouil et olive, 207
Sandwichs
Sandwichs à la truite fumée, au radis
et au fromage bleu, 104
Sandwichs au poulet fumé, poires grillées
et fontina, 241
Sanguines, 202, 204
Cocktail mimosa, 204
Sauces
Sauce orientale, 262
Sauce romesco, 262
Saucisses italiennes avec rapinis, 51
Saumon grillé, salsa de melon, 216
Sautés
Sauté d'épinards avec feta et pignons, 69
Sauté de bœuf au brocoli
et à l'ail croustillant, 42
Sauté de bœuf et de patates, 86
Sauté de brocoli chinois au gingembre, 42
Sauté de crabe et pousses
de petits pois, 37
Sauté de crevettes à l'huile aromatisée
à l'ail et au xérès, 139

Sauté de feuilles de betteraves
au gingembre, 89
Sauté de poulet aux pois sucrés, 37
Scarole
Flétan avec scarole braisée
et haricots blancs, 72
Scones aux canneberges fraîches, 193
Semifreddo à la grenade, 244
Séparer un agrume en segments, 264
Sirop d'érable
Courge Delicata à l'érable, 116
Légumes racines glacés
au sirop d'érable, 101
Polenta avec mûres pour le déjeuner, 187
Sorbets
Sorbet aux canneberges, 193
Sorbet citron-basilic, 198
Sorbet pamplemousse-menthe, 210
Soufflé aux poireaux et au gruyère, 142
Soupes
Soupe à la fleur d'ail, 139
Soupe au brocoli et au cheddar, 42
Soupe au céleri et au riz, 124
Soupe aux betteraves grillées avec feta
et aneth, 89
Soupe aux haricots Cannellini
avec jambon et coquillettes, 22
Soupe aux petits pois avec crème
et ciboulette, 34
Soupe crémeuse aux champignons
avec xérès, 168
Soupe de chou-fleur crémeuse, 45
Spaghettini sauce aux tomates, 148
Spaghettis au pesto de roquette
et menthe fraîche, 66
Spaghettis crémeux
aux asperges grillées, 130

T
Tangerines, 203
Condiment à la tangerine, aux échalotes
et à la menthe, 207
Salade de tangerine, fenouil et olive, 207
Tapenade, 262
Tartes
Tarte à la limette (key lime pie), 201
Tarte à la rhubarbe et aux fraises, 258
Tarte aux griottes, 227
Tarte aux plumots, 224
Tarte tatin aux poires et épices d'hiver, 241
Tartes aux framboises jaunes, 187
Tartinades
Tartinade de citron Meyer, 198
Tartinade de tomates cuites, 148
Techniques, 264
Tomates, 146
Courges jaunes, vinaigrette
à la tomate, 113
Crostini à l'avocat, au bacon
et à la tomate, 160
Haricots aux tomates, 28

Piperade de poivrons, 154
Ratatouille au four, 163
Rouleaux d'aubergine farcis
en sauce tomate, 163
Sauce romesco, 262
Soupe aux haricots Cannellini
avec jambon et coquillettes, 22
Spaghettini sauce aux tomates, 148
Tartinade de tomates cuites, 148
Tian de courgettes et de tomates, 110
Tourte aux tomates et à la mozzarella, 148
Tomates patrimoniales, 148
Tomates patrimoniales,
vinaigrette aux échalottes, 148
Tortilla espagnole au poivron rouge, 80
Tourtes
Pâte à tourte, 263
Tourte aux petits pois et à la ricotta, 34
Tourte aux tomates et à la mozzarella, 148
Tourte de courge poivrée et de chorizo, 116
Trempette au cresson, 262
Trévise, 72
Trévise grillée avec anchoïade, 72
Tubercules, 77

V
Vivaneau
Ceviche à la lime et aux fines herbes, 201
Filets de vivaneau sautés avec citrons
caramélisés, 198

Y
Yogourt
Figues mijotées au vin rouge, 250
Prunes chaudes au miel
et au yogourt grec, 233
Salade de concombre au yogourt
et à l'aneth, 151
Trempette au cresson, 262

TITRE ORIGINAL : COOKING FROM THE FARMER'S MARKET
CONÇU ET PRODUIT PAR
WELDON-OWEN INC.
COPYRIGHT © 2010 WELDON OWEN INC.

Directrice éditoriale Jennifer Newens
Réviseure Donita Boles
Directrice artistique associée Emma Boys
Conceptrice graphique Lauren Charles
Group Publisher, Bonnier Publishing Group John Owen
Photographe Maren Caruso
Styliste culinaire Robyn Valarik
Accessoiriste Christine Wolheim

DU MARCHÉ À LA TABLE

PARFUM D'ENCRE
© 2011 PARFUM D'ENCRE

Éditrice Marie Labrecque
Traductrice Nathalie Vallière
Graphistes Olivier Lasser et Amélie Barrette
Réviseure Chantal Bergeron

**Catalogage avant publication de Bibliothèque et Archives
nationales du Québec et Bibliothèque et Archives Canada**

Vedette principale au titre : Du marché à la table

Traduction de: *Cooking from the farmer's market.*

Comprend un index.

ISBN 978-2-923708-43-0

1. Cuisine (Légumes). 2. Cuisine (Fruits).
3. Produits du terroir. I. De Serio, Tasha. II. Liano, Jodi.

TX801.C6614 2011   641.6'5   C2011-941087-7

REMERCIEMENTS

Weldon Owen aimerait remercier les personnes suivantes pour le soutien inestimable qu'elles lui ont apporté dans la production du présent ouvrage : Ken Della Penta, Becky Buffett, Judith Dunham, Amanda Haas, Kitchenette, Jeff Larsen, Lesli Neilson, Fanny Pan, Christina Richards, Thy Tran, Stacy Ventura, Carri Wilkinson, Sharron Wood et Victoria Woollard.

Une partie du contenu du présent ouvrage est une adaptation des recettes originales des personnes suivantes : Melanie Barnard, Georgeanne Brennan, Lane Crowther, Heidi Haughy Cusick, Beth Dooley, Janet Fletcher, Jean Galton, Joyce Goldstein, Barbara Grunes, Dana Jacobi, Susan Manlin Katzman, Denis Kelly, Kristine Kidd, Elinor Klivans, Norman Kolpas, Charles Pierce, Michelle Scicolone, Coleen et Bob Simmons, Marie Simmons, Molly Stevens et Joanne Weir.

CRÉDITS PHOTOGRAPHIQUES

Toutes les photographies sont de Maren Caruso, à l'exception des suivantes :
Noel Barnhurst, pages 115, 123; Bill Bettencourt, pages 146, 242; Getty Images: Rob Casey, pages 178-179; Getty Images: Gene Coleman, pages 16-17; Ben Dearnley, pages 33, 90, 159, 228, 229; Dan Goldberg, pages 120, 145, 153, 203, 223, 255; Jean-Blaise Hall, pages 56, 134, 135,220; Ray Kachatorian, pages 19, 27, 38-40, 46, 52, 53, 64, 78, 91, 97, 106, 108,109, 122, 144, 147, 165, 170-171, 180, 181, 183, 188, 194, 196, 234, 236, 237, 254; Kana Okana, pages 21, 26, 58, 84, 121, 141, 152, 158, 164, 215; Getty Images: Lew Robertson, page 213; France Ruffenach, page 182; Kate Sears, pages 20, 47, 65, 85, 132, 140, 166-167, 195; Petrina Tinslay, pages 18, 41, 57, 71, 76, 77, 79, 102-103, 107, 128-129, 212, 235, 248, 256, 257; Tucker + Hossler, pages 32, 59, 70, 96, 189, 197, 202, 208-209, 221; Francesca Yorke, pages 174-175.